U0435696

法律实务精要

私募基金
法务实操指引

朱华芳　郭佑宁 —— 主编

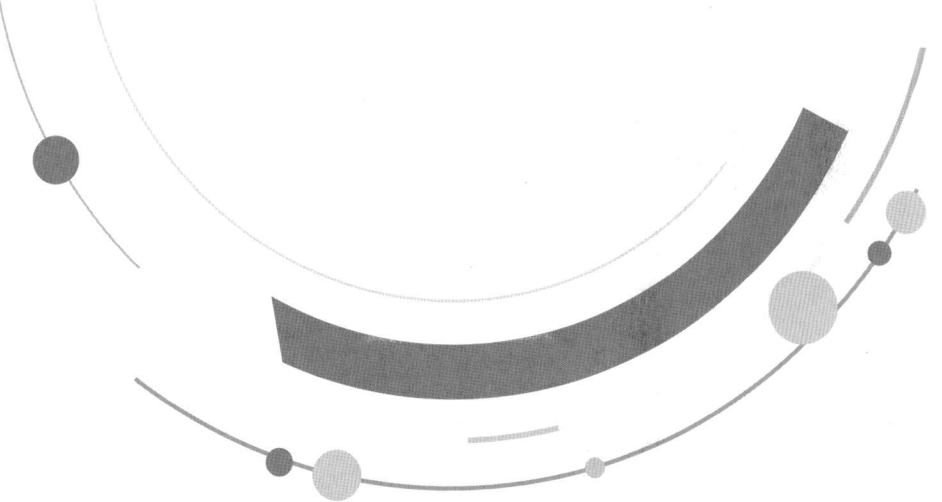

清华大学出版社
北京

本书封面贴有清华大学出版社防伪标签，无标签者不得销售。
版权所有，侵权必究。举报：010-62782989，beiqinquan@tup.tsinghua.edu.cn。

图书在版编目(CIP)数据

私募基金法务实操指引 / 朱华芳，郭佑宁主编 . —北京：清华大学出版社，2022.4
（法律实务精要）
ISBN 978-7-302-60316-0

Ⅰ.①私… Ⅱ.①朱…②郭… Ⅲ.①证券投资基金法－中国－教材 Ⅳ.① D922.287

中国版本图书馆 CIP 数据核字 (2022) 第 041407 号

责任编辑：刘　晶
封面设计：徐　超
版式设计：方加青
责任校对：宋玉莲
责任印制：丛怀宇

出版发行：清华大学出版社
网　　址：http://www.tup.com.cn，http://www.wqbook.com
地　　址：北京清华大学学研大厦 A 座　　　邮　编：100084
社 总 机：010-83470000　　　　　　　　　邮　购：010-62786544
投稿与读者服务：010-62776969，c-service@tup.tsinghua.edu.cn
质 量 反 馈：010-62772015，zhiliang@tup.tsinghua.edu.cn

印 装 者：三河市东方印刷有限公司
经　　销：全国新华书店
开　　本：170mm×240mm　　印　张：19.25　　插　页：2　　字　数：306 千字
版　　次：2022 年 6 月第 1 版　　　　　　印　次：2022 年 6 月第 1 次印刷
定　　价：89.00 元

产品编号：094721-01

主编简介

朱华芳　天同律师事务所合伙人，国内仲裁业务负责人

中国人民大学民商法学硕士，中国国际经济贸易仲裁委员会、上海国际经济贸易仲裁委员会、深圳国际仲裁院、上海仲裁委员会等多家仲裁机构仲裁员，拥有二十多年的法律风险管控、处理境内及涉外商事诉讼和仲裁案件的经验。被《亚洲法律杂志》（*Asian Legal Business*）评为"2022年中国十五佳诉讼律师"，在《钱伯斯全球指南》（*Chambers Global Guide*）、《钱伯斯亚太指南》（*Chambers Asia-Pacific Guide*）及《钱伯斯大中华区指南》（*Chambers Greater China Region Guide*）榜单中连续多年入选"争议解决：仲裁"领先律师名录，并连续三年（2019—2021）被《商法》评为年度100位中国业务优秀律师（The A-List）。

朱华芳律师专于处理疑难复杂的商事诉讼和仲裁案件，服务的客户包括诸多国企和大型金融机构，代理了它们在各主要仲裁机构、最高人民法院及全国各级法院的相关仲裁和诉讼案件并取得良好效果。

朱华芳律师曾任世界500强企业中国中化集团法律部副总经理，熟悉能源、化工、地产、金融和农业等多个领域的业务运作和法律工作，具有十余年的公司股权、投资并购、上市发债、国际贸易和国有产权交易法律工作经验，能迅速、精准地理解和回应客户的具体需求，擅长从外部律师和内部法务两个角度思考问题，制定适宜的争议解决方案。

朱华芳律师主笔和主持天同诉讼圈的"仲裁圈"栏目，撰写及发表了50

余篇仲裁实务问题研究文章,并牵头完成《中国仲裁司法审查实践观察报告》(2018—2021)、《中国商事调解年度观察报告》(2020—2021)、《中国投资争议解决年度观察》(2022)(北京仲裁委员会课题)、《私募基金行业纠纷研究报告》以及"新冠肺炎疫情对国际贸易合同履行的影响及其应对"(中国国际经济贸易仲裁委员会课题)等课题研究,参与国务院国有资产监督管理委员会的"融资性贸易法律风险防范""国企治理中公司人格否认风险防控"课题研究,受到业界好评。

郭佑宁　天同律师事务所资深出庭律师

中国政法大学民商法学硕士。加入天同律师事务所以来,多次代理最高人民法院、地方各级人民法院的诉讼案件和国内各主要仲裁机构的案件,擅长处理商事领域重大疑难复杂争议。服务的客户包括多家中央企业、大型金融机构、上市公司。能够准确理解和回应客户需求,提供全面深入的争议解决方案,广受客户信任与好评。2021年度获评LEGALBAND中国律界俊杰榜30强。

对民商法领域诉讼和仲裁问题具有深入研究和独到见解,撰写发表多篇相关领域专业文章,曾参与境外投资、自然资源产权、金融信息服务、融资担保、财产保全责任险、仲裁司法审查、私募基金行业纠纷研究等多项课题研究。长期担任"无讼学院"讲师,常年讲授法律文书写作课程,授课兼具理论性与实操性,深受学员认可。

本书作者团队

主　　编　朱华芳　郭佑宁
撰 稿 人　朱华芳　郭佑宁　郭　萌　庄　壮
　　　　　卞舒雅　虞震泽　叶一丁

法律法规等规范性文件全称、简称对照表

全　　称	简　　称
《中华人民共和国证券投资基金法》	《证券投资基金法》
《中华人民共和国证券法》	《证券法》
《中华人民共和国信托法》	《信托法》
《中华人民共和国公司法》	《公司法》
《中华人民共和国合伙企业法》	《合伙企业法》
《中华人民共和国民法典》	《民法典》
《中华人民共和国民法总则》（已失效）	《民法总则》
《中华人民共和国合同法》（已失效）	《合同法》
《中华人民共和国侵权责任法》（已失效）	《侵权责任法》
《中华人民共和国企业破产法》	《企业破产法》
《中华人民共和国银行业监督管理法》	《银行业监督管理法》
《中华人民共和国民事诉讼法》	《民事诉讼法》
《关于规范金融机构资产管理业务的指导意见》	《资管新规》
《私募投资基金监督管理暂行办法》	《私募监管暂行办法》
《关于加强私募投资基金监管的若干规定》	《加强私募监管规定》
《证券投资基金托管业务管理办法》	《基金托管办法》
《商业银行理财子公司管理办法》	《银行理财子公司办法》
《基金管理公司子公司管理规定》	《基金公司子公司规定》
《证券期货投资者适当性管理办法》	《投资者适当性办法》

续表

全　　称	简　　称
《基金募集机构投资者适当性管理实施指引（试行）》	《投资者适当性指引（试行）》
《私募投资基金管理人登记和基金备案办法（试行）》	《登记和备案办法（试行）》
《私募投资基金募集行为管理办法》	《私募募集办法》
《私募投资基金信息披露管理办法》	《私募信息披露办法》
《私募投资基金备案须知（2019年版）》	《私募备案须知（2019）》
《私募基金管理人登记须知》	《管理人登记须知》
《私募投资基金管理人内部控制指引》	《管理人内部控制指引》
《私募投资基金风险揭示书内容与格式指引》	《私募风险揭示书指引》
《证券期货经营机构私募资产管理计划备案管理规范第4号——私募资产管理计划投资房地产开发企业、项目》	《私募备案管理规范第4号》
《最高人民法院关于适用〈中华人民共和国合同法〉若干问题的解释（一）》（已失效）	《合同法解释（一）》
《最高人民法院关于适用〈中华人民共和国公司法〉若干问题的规定（二）》	《公司法解释（二）》
《最高人民法院关于适用〈中华人民共和国公司法〉若干问题的规定（三）》	《公司法解释（三）》
《最高人民法院关于适用〈中华人民共和国公司法〉若干问题的规定（四）》	《公司法解释（四）》
《最高人民法院关于适用〈中华人民共和国仲裁法〉若干问题的解释》	《仲裁法解释》
《最高人民法院关于审理民间借贷案件适用法律若干问题的规定》	《民间借贷规定》
《最高人民法院关于适用〈中华人民共和国民法典〉有关担保制度的解释》	《担保制度解释》
《全国法院民商事审判工作会议纪要》	《九民会议纪要》
最高人民法院	最高法院
中国证券监督管理委员会	证监会
中国证券投资基金业协会	基金业协会
中国银行业协会	银行业协会
中国银行保险监督管理委员会	银保监会
国家发展和改革委员会	发改委

引 言

近年来，随着经济的发展及居民投资理财意识的增强，社会投融资与居民财富配置需求不断增长并呈现出多元化的态势，私募基金以其多样化、差异化的产品、策略以及灵活的运作方式受到投资者青睐。在政策支持和资金驱动下，私募基金行业蓬勃发展。与此同时，私募基金行业也暴露出许多问题。这不仅对行业监管提出了新要求，也对该领域的争议解决提出了诸多新问题、新挑战。面对各种实践与日益增长的纠纷，正确认定行业中各种样态、行为的法律性质，合理界定当事人的权利义务与责任，准确评价行业常见交易安排的效力与后果，逐渐成为该领域常见的实务难题，需要司法予以积极回应。本书作者团队在办理私募基金领域案件过程中，深感有必要系统梳理私募基金争议解决的实际现状和发展趋势，提出相关问题和解决办法，为从业人员和投资者提供有益借鉴，以期引导投资者理性投资，促进相关从业机构优化经营、降低风险，并为行业规范可持续发展贡献绵薄之力。

为便于读者更加有效地阅读和使用本书，笔者对本书的写作背景、写作方法、主要内容等作如下简要说明。

一、本书写作背景：我国私募基金行业的高速发展呼唤更为有效的争议解决规则供给

建设多元化融资体系和多层次资本市场是 21 世纪以来我国金融业发展的战略方向。在我国经济从中高速发展迈向高质量发展的时代背景下，私募基金在支持创业创新、推进供给侧结构性改革、提高直接融资比重、服务实体经济和居民财富管理等方面发挥了重要作用。2013 年，修订后的《证券投资基金法》正式将私募基金纳入规范范畴，从立法层面确立了私募基金的合法

地位。2014年5月，国务院印发《关于进一步促进资本市场健康发展的若干意见》，对发展私募基金作出战略部署。2014年8月，中国证监会公布施行《私募监管暂行办法》，初步建立起私募基金运作监管的基本规则框架。

由此，我国私募基金步入高速发展阶段。截至2020年底，在基金业协会登记的私募基金管理人2.46万家，备案私募基金9.68万只，管理基金规模15.97万亿元。[①]与2014年的私募基金规模1.4945万亿元[②]相比，6年间增长近10倍。私募基金日益成为我国投融资体系和资本市场中的重要力量。

随着私募基金的蓬勃发展，侧重于监管的规范体系不断完善。2020年12月30日，证监会公布《加强私募监管规定》，总结私募基金行业的监管经验，重申和细化私募基金监管的底线要求，对加强和完善私募基金监管意义重大。但应看到的是，私募基金行业的持续健康发展不仅需要监管规则的不断完善，也对争议解决规则提出更大范围、更深层次的需求。与类型各异、数量庞大的私募基金民商事纠纷相比，直接面向争议解决的立法和司法规则供给明显滞后和不足。2017年，国务院法制办曾就《私募基金管理暂行条例（征求意见稿）》公开征求意见，但一直未见实质性进展，而依托于证监会的部门规章、规范性文件以及基金业协会的行业自律性规范等构建的监管规范体系，不仅规范效力层级较低，在司法中存在适用困境，而且大多从金融监管的角度作出规定，较少涉及私募基金中的民事权利义务关系，难以支撑解决私募基金民商事纠纷的现实需求。与之相应的是，司法实践在处理不少私募基金民商事争议问题时，均存在裁判标准不清晰、不统一甚至不适当的情形。特别是，对私募基金合同性质、机构义务与责任、保底条款效力、对赌协议等全局性、基础性的重要问题，司法实践也还不能提供稳定、一致、可预期的裁判规则。这已经成为影响纠纷公正解决、制约行业发展的因素之一。为此，本书旨在系统梳理私募基金争议解决领域的现状与问题，探析重大争议问题的法理基础与实践考量，以为当事人提供更好指引。

---

① 数据来源：《中国证监会：〈关于加强私募投资基金监管的若干规定〉起草说明》。
② 数据来源：《中国证券基金业协会：私募基金行业年度数据》，https://www.amac.org.cn/researchstatistics/datastatistics/privategravefundindustrydata，最后访问日期：2021年1月11日。

二、本书写作方法：以实务案例为基础，聚焦实务热点、难点问题

目前，市场上专门从争议解决角度研究私募基金的成果不多。因此，对私募基金纠纷解决涉及的问题进行系统梳理和研究，确有其必要性与现实价值。

本书作者均供职于天同律师事务所。作为一家专注商事争议解决的律师事务所，司法裁判是我们工作学习的宝藏。依托裁判文书公开带来的海量数据，笔者详细检索、梳理近年来私募基金纠纷案例[①]，提炼实务问题和裁判观点，总结具有普遍性、代表性的问题并将之纳入写作范围。通过梳理整合，本书力求将当前司法实践中多发易发、矛盾突出、风险较大的纠纷类型充分挖掘并呈现出来，从而展现司法实践的现状、问题与发展趋势。

在分析实践案例的过程中，笔者注意到，尽管监管层面对私募基金行业的合规性要求日趋严格，但仍有一些投资者、从业机构及人员盲目追逐自身利益，肆意突破行业合规底线。对此，本书通过梳理总结司法实践现状，特别是有关民事责任的裁判情况，点明包括募集、投资、管理、退出等阶段在内的私募基金全流程的行为底线，以提示投资者、从业机构及人员敬畏规则、合规运作。

同时，私募基金具有专业性强、监管规则细碎等特点，对于从事私募基金的各类机构而言，一些管理运作中的细节问题往往成为决定纠纷发生时责任承担及分配的关键。因此，从裁判结果梳理总结民事责任分配的司法考量，有助于从业机构与人员借鉴"前车之鉴"，从而更加全面细致、更有针对性地从全流程、全要素改进优化合规运作。

三、本书主要内容：私募基金涉及的实务争议

私募基金所涉争议大体可以归为两类：一类是私募基金内部当事人之间的争议，主要是投资者与管理人、托管人、销售机构等机构之间的争议；另

---

① 考虑到信托纠纷、资产管理计划纠纷与私募基金纠纷在相关法律问题上的相似之处，本书亦引用了部分信托纠纷案例和资产管理计划纠纷案例。

一类是私募基金作为对外投资的主体，与交易对手之间的争议，其中包括近年来持续作为行业热点的对赌协议、"名股实债"等争议。

在讨论私募基金各种争议（尤其是基金内部争议）问题时，监管规则对司法实践的影响是一个基础性议题。笔者理解，私募基金监管总体上指向防范金融风险、服务实体经济和保护投资者权益三大目标。为实现监管目标，各层次的规范确立了禁止资金池、禁止保底承诺与刚性兑付、合格投资者、信息披露等一系列监管制度与规则。同时，相较于公募基金，私募基金具有投资者准入门槛高、风险外溢范围相对较小等特点，故对私募基金的监管应遵循适度监管原则，避免窒息市场活力。

监管目标和监管特点对私募基金争议解决实践具有两方面重大影响。一方面，为形成监管合力，避免司法成为金融监管的真空地带，司法实践须与监管规则及精神相协调，避免被监管层面负面评价的行为、利益反而被司法肯定。另一方面，司法实践应当充分考量监管规则保护的法益与价值，合理界定意思自治与公序良俗的范围，避免合同无效的泛化。在损失分配方面，应当按照责任与义务相适应的原则，合理认定机构赔偿责任，既要依法保护投资者合法权益，又要避免扼杀行业发展。

本书以私募基金"募集—投资—管理—退出"全周期为脉络，着眼于合同性质、合同效力与责任分配三大关键问题，关注监管规则对争议解决的影响，对私募基金内部和外部所涉热点争议的司法实践情况进行梳理分析，并提出见解。本书主要内容如下：

私募基金合同性质的司法认定

私募基金合同的性质认定通常是解决争议时首要处理的焦点问题，合同性质的认定在相当程度上决定了如何确定当事人的权利义务。本章将从理论上分析私募基金合同的性质，梳理司法实践将名为私募基金合同的合同认定为借贷、委托理财等其他类型合同的情形，归纳并探讨裁判机构认定私募基金合同性质的各种考量因素。

私募基金募集阶段的法律争议

募集行为是否规范、合法直接关涉私募基金合同的效力和当事人责任。本章对司法实践中私募基金募集阶段存在的共性问题进行观察分析，讨论管理人登记与基金备案、合格投资者认定、基金份额代持和拆分等对合同效力、当事人责任的影响，重点分析管理人、销售机构违反募集阶段义务的责任认定，梳理募集失败相关争议问题的实践情况。

管理人、托管人的义务与责任

私募基金投资失败时，管理人、托管人的义务与责任是当事人博弈的核心问题。本章总结归纳管理人常被追责的义务违反类型，分析管理人赔偿责任的归责原则、因果关系、损失认定与计算等问题。围绕托管人责任这一热点问题，探讨托管人的法律地位，梳理托管人违反监督义务的类型与实践认定情况，并对托管人赔偿责任进行分析。

私募基金保底条款的效力及后果

保底条款是私募基金领域长期存在的常见交易安排，但司法实践对其效力与后果一直没有形成共识。本章将重点讨论保底条款的界定，包括实践中常见的事后保底条款和预期收益率、业绩比较基准约定是否构成保底；梳理归纳司法实践认定保底条款有效或者无效的理由，讨论判定保底条款效力的规范依据困境；梳理保底条款认定有效或无效的法律后果，介绍保底条款无效对私募基金合同效力的影响。

私募基金对外投资涉及的对赌协议效力及履行争议

对赌协议是私募基金对外投资的常见交易安排。实践中，对赌协议的效力认定，对赌条件的实现、补偿或回购金额的计算，权利请求期限是高发争议事项。本章将结合投融资领域关于对赌协议的一般规则、典型案例，结合私募基金的具体情况，对上述问题进行梳理分析，并就对赌协议的签署、发生争议时的证据准备等问题提出建议。

私募基金对外投资涉及的"名股实债"争议

私募基金对外投资时采取的特定交易安排在实务中经常引发是否构成"名股实债"的争议。本章将结合司法实践，探讨"名股实债"条款的性质与效力，指出应当平衡意思自治与商事外观主义，综合投资目的、交易价格、股东权义设置、收益分配、担保机制以及是否涉及第三人等因素认定其性质，效力判断应以《民法典》关于合同效力的规定为基准，兼顾规范性质、公序良俗等因素作出审慎认定。

投资者退出私募基金的法律争议

本章关注私募基金投资者从基金退出的问题，立足于实践中私募基金投资者退出难的现实困境，分别就契约、合伙、公司三种类型私募基金中，投资者常见的退出路径、退出条件及风险点进行梳理和分析，并就实践中出现的优先清算权条款效力、清算和定损的关系等问题进行探讨。

为方便读者阅读和使用，本书每章开始处设置内容导览图，正文设置"法规链接""典型案例""实务提示"等栏目，并整理了《私募投资基金重要规范性文件目录》作为附录。

囿于作者水平和精力，本书难免有缺漏错误之处，敬请读者批评指正，在此诚表感谢。

目 录

第一章 私募基金合同性质的司法认定 ·· 1

一、私募基金及私募基金合同的本质 ··· 2

二、司法实践认定"私募基金合同"为借款合同的情形 ······················· 6
 （一）固定收益条款的表现形式 ·· 7
 （二）投资者与管理人之间的固定收益条款对合同性质、效力的影响 ········ 10
 （三）投资者之间的固定收益条款对合同性质、效力的影响 ················ 12
 （四）其他可能影响"私募基金合同"被认定为借款合同的因素 ············ 16

三、司法实践认定"私募基金合同"为委托理财合同的情形 ················· 19
 （一）契约型私募基金合同与委托理财合同的区别 ························ 19
 （二）司法实践认定"私募基金合同"为委托理财合同的常见情形 ·········· 21

四、司法实践对"私募基金合同"作出其他定性的情形 ······················· 24
 （一）投资者与"管理人"之间仅成立合伙关系，但不成立私募基金合同关系 ···· 25
 （二）私募基金先投资、后募资，募资行为不构成私募基金合同关系 ········ 25
 （三）投资者以签订基金合同的方式提供担保 ···························· 26

第二章 私募基金募集阶段的法律争议 ·· 29

一、私募基金管理人未登记/私募基金未备案的法律后果 ······················· 30
 （一）私募基金管理人未登记/私募基金未备案对基金合同效力的影响 ········ 32
 （二）私募基金管理人未登记/私募基金未备案的其他法律后果 ·············· 41

二、适当性义务的实践认定 ·· 43
 （一）注重实质审查募集机构是否履行适当性义务 ························ 45
 （二）注重审查投资者的自主决策能力，并将投资者具备自主决策能力的证明
   责任倒置于募集机构 ·· 49

（三）违反或规避合格投资者规定对合同效力的影响 ·············· 50

三、管理人违反募集阶段义务的法律责任 ························· 61
　　（一）管理人在募集阶段的义务 ································· 61
　　（二）管理人违反募集阶段义务的责任 ························· 62

四、销售机构在募集阶段的法律责任 ····························· 68
　　（一）销售机构与投资者之间的责任承担 ····················· 69
　　（二）销售机构与管理人之间的责任划分 ····················· 74

五、募集失败的法律后果 ·· 76

第三章　管理人、托管人的义务与责任 ························· 79

一、管理人违反义务的赔偿责任 ···································· 80
　　（一）管理人义务概述：规范来源与义务实质 ·············· 80
　　（二）管理人违反义务的常见情形 ······························ 82
　　（三）管理人违反义务的赔偿责任 ······························ 95

二、托管人违反义务的赔偿责任 ··································· 100
　　（一）托管人在私募基金中的法律地位 ······················ 100
　　（二）托管人违反监督义务的实务认定 ······················ 104
　　（三）托管人违反义务的赔偿责任 ····························· 113

第四章　私募基金保底条款的效力及后果 ····················· 117

一、私募基金保底的认定 ·· 118
　　（一）基金损失发生后形成的金钱给付安排 ················ 119
　　（二）预期收益率、业绩比较基准约定 ······················ 122

二、现行有关私募基金保底条款规则的梳理 ···················· 124

三、司法实践对私募基金保底条款效力的认定 ················· 132
　　（一）司法实践认定保底有效的主要理由 ··················· 132
　　（二）司法实践认定保底无效的主要理由 ··················· 138

四、私募基金保底的法律后果 ····································· 146
　　（一）认定保底有效时的法律后果 ····························· 146
　　（二）认定保底无效时的法律后果 ····························· 146

第五章　私募基金对外投资涉及的对赌协议争议 …… 151

一、私募基金对外投资涉及的对赌协议效力争议 …… 152
　　（一）目标公司为股东对赌义务提供担保的效力 …… 158
　　（二）"抽屉协议""冻结条款"等对赌约定的效力 …… 170

二、私募基金对外投资涉及的投资方与目标公司对赌履行争议 …… 175
　　（一）投资方与目标公司对赌协议履行规则的发展 …… 175
　　（二）《九民会议纪要》规则下的对赌协议签署与履行 …… 178

三、私募基金对外投资涉及的投资方与股东对赌履行争议 …… 189
　　（一）目标公司净利润为负值时，如何计算业绩补偿额 …… 189
　　（二）不同业绩补偿形式的阈值设置 …… 191
　　（三）多个对赌义务主体之间的责任分担 …… 195
　　（四）投资方能否同时主张现金补偿和股权回购 …… 196

第六章　私募基金对外投资涉及的名股实债争议 …… 199

一、名股实债的定义和交易结构 …… 200
　　（一）名股实债的定义 …… 200
　　（二）名股实债的交易结构 …… 204

二、名股实债的性质 …… 205
　　（一）名股实债性质之争的典型情形 …… 205
　　（二）司法实践对名股实债性质的认定 …… 207
　　（三）名股实债的性质分析 …… 223

三、名股实债的效力 …… 228
　　（一）关于名股实债的规范性文件 …… 228
　　（二）名股实债的效力分析 …… 229

四、与名股实债有关的其他问题 …… 240
　　（一）股权收益权转让及回购交易的性质认定 …… 240
　　（二）名股实债的性质认定不影响仲裁条款的适用 …… 243
　　（三）法院可能按照民间借贷利率上限调整股权投资违约金 …… 244
　　（四）法院可能基于监管要求对债权投资的借贷利率进行调整 …… 246
　　（五）关于资本公积金的返还问题 …… 247

第七章　投资者退出私募基金的法律争议 ········· **251**

一、投资者退出私募基金主要途径 ············· 252
二、司法实践中常见的私募基金退出争议 ········ 258
（一）关于退出条件是否成就的相关争议 ········ 258
（二）关于损失赔偿的相关争议 ············· 267

附录　私募投资基金重要规范性文件目录 ········· **281**

一、法律 ································ 281
二、行政法规 ···························· 281
三、法规性文件 ·························· 282
四、部门规章 ···························· 282
五、规范性文件 ·························· 283
（一）综合类 ·························· 283
（二）登记备案 ························ 283
（三）会计税收 ························ 284
（四）其他 ···························· 284
六、自律规则 ···························· 285
（一）综合类 ·························· 285
（二）管理人登记及资质管理 ············· 286
（三）产品备案 ························ 287
（四）证券、期货公司资管业务 ··········· 288
（五）基金服务业务 ···················· 289
（六）会员管理 ························ 289
（七）其他 ···························· 290

第一章
私募基金合同性质的司法认定

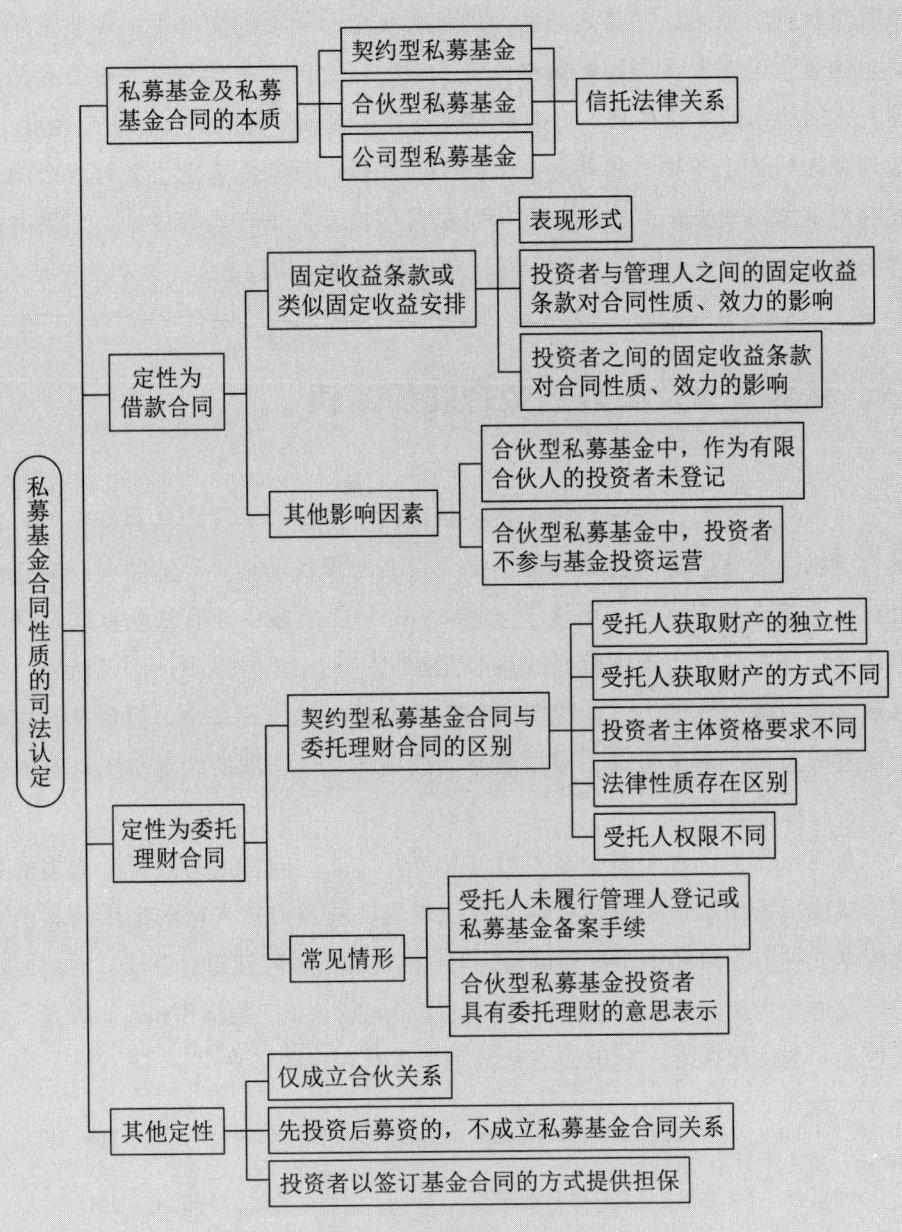

如何认定私募基金合同的性质，对于投资者与管理人之间的利益分配及风险负担影响重大。尤其是当名为"私募基金合同"的文本中出现监管规则禁止的条款，或者合同履行偏离监管要求时，合同性质容易成为投资者与管理人之间纠纷的争议焦点，直接影响各方责任的分配与承担。在相当程度上，裁判者如何认定各种"私募基金合同"的性质，反映并决定了其处理合同争议的基本思路与立场。本章从近年司法案例出发，结合监管规则，归纳并探讨法院对私募基金合同性质的不同认定及相应的考量因素。

一、私募基金及私募基金合同的本质

《私募监管暂行办法》第二条将私募投资基金（简称"私募基金"）定义为"以非公开方式向投资者募集资金设立的投资基金。"证监会在其官网上对私募基金的定义亦采用该条规定。[①] 此外，实践中亦有法院以此定义私募基金。如在辽宁大连中院（2019）辽02民初1423号案中，法院认为，私募基金是以非公开的方式向投资者募集资金设立的投资基金，投资基金由基金管理人管理，基金管理人根据法律、法规和基金合同的约定负责基金的经营和管理运作。

有观点认为，私募基金是"通过非公开方式，向特定的投资者募集资金而形成的投资组织，由基金管理人受托管理，基金投资人按约定或按其出资比例享受投资收益和承担投资风险。"[②] 相较《私募监管暂行办法》的定义，该定义进一步揭示了私募基金"投资收益和风险负担"的运作机理，以及"受托管理"的法律属性，对于识别私募基金具有积极参考意义。

---

① 参见：http://www.csrc.gov.cn/hunan/xxfw/tzzsyd/jjtz/201909/t20190909_361646.htm，最后访问时间：2021年11月7日。
② 参见彭夯：《私募基金监管法律问题研究》，11页，上海，复旦大学出版社，2011。

实践中，根据不同的投资对象，私募基金主要分为私募证券投资基金、私募股权投资基金、资产配置类私募基金。私募证券投资基金主要投资于公开交易的股份有限公司股票、债券、期货、期权、基金份额以及中国证监会规定的其他资产；私募股权投资基金主要投向未上市企业股权、上市公司非公开发行或交易的股票以及中国证监会规定的其他资产；资产配置类私募投资基金，主要采用基金中基金的投资方式，主要对私募证券投资基金和私募股权投资基金进行跨类投资。①

根据不同的组织形式，私募基金又可分为契约型、合伙型以及公司型三种，这种分类在法律上更具意义。《私募监管暂行办法》第二十条将募集私募基金制定并签订的基金合同、公司章程或者合伙协议统称为基金合同。基金业协会于2016年发布三份《私募投资基金合同指引》，细化基金合同的内容与格式，包括《契约型私募基金合同内容与格式指引》《公司章程必备条款指引》以及《合伙协议必备条款指引》。本书讨论的私募基金合同，即包括基金合同、公司章程及合伙协议三种法律文件。

法规链接

《私募监管暂行办法》

第二十条第一款 募集私募证券基金，应当制定并签订基金合同、公司章程或者合伙协议（以下统称基金合同）。基金合同应当符合《证券投资基金法》第九十三条、第九十四条规定。

在契约型私募基金中，基金合同表现为管理人与投资者为募集设立私募基金而签订的协议。在合伙型或公司型私募基金中，基金合同通常表现为合伙协议或公司章程，有时还包括投资者或私募基金另行与管理人签订的约定受托、投资事项的协议，这些协议与合伙协议或公司章程共同构成私募基金合同。

关于私募基金合同的法律性质，主流观点认为，私募基金管理人与投

---

① 参见：http://www.csrc.gov.cn/hunan/xxfw/tzzsyd/jjtz/201909/t20190909_361646.htm，最后访问时间：2021年11月7日。

资者之间成立的是信托法律关系①（典型案例 1.1、1.2）。《信托法》第二条规定："本法所称信托，是指委托人基于对受托人的信任，将其财产权委托给受托人，由受托人按委托人的意愿以自己的名义，为受益人的利益或者特定目的，进行管理或者处分的行为。"私募基金投资者基于对管理人投资资质、能力、经验等方面的信任，通过与管理人订立私募基金合同，将投资财产委托给管理人管理、使用、处分，并且该财产独立于投资者及管理人的固有财产，管理人以自己的名义为了投资者的利益运作受托财产。这种交易行为符合《信托法》第二条关于信托的法律定义与特征，正因如此，《证券投资基金法》第二条明确将《信托法》作为调整私募基金的规范依据。尽管私募基金的形式载体存在契约、合伙与公司三种，但从当事人权利义务的实质来看，私募基金合同的本质都是在投资者与管理人之间设立信托法律关系。

▶ 法规链接

《信托法》

第二条 本法所称信托，是指委托人基于对受托人的信任，将其财产权委托给受托人，由受托人按委托人的意愿以自己的名义，为受益人的利益或者特定目的，进行管理或者处分的行为。

《证券投资基金法》

第二条 在中华人民共和国境内，公开或者非公开募集资金设立证券投资基金（以下简称基金），由基金管理人管理，基金托管人托管，为基金份额持有人的利益，进行证券投资活动，适用本法；本法未规定的，适用《信托法》《证券法》和其他有关法律、行政法规的规定。

---

① 参见吴弘、徐振：《投资基金的法理基础辨析》，载《政治与法律》，2009（7）。实践中也有持此观点者，例如，原中国证券投资基金业协会党委书记、会长洪磊认为："《证券投资基金法》首次明确了公募与私募的法律分野，在《证券投资基金法》中没有'私募'的说法，而是用了'非公开募集'的说法，这集中体现了《证券投资基金法》对公募与私募的核心观点，即公募与私募均基于相同的信托法律关系。"参见：https://www.amac.org.cn/aboutassociation/gyxh_xhdt/xhdt_xhgg/201708/t20170821_2214.html，最后访问时间：2021 年 11 月 7 日。

📁 典型案例

1.1 燕阳公司与孔某、永腾公司等合同纠纷案[吉林吉林中院（2021）吉02民终1630号]

法院认为，根据《信托法》第二条的规定，孔某认购管理人华镇公司发行的北京新机场空港配套发展私募基金，孔某与华镇公司之间形成信托关系。

1.2 德邦公司与丰圣公司其他合同纠纷案[上海金融法院（2019）沪74民初2841号]

法院认为，契约型证券投资基金系以信托原理为基础，基金管理人与基金份额持有人之间的关系属于信托法律关系。虽然本案私募基金的投资标的并非证券投资，但若当事人之间权利义务的设定符合信托法律关系，则基于"相同之事理，为相同之处理"原则，应当适用《信托法》及相关规定。就整体交易框架结构而言，案涉基金合同对于基金份额持有人、基金管理人以及托管人之间权利义务的设定，与《证券投资基金法》相关规定并无本质区别。

具体就信托法律关系与委托代理法律关系的区分进行分析。首先，就受托财产的转移及其独立性而言，基金合同对于基金财产进行了专门约定，包括投资人不得提取、划转基金账户的资金，不得办理转托管，不得转移基金财产；投资人认（申）购资金实际到账日至本期基金成立日之间的利息，归属于基金财产；基金财产对于管理人、托管人固有财产具有独立性；以及基金财产产生的债权不得与不属于基金财产本身的债务相互抵销等，均体现了信托法律关系项下信托财产的独立性特征。其次，就基金管理人处理财产事务时的权限而言，委托代理法律关系中，受托人根据委托人指令对资金进行管理，受托人具有被动性，而信托法律关系中，委托人将资产转移至受托人后，受托人以自己名义主动进行资产管理，在合同约定范围内享有充分的自主权。本案中，根据基金合同约定，基金管理人以自己的名义独立管理和运用基金财产，基金份额持有人虽有权了解基金资金的管理、运用、处分及收支情况，并有权要求管理人作出说明，但上述权利的行使以不影响管理人正常管理和运作基金财产为限，可见基金份额持有人对于基金财产的管理不具有指示权。基于上述认定，投资者与管理人之间系信托法律关系。

厘清私募基金及私募基金合同的本质对于正确认定实践中各种冠以"私募基金合同"之名的协议的性质、明确法律适用意义重大。笔者检索梳理实务案例后发现，多数情形下法院能够正确把握基金合同的性质，但由于《民事案件案由规定》并无确切的对应于私募基金纠纷的案由，仅在证券纠纷案由下规定了"证券投资基金交易纠纷""证券投资基金权利确认纠纷""证券投资基金回购合同纠纷"三类案由，不能涵盖私募股权投资基金、资产配置类私募基金以及其他私募基金合同产生的纠纷，故法院多以"证券投资基金交易纠纷""合同纠纷"等案由审理私募基金纠纷。不过，在因合同存在固定收益、委托理财安排或者"私募基金"未合规运作等情形而引发合同定性争议时，有些法院会将这些名为"私募基金合同"的合同认定为借款合同、委托理财合同或其他类型的合同，并相应地将案由确定为民间借贷纠纷、委托理财合同纠纷或合同纠纷等。

为此，本章将着重梳理分析法院作出各种性质认定的考量因素，并分析因私募基金合同性质认定差异对法律规则适用及当事人间责任承担的影响。需要说明的是，从近年的案例情况来看，私募基金合同纠纷多发生于契约型、合伙型基金中，故本章将主要围绕契约型、合伙型基金展开。

二、司法实践认定"私募基金合同"为借款合同的情形

实践中，出于招徕投资者、规避投资者资金风险等需求，一些管理人会在基金合同中设置固定收益条款，直接或变相向投资者承诺到期返还投资本金及/或支付确定的收益。由于这类安排与还本付息相似，违背投资者"风险自担"原则，有的法院通过将此类合同认定为借款合同的性质评价，从而适用借款合同的相应规则规制私募基金合同；或者以认定固定收益条款无效的效力评价等方式作出回应。这对当事人权益影响重大，最主要表现为投资者是否能在私募基金投资亏损时，按照私募基金合同的约定获得固定收益。为此，本章将梳理固定收益条款的实践表现及其影响。

（一）固定收益条款的表现形式

由于监管机构明确禁止管理人作出保本或固定收益承诺，投资者与管理人约定明确的固定收益条款的情况较少，更为常见的是以预期年化收益率、预测投资业绩、预计收益等概念，变相进行固定收益安排。为进一步填补监管漏洞，证监会、基金业协会多次发布规范性文件，禁止管理人、募集机构作出固定收益承诺。

▶ 法规链接

《私募监管暂行办法》

第十五条 私募基金管理人、私募基金销售机构不得向投资者承诺投资本金不受损失或者承诺最低收益。

《私募募集办法》

第二十四条 募集机构及其从业人员推介私募基金时，禁止有以下行为：

……

（三）以任何方式承诺投资者资金不受损失，或者以任何方式承诺投资者最低收益，包括宣传"预期收益""预计收益""预测投资业绩"等相关内容。

……

《加强私募监管规定》

第六条 私募基金管理人、私募基金销售机构及其从业人员在私募基金募集过程中不得直接或者间接存在下列行为：

……

（三）口头、书面或者通过短信、即时通讯工具等方式直接或者间接向投资者承诺保本保收益，包括投资本金不受损失、固定比例损失或者承诺最低收益等情形；

（四）夸大、片面宣传私募基金，包括使用安全、保本、零风险、收益有保障、高收益、本金无忧等可能导致投资者不能准确认识私募基金风险的表述，或者向投资者宣传预期收益率、目标收益率、基准收益率等类似表述。

第九条　私募基金管理人及其从业人员从事私募基金业务，不得有下列行为：

……

（六）私募基金收益不与投资项目的资产、收益、风险等情况挂钩，包括不按照投资标的实际经营业绩或者收益情况向投资者分红、支付收益等。

虽然监管层面将"预期收益"等表述与保本、保收益的交易安排作同等对待，但在司法实践中，法院往往不会简单根据"预期收益"等类似条款认定合同性质，通常还会结合实际履行情况、合同其他条款等因素综合判断。例如，合同虽约定预期收益，但在履行过程中管理人按预期收益标准定期支付投资者收益，则所谓"预期收益"条款可能被认为实际是固定收益条款（典型案例1.3、1.4）。管理人虽未按照约定的预期收益率向投资者支付收益，但实际支付其他数额的固定款项，也可能被法院认定为固定收益（典型案例1.5）。但是，在管理人未实际支付收益的情况下，如果合同中还明确有管理人不承诺基金保本保收益的表述，则法院可能不会认定合同中存在固定收益安排（典型案例1.6）。

典型案例

1.3 陈某与德富合伙企业、隆达合伙企业民间借贷纠纷案［深圳前海法院（2019）粤0391民初2285号］

投资者陈某作为有限合伙人与普通合伙人隆达合伙企业签订的德富合伙企业合伙协议中约定，"若合伙企业的整体投资年化收益率低于11%（含11%），则合伙企业全部投资收益按有限合伙人的出资份额分配给有限合伙人；投资金额在500万元以上（含500万元）的，若合伙企业的投资年化收益率高于13%，则按照13%的年化收益率分享收益；若合伙企业的投资年化收益率在12%至13%之间，则按照合伙企业实际年化收益分享收益"。后隆达合伙企业向陈某出具的《合伙人财务通知书》中载明自投资款550万元到账次日开始计算收益，按年化13%预期收益率计算收益，每季度28日分配收益，最后一期收益结算日返还投资本金。隆达合伙企业按照《合伙人财务通知书》的约定向陈某支付了前5期收益。后隆达合伙企业未按协议约定支付收益，陈某起诉请求德富合伙企业、隆达合伙企业等返还投资本金及收益，并支付相应利息损失。

法院认为，陈某投资的目的是在保障本金的情况下定期取得固定利息，隆达合伙企业亦是通过向陈某作出保本保收益的承诺以取得陈某的投资，从双方履行情况来看，隆达合伙企业向陈某支付的投资收益均是按照固定利率即年利率13%进行结算。法院以此作为裁判理由之一，认定陈某与德富合伙企业、隆达合伙企业之间成立民间借贷关系，判决德富合伙企业、隆达合伙企业等返还投资本金及以年利率13%计算的借款利息。

1.4 张某与森和公司、森和鸿运合伙企业民间借贷纠纷案［深圳罗湖法院（2018）粤0303民初23948号］

投资者张某与合伙人森和公司签订的森和鸿运合伙企业合伙协议约定，预期年化净收益为11%。森和公司实际按照该约定仅向张某支付了部分收益，张某遂提起诉讼，请求森和公司返还投资本金及以年利率11%计算的利息。

法院认为，合伙协议约定了固定的收益比例即预期年化收益率为11%，森和公司在履行过程中亦按该固定利率定期支付张某收益，故双方约定的预期收益实际为固定收益，张某与森和公司之间实际构成借款法律关系，法院支持了张某的上述诉讼请求。

1.5 年某、贺某与余某保证合同纠纷案［重庆二中院（2018）渝02民终2247号］

余某与同盈公司之间签订的《委托投资协议书》约定，余某按月领取投资收益，到期赎回本金。上述协议约定预期年化收益率为14%，但同盈公司实际支付余某的固定利息的标准低于年化14%。

法院认为，委托人收取固定收益，不承担投资风险，故余某与同盈公司之间实际是民间借贷关系。在此基础上，法院按照双方实际履行的固定收益标准认定借款利率。

1.6 曹某与创道公司委托理财合同纠纷案［山东济南中院（2020）鲁01民终1897号］

涉案基金合同表述"预期年化收益率13%"，但在基金合同风险揭示条款又载明："基金管理人不能承诺基金保本及收益的风险：基金利益受多项因素影响，基金既有盈利的可能，亦存在亏损的可能。根据相关法律法规规定，基金管理人不对基金的投资者作出保证本金及其收益的承诺。"因涉案基金出现延期支付收益的情形，投资者曹某起诉请求管理人创道公司返还投资本金及以年收益13%计算的投资收益及利息。

法院认为，虽然基金业协会《纪律处分决定书》认定，管理人创道公司违规向投资者承诺收益，违反了相关监管规定，但因涉案基金合同风险揭示条款明确表述管理人不能承诺基金保本及收益的风险，涉案基金性质不属于"名为私募，实为借贷"，未予支持投资者曹某的诉讼请求。

实务提示

私募基金合同中"预期收益""预期收益率"等收益条款的表述不代表管理人对于私募基金产品收益的确认或保证，但如管理人根据该等条款向投资者支付对应的固定收益，则该等条款可能被法院视为固定收益条款，进而影响合同性质认定。

（二）投资者与管理人之间的固定收益条款对合同性质、效力的影响

司法实践中，若相关约定被认定为投资者与管理人之间的固定收益条款，则合同很可能被定性为借款合同（典型案例1.3、1.4、1.5）。这种裁判逻辑不难理解。按照私募基金的运作原理和信托本质，基金对外投资的收益与风险均由作为委托人的投资者承担，作为受托人的管理人既不因运作基金而当然享有基金收益，亦不因基金投资发生损失而当然对投资者承担损失赔偿责任。而在借款合同中，不论使用资金的借款人投资盈利与否，借款人均负有还本付息的义务，即出借人固定享有利息回报，投资风险完全由借款人自行承受。因此，当"私募基金合同"出现含有还本付息性质的固定收益条款时，投资者与管理人之间的收益风险分配完全偏离私募基金应有的安排，而与借款合同的收益风险分配安排相契合。简言之，固定收益条款背离了私募基金"受托管理，风险自担"的本质要求，① 使得不少裁判者认为名为"私募基金

---

① 参见洪磊：《推进私募基金行业治理体系现代化 促进创新资本形成》，载《清华金融评论》，2020（2）。

合同"的协议实质上并非私募基金合同,而是以还本付息为核心特征的借款合同,并在借贷安排本身不存在无效事出的情况下,进一步认定固定收益条款有效,投资者依据固定收益条款在私募基金投资亏损时仍能获取固定利息。

上述裁判逻辑的问题在于,当基金出现亏损时,管理人将承担还本付息的义务,这意味着监管层面严厉禁止的保本保收益行为却在事实上被司法认可,其妥当性值得商榷。与上述裁判思路不同的是,2019年最高法院发布的《九民会议纪要》第92条明确将金融机构在资产管理产品中作出的刚性兑付条款认定为无效,并且强调刚兑条款不管形式如何,均应认定无效。虽然《九民会议纪要》并未对非金融机构作出的刚兑条款效力进行限制,但在司法实践中,已有法院参照《九民会议纪要》的规定,否定私募基金合同中的固定收益条款效力,投资者不仅无法按照协议约定获取固定收益,甚至无法完全收回投资本金(典型案例1.7)。

法规链接

《九民会议纪要》

第九十二条【保底或者刚兑条款无效】 信托公司、商业银行等金融机构作为资产管理产品的受托人与受益人订立的含有保证本息固定回报、保证本金不受损失等保底或者刚兑条款的合同,人民法院应当认定该条款无效。受益人请求受托人对其损失承担与其过错相适应的赔偿责任的,人民法院依法予以支持。

实践中,保底或者刚兑条款通常不在资产管理产品合同中明确约定,而是以"抽屉协议"或者其他方式约定,不管形式如何,均应认定无效。

典型案例

1.7 嘉和源公司、丁某与江某委托理财合同纠纷案[江苏南京中院(2020)苏01民终6867号]

投资者江某投资私募基金产品,基金管理人嘉和源公司、私募基金经理丁某保证江某本金不受损失,且其投资可获得年利率9%的收益。后该私募基金清算后出现亏损,江某起诉请求嘉和源公司、丁某偿还本金及按照年利率9%计算的投资收益等。

　　法院参照《九民会议纪要》第九十二条认为，虽然嘉和源公司并非证券公司，但也属于具有资质的投资机构。在嘉和源公司作为投资机构管理多个理财产品的情况下，如果认定涉案理财产品保底条款的有效性，势必将影响投资机构的存续性及其管理的其他理财产品的投资本金、利润，进一步影响该投资机构理财产品其他投资者的本金、利润的回收，亦会造成实质不公。以此为理由之一，法院认定案涉固定收益条款无效。并且，法院考虑江某与嘉和源公司在投资过程中各自的过错，酌情判定嘉和源公司、丁某共同向投资者江某赔偿投资本金的70%。

　　将包含固定收益条款的私募基金合同定性为借款合同并进一步认定其效力的做法，根源是认为当事人的交易安排以还本付息为核心交易目的，投资者并不关注交易的形式或载体。但如本章第一部分所指出的，私募基金本质上是一种信托，其核心交易安排是"受托管理基金财产"。收益分配条款仅是受托管理具体环节上的安排，并不当然成为决定合同性质的核心甚至唯一条款。因此，在私募基金合同对私募基金的设立、管理、运行、退出作出全周期安排时，仍宜在私募基金的框架和规范体系下评价其固定收益条款的效力。

🔖 实务提示

　　在打破刚兑的监管趋势下，投资者与管理人之间的固定收益条款将有可能被视为无效条款，致使投资者无法获取约定的投资收益，甚至无法全额收回投资本金。

（三）投资者之间的固定收益条款对合同性质、效力的影响

　　实践中，私募基金另一种规避禁止固定收益承诺规定的做法是，采取结构化安排，管理人以劣后级投资者的名义与优先级投资者达成类似固定收益的安排。此时，是否应认定投资者之间成立借贷关系，是否应认定私募基金合同构成借款合同，司法实践存在不同观点。

1. 认为投资者之间构成借贷关系的裁判观点

在典型案例 1.8 中，优先级投资者与劣后级投资者的合伙协议约定合伙型私募基金向优先级投资者支付固定收益，各方也按此约定实际履行一段时间；合伙协议还约定，出现亏损时，优先级投资者优先分配合伙企业财产。法院认为，上述约定属于劣后级投资者向优先级投资者作出的填补损失的承诺，不符合"共享收益，共担风险"的合伙特征，优先级投资者与劣后级投资者之间实际存在借贷法律关系，劣后级投资者应按照合同约定收益率向优先级投资者支付固定收益。

典型案例

1.8 张某与森和公司、森和鸿运合伙企业合伙协议纠纷、委托理财合同纠纷案［深圳罗湖法院（2019）粤 0303 民初 4473 号］

投资者张某与管理人森和公司签订合伙协议，主要约定：（1）各方共同设立有限合伙企业，优先级投资者张某认购优先份额比例为 80%；劣后级投资者森和公司认购劣后份额比例为 20%，劣后份额为优先份额的本金及收益提供保障。（2）劣后级投资者同时作为普通合伙人及执行事务合伙人，优先级投资者为有限合伙人，不执行有限合伙事务。（3）合伙企业清算解散时，如果出现亏损，则张某以其投资本金及优先分配收益为限优先分配合伙企业财产，森和公司以其出资本金为限弥补优先份额张某本金及优先分配收益的损失。（4）合伙企业存续期间，按照张某实际投资金额和年化收益率 11% 的标准定期分配收益。协议签订后，森和公司仅向张某支付了部分固定收益。张某起诉请求解除合伙协议，森和公司返还投资本金及以年利率 11% 计算的利息。

法院认为，从张某与森和公司签订的合伙协议内容及履行情况分析，协议名义为合伙协议，但双方实际存在借贷法律关系。合伙协议中约定了固定收益比例即预期年化净收益，森和公司在履行过程中亦按该固定利率定期支付张某收益，故双方约定的预期收益实际为固定收益。此外，合伙协议约定在出现亏损时，张某仍然可以其投资本金及优先分配收益为限优先分配合伙企业财产，属于森和公司向张某作出的填补损失的承诺，该约定不符合"共享收益，共担风险"的合伙特征，故张某与森和公司之间实际存在借贷法律关系，法院遂支持了张某的上述诉讼请求。

2. 不认为投资者之间构成借贷关系的裁判观点

在典型案例1.9中,作为管理人的劣后级投资者与优先级投资者签订私募基金合同,载明优先级投资者投资的固定收益率,并约定劣后级投资者保障优先级投资者的收益。法院参照《证券投资基金法》关于公开募集基金管理人不得向基金份额持有人违规承诺收益或者承担损失的规定,直接否认了案涉合同的效力,仅判决劣后级投资者向优先级投资者偿还投资本金及资金占用期间的损失。该案中,法院虽未具体论述私募基金合同的性质,但裁判逻辑表明其并不认为案涉基金合同构成借款合同,也不认为优先级投资者与私募基金之间是借贷关系。

📁 典型案例

1.9 贺某与康智源公司、豫丰公司委托理财合同纠纷案〔河南郑州金水法院(2019)豫0105民初15312号〕

投资者贺某与管理人康智源公司签订《基金专户补充协议书》,约定投资预期年化收益率为12%,康智源公司以自有资金2000万元作为劣后资金,优先保障贺某本金及收益,基金定向投资豫丰公司的项目。该协议附加条款约定:"投资者委托投资资金在协议期满后,管理人保证投资者选择项目基金的收益,按本协议相关约定条款及时兑现本息,否则,管理人将承担投资者当期基金本息的全部损失。"协议签订后,由豫丰公司向贺某支付了部分收益,贺某遂向法院提起诉讼,请求康智源公司及豫丰公司返还投资本金及剩余收益等。

法院认为,《基金专户补充协议书》约定康智源公司保证贺某选择项目基金收益等条款,应视为违规承诺收益及承担损失。该条款违反了法律的强制性规定,并对投资者选择该基金产生重要影响,根据《合同法》第五十二条第(五)项的规定,应当认定《基金专户补充协议书》系无效合同。据此,法院判决康智源公司返还收取贺某的投资款本金,并赔偿以中国人民银行同期同类贷款基准利率计算的资金占用期间的损失。

实践中,商事主体为规避禁止固定收益承诺的规定,还可能设计其他更为复杂的交易结构。在典型案例1.10中,私募基金的两个投资者之间签订《收益权转让合同》《份额转让合同》，约定一个投资者向另一个投资者分期转让基金份额及收益权，转让价格按"本金+12%年化收益率"确定。法院认为，上述交易安排在投资者之间不构成借贷关系。理由是，该交易存在基金份额及收益权这一真实财产的转让行为，与借贷关系没有财产转让存在本质区别；转让价格虽具有保证固定收益的保底性质，但这是当事人对财产权益的处分，不足以认定投资者之间是借贷关系，从而支持了投资者在合同中约定的转让价格。值得一提的是，现行监管政策仅明确禁止私募基金管理人、销售机构及其从业人员，以及管理人的实际控制人、股东、出资人、关联方对投资者作出刚兑承诺，并未限制其他投资者作出固定收益或其他保本保收益的兑付承诺。对此，该案法院也认为投资者之间作出的投资本金及收益的承诺，不构成刚性兑付。

1.10 优选公司与张某合同纠纷案〔北京海淀法院（2018）京0108民初45399号〕

逍遥10号基金与张某均为地坤一号基金的投资者。逍遥10号基金与张某签订《收益权转让合同》约定，在地坤一号基金存续期间，逍遥10号基金向张某分期转让其所持有的地坤一号基金收益权，张某按年化收益率12%对应支付固定转让价款。逍遥10号基金与张某还签订《份额转让合同》，约定地坤一号基金到期前或出现提前终止情形时，启动基金份额转让交易，逍遥10号基金将地坤一号基金份额全部转让给张某，总价款为逍遥10号基金本金及存续期限内的目标收益（年化收益率12%）扣减张某已支付的基金收益权价款后的剩余款项。后张某未按《收益权转让合同》约定履行受让义务，优选公司（逍遥10号基金管理人）提起诉讼，请求张某支付基金份额受让款及按照年化收益率12%计算的投资收益等。

法院认为，逍遥10号基金支付相应投资对价，以此获得地坤一号基金份额财产权益及可期待的收益权后，再行将其投资所取得的相关资产权益予以转让，从而获得张某所支付的转让价款，整个交易环节存在真实的财产转让行为，系投资人处置自身金融资产的意向合意。虽然《权益转让合同》及《份额转让合同》中约定了"本金+12%年化收益率"的方式，具有保证固定收益的保底性质，但该两份转让合同系对私募基金财产权益的处分，在双方既无借款合意，亦无付款事实的情况下，此种交易模式与借贷法律关系存有本质不同，故逍遥10号基金与张某之间不应认定为借贷关系。

关于两份转让合同是否构成刚性兑付，法院认为，根据《资管新规》第19条的规定，构成刚性兑付的前提为资产管理产品的发行人或管理人对投资者投资本金及收益的承诺及兑现，故投资者之间并不构成刚性兑付的主体。《权益转让合同》及《份额转让合同》的签订主体均为地坤一号基金的投资人，双方之间并不存在委托与被委托法律关系，也不具有投资与被投资关系。据此，两份转让合同所约定内容均是对各自投资权益的分担和处置，合同内容并不构成刚性兑付。

综上，法院判决张某向优选公司支付基金份额转让款及按照年利率12%的标准计算的目标收益款。

实务提示

现行法律法规并未规定投资者之间约定固定收益条款构成刚性兑付，但投资者之间的固定收益条款是否会被法院认定为构成借贷关系，固定收益条款是否有效，在司法实践中存在不同认识。

（四）其他可能影响"私募基金合同"被认定为借款合同的因素

司法实践中，有的法院还会通过将合同的其他条款与固定收益条款相结合，从反面论证案涉合同不具备私募基金合同的性质，当事人之间构成借贷关系。此种情形在合伙型私募基金中尤为常见，主要包括以下几种情形。

1. 合伙型私募基金中作为有限合伙人的投资者未登记

在合伙型私募基金中，投资者往往作为有限合伙人投资私募基金。依据《合伙企业法》第六十六条的规定，有限合伙企业登记事项中应当载明有限合伙人的姓名或者名称及认缴的出资数额，当投资者未被登记为有限合伙人时，法院可能结合固定收益条款，认定投资者与管理人之间不存在合伙关系，而是借贷关系（典型案例1.11）。

法规链接

《合伙企业法》

第六十六条　有限合伙企业登记事项中应当载明有限合伙人的姓名或者名称及认缴的出资数额。

典型案例

1.11 邹某与圣熙公司、中泰富公司合同纠纷案［深圳前海法院（2018）粤 0391 民初 3701 号］

投资者邹某与合伙型基金的管理人中泰富公司签订《合伙协议书》，约定邹某投资成为合伙型基金的有限合伙人，邹某优先分配年化收益率为 14% 或 15% 的收益。但邹某并未被登记为合伙型基金的合伙人。

法院认为，结合邹某在签订《合伙协议书》后并未实际登记为目标企业合伙人的情况，以及《合伙协议书》关于入伙给予固定回报年化收益 14% 或 15% 的内容明显违背了《合伙企业法》中关于合伙企业管理、入伙、退伙的规定，《合伙协议书》的实际目的就是借入伙协议或私募基金之名，行资金融通之实，本案法律关系应定性为民间借贷纠纷。

2. 合伙型私募基金中投资者完全不参与、不关注私募基金投资运营

若合伙型私募基金的有限合伙人完全不参与私募基金的运营管理、不关注私募基金投资事宜，也可能成为法院否认合伙协议性质的考量因素。在典型案例 1.12 中，法院认为，投资者投资成为私募基金（有限合伙）的合伙人后，没有实际参与或管理合伙企业的经营，而是全权委托普通合伙人办理有关合伙企业的一切事宜。投资者即使是有限合伙人，不参与合伙事务的具体执行，也应参与合伙会议、经营决策等重大合伙事务。法院据此作为考虑因素之一，否定了案涉合同的合伙协议属性。在典型案例 1.13 中，法院同样以投资者不关心资金的实际用途，追求固定收益是其缔约目的，与有限合伙人的身份和法律责任不符，与固定收益条款相结合，认定私募基金合同的性质"名为合伙，实为借贷"。

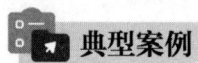 **典型案例**

1.12 华诺瑞宸合伙企业、华诺公司与彭某民间借贷纠纷案［云南昆明中院（2018）云 01 民终 8961 号］

彭某与合伙型基金华诺瑞宸合伙企业签订入伙协议，并被登记为华诺瑞宸合伙企业的有限合伙人，但彭某在履行投资声明过程中，其只提供资金，不参与经营，不承担经营风险。

法院认为，虽然彭某被登记为华诺瑞宸合伙企业的有限合伙人，表面上具备《合伙企业法》规定的合伙人的法律特征，但是：（1）华诺瑞宸合伙企业的普通合伙人华诺公司向投资者出具的《出资证明书》载明按月支付年 15% 的收益，投资本金于最后一次收益支付日归还，华诺公司承诺还本付息，从当事人履行合伙协议的实际情况来看，彭某一直享有的是年化 15% 的固定投资收益，该收益不与私募基金的经营业绩相关；（2）彭某成为华诺瑞宸合伙企业的合伙人后，没有实际参与或管理合伙企业的经营，而是全权委托华诺公司办理有关合伙企业的一切事宜。彭某即使是有限合伙人，不参与合伙事务的具体执行，也应参与合伙会议、经营决策等重大合伙事务。基于上述事实，法院判定彭某与华诺公司、华诺瑞宸合伙企业之间成立借贷法律关系。

1.13 李某与中投公司、中达公司委托理财合同纠纷案［北京朝阳法院（2017）京 0105 民初 6326 号］

投资者李某与合伙型基金的普通合伙人、管理人中投公司签订《合伙协议书》，该协议虽然在《风险申明》中载明投资基金的风险由合伙人交付的财产以及由普通合伙人对该财产运用后形成的财产承担，但是该协议中的手写条款明确了固定的年化收益率及兑付日期。

法院认为，投资者李某不关心资金的实际用途，追求固定收益是其缔约目的，与有限合伙人的身份和法律责任不符，且李某并未作为有限合伙人在工商登记，故《合伙协议书》"名为合伙，实为借贷"，本案应为民间借贷纠纷。

> **实务提示**
>
> 除合同是否包括固定收益安排外，投资者是否完成公司型基金的股东登记或者合伙型基金的合伙人登记，投资者是否关心、参与基金的运作，均是法院判断合同性质的重要因素。

三、司法实践认定"私募基金合同"为委托理财合同的情形

（一）契约型私募基金合同与委托理财合同的区别

委托理财是指委托人将其资金、证券等资产委托给受托人，由受托人将该资产投资于期货、证券等交易市场或通过其他金融形式进行管理，所得收益由双方按约定进行分配或由受托人收取代理费的经济活动。[①] 如前述分析，私募基金也具有受托管理的特点，故在司法实践中，不少法院将契约型私募基金合同认定为委托理财合同。由于合伙协议、公司章程的存在，司法实践中法院一般不会将合伙型或公司型私募基金定性为委托理财，但二者与委托理财关系并非绝对互斥，法院仍可能基于当事人的意思表示将投资者与普通合伙人之间的法律关系定性为委托理财关系。

本书认为，细分委托理财合同与契约型私募基金合同，二者仍存在较大区别，主要包括以下几方面。

第一，受托人获取财产的独立性。信托制度的精髓是界分出范围明确的特殊目的财产并在此基础上规范委托人、受托人、受益人及其与第三人的关系。[②] 私募基金应当设立私募基金财产账户或托管资金账户，用于区分基金财产与投资者的其他财产和管理人的固有财产，实现基金财产的独立性。《证券投资基金法》第五条确立了私募基金财产的独立性。而委托理财合同并未确定委托财产的独立性。

---

① 人民法院出版社编著：《最高人民法院民事案件案由适用要点与请求权规范指引》（上册），301页，北京，人民法院出版社，2019。
② 参见季奎明：《论金融理财产品法律规范的统一适用》，载《环球法律评论》，2016（6）。

> **法规链接**

《证券投资基金法》

第五条 基金财产的债务由基金财产本身承担,基金份额持有人以其出资为限对基金财产的债务承担责任。但基金合同依照本法另有约定的,从其约定。

基金财产独立于基金管理人、基金托管人的固有财产。基金管理人、基金托管人不得将基金财产归入其固有财产。

基金管理人、基金托管人因基金财产的管理、运用或者其他情形而取得的财产和收益,归入基金财产。

基金管理人、基金托管人因依法解散、被依法撤销或者被依法宣告破产等原因进行清算的,基金财产不属于其清算财产。

第二,受托人获取财产的方式不同。契约型私募基金的管理人通过向合格投资者定向募集的方式获取投资,依靠募集行为获取私募基金的财产;而委托理财合同不要求财产获取须通过募集方式进行,单一投资者与受托人之间可以一对一合同的形式建立委托理财关系。

第三,投资者主体资格要求不同。私募基金的投资者须为符合条件的合格投资者,而委托理财合同对投资者的资格一般没有限制。

第四,法律性质存在区别。委托理财合同可分为金融机构委托理财和非金融机构委托理财(民间委托理财),性质上既可能构成信托合同,也可能属于委托合同。而依前文所述,规范的私募基金合同应属信托合同。

第五,受托人权限不同。"在委托合同中,受托人的权限是有限的,通常只能在授权范围内行为,须听从委托人的指示,并且将处理事务的情况报告给委托人……而在信托合同中,委托人必须依据信托合同的约定将相关的财产权移转给受托人,受托人有权依据信托合同对信托财产进行管理和处分,可以自主作出处分信托财产的决定……因此,与委托合同中的受托人相比,信托合同中的受托人权限较大。"[①]

本书认为,委托理财与私募基金都包含代客理财的投资管理目的,二者

---

① 王利明:《信托合同与委托合同的比较》,载《暨南学报》(哲学社会科学版),2019(4)。

在一定程度上存在交叉。但是私募基金作为一种典型商事交易形态，具有更为特殊的运行秩序和更严格的监管规则，这成为实践中界分两种事务的基准。若将私募基金合同泛化定性为委托理财关系，私募基金特有的财产分离制度、适当性义务、管理人合规要求等制度规则均可能被弱化甚至回避，不利于正确认定管理人的责任。

（二）司法实践认定"私募基金合同"为委托理财合同的常见情形

尽管私募基金合同与委托理财合同存在一定差异，但在实践中，由于案由规定的局限性，不少法院将私募基金合同纠纷置于委托理财合同纠纷案由之下进行审理，而不对私募基金合同与委托理财合同进行详细的区分，也有部分法院明确进行区分后将"私募基金合同"认定为委托理财合同，较为常见的情形如下。

1. 受托人未履行管理人登记或私募基金备案手续

私募基金若不履行管理人登记、私募基金产品备案等监管合规程序，法院可能认为案涉合同不构成私募基金合同，而是委托理财合同（典型案例1.14、1.15）。

典型案例

1.14 柳某与瞿某清算责任纠纷案〔广东深圳中院（2018）粤03民终20340号〕

该案中，案涉基金和管理人均未进行登记备案。法院认为，根据《证券投资基金法》的规定，任何合法的私募基金都必须经基金业协会备案，基金管理人也必须登记，故案涉基金不属于合法的私募基金，投资者与管理人之间的合同关系属于以私募的形式进行的委托理财。

1.15 叶某与演音公司等证券纠纷案〔浙江宁波中院（2020）浙02民终3430号〕

管理人演音公司虽具备私募股权投资管理经营范围，但不符合《私募管理办法》第六条规定的"实缴资本或者实际缴付资本不低于1000万元，有两名符合条件的持牌负责人及一名合规风控负责人"的条件，不具备向基金业协会申请登记的资质。故法院认为，演音公司并非合格的私募基金管理人，且涉案投资基金未经登记备案，故涉案基金认购协议属于名为私募基金投资，实为有偿的民间委托理财合同。因管理人演音公司在投资项目方未及时结算的情况下，未采取合理措施主张权利，且未经投资者认可而与项目方达成转投其他项目的协议。法院判定演音公司应返还投资者本金，并根据协议约定，在委托理财期内涉案投资款的应得收益按年利率24%计算至约定清算日，在委托理财期外应支付资金占用期间利息损失。

2. 合伙型私募基金的投资者具有委托理财的意思表示

合伙型私募基金的设立应符合《合伙企业法》的相关规定，包括入伙、合伙人数量、合伙事项登记等。当存在这些形式外观时，司法实践通常会认定投资者与管理人（通常也是合伙人）之间构成合伙关系，但在合伙型私募基金的设立与运行与《合伙企业法》规定不匹配时，法院可能否定投资者与管理人之间构成合伙关系，而是探究交易本意，认定双方之间成立委托理财关系。在典型案例1.16中，投资者与管理人签订的合伙协议未明确管理人为普通合伙人，投资者亦未登记为有限合伙人，上述情况不符合合伙企业的要求，管理人也未开立专门的基金财产专户账户。法院认为，双方履行合同的模式实际上为投资者将资金交给受托人，由受托人进行股票基金的交易，双方不存在合伙关系，实际构成委托理财合同关系。

📁 典型案例

1.16 董某与锋达中心委托理财合同纠纷案［北京朝阳法院（2018）京0105民初6626号］

投资者董某与锋达中心（有限合伙）签订了《合伙合同》，但合同中既未明确合伙企业的普通合伙人，锋达中心也未将董某登记为有限合伙人，锋达中心也未就此开立专门的基金财产专户账户。投资期满后，董某要求赎回基金，遂提起诉讼，请求锋达中心向其支付投资本金及投资收益。

法院认为，根据合伙企业法的规定，有限合伙企业至少应当有一个普通合伙人；有限合伙企业登记事项中应当载明有限合伙人的姓名或者名称及认缴的出资数额。本案双方履行合同的模式实际上为董某将资金交给锋达中心，由锋达中心进行股票基金的交易，双方实为委托理财合同关系。据此，在合同到期解除后，法院认为投资者有权要求锋达中心返还投资本金，但不予支持投资者按照投资总额还款的主张，也不予支持锋达中心要求将基金所持股票变现后按投资者所持份额计算的意见。

应当指出的是，在合伙型私募基金符合《合伙企业法》的形式要求的情况下，法院仍可能基于当事人的意思表示直接将投资者与普通合伙人之间的法律关系定性为委托理财关系。在典型案例 1.17 中，投资者与普通合伙人（执行事务合伙人）签订合伙协议，设立合伙企业并依法登记，但是该合伙企业设立的目的是投资目标私募基金。法院认为，该案实际为投资者作为委托人、普通合伙人作为受托人，通过成立有限合伙企业形式进行委托理财，双方形成委托理财法律关系。

典型案例

1.17 张某与平安基金公司、平安管理中心委托理财合同纠纷案［北京三中院（2018）京 03 民终 11826 号］

投资者张某与普通合伙人平安基金公司签订《合伙协议》及《认购确认书》，约定共同设立合伙企业平安管理中心从事私募基金业务，平安基金公司作为执行事务合伙人负责合伙企业的经营管理，张某为有限合伙人。各方依据《合伙协议》《认购确认书》依法设立了合伙企业，办理了合伙企业登记，并约定合伙企业设立之目的是投资目标私募基金，合伙企业依照要求投资了目标私募基金。《合伙协议》对投资的超额收益进行约定，应首先向各合伙人按其出资比例返还实缴出资，直至各合伙人收回其实缴出资。在以上分配之后的余额的 70% 归于有限合伙人，30% 归于普通合伙人。张某据此提起诉讼，请求对合伙企业投资的超额收益进行分配。

一审法院认为，委托理财是指委托人和受托人约定，受托人将其资金、证券等金融性资产委托给受托人，由受托人在一定期限内管理、投资于证券、期货等金融市场，并按期支付给委托人一定比例收益的资产管理活动。本案实际系张某作为委托人,平安基金公司作为受托人,通过成立有限合伙企业平安管理中心的形式进行的委托理财,张某与平安基金公司之间构成委托理财法律关系。现平安管理中心投资的目标私募基金至今未进行清算,各合伙人是否均收回其实缴出资也不确定,故其约定的超额收益分配的条件并不成就,故不予支持张某要求对超额收益进行分配的诉讼请求。

二审中,张某另行申请对目标私募基金进行评估和清算。二审法院认为,张某与平安基金公司之间构成委托理财法律关系,张某并非目标私募基金的直接投资人,其所获收益数额应依据其与平安基金公司之间的约定,故法院对此不予准许。

本书认为,若投资者与管理人签订的合同较为完备地约定了双方权利义务,则合同定性为私募基金合同还是委托理财合同,在多数情况下对于管理人责任的认定可能影响不大。但在合同约定不完备等情况下,如定性为私募基金合同,基于私募基金对管理人较为严格的监管规则,投资者在主张管理人违反义务和职责、请求赔偿等方面可能更为有利。

> **实务提示**
>
> 如果私募基金管理人未登记、私募基金产品未备案,司法实践或将当事人的法律关系界定为委托理财关系,并以委托法律关系确定权利义务,不再适用私募基金的法律规则。即使当事人采取私募基金的交易形式,但若真实意思并非要按照私募基金运作规范进行投资,法院仍可能认定当事人签订的合同不属于私募基金合同。从而在私募基金投资失败或亏损时,无法依据较为严格的私募基金或信托等法律规则判断管理人主体的义务和责任,而只能依据较为宽松的委托合同规则处理。

四、司法实践对"私募基金合同"作出其他定性的情形

司法实践中,对于"私募基金合同"的性质认定还存在其他特殊情形,具体包括以下几种。

（一）投资者与"管理人"之间仅成立合伙关系，但不成立私募基金合同关系

在［上海一中院（2019）沪01民初219号］案中，投资者与"管理人"通过签订协议设立合伙型私募基金，并进行合伙企业的工商登记，但是"管理人"并非基金管理机构，未进行管理人登记。法院认为，普通合伙人本身并非基金管理机构，双方之间的法律关系应按照协议约定及《合伙企业法》的规定进行调整和规制，不应适用私募基金相关监管规则。但如前文所述，判断当事人之间是否存在私募基金合同关系，应聚焦于"受托管理基金财产"的交易安排实质，不宜仅以管理人未进行登记就认定当事人之间不存在私募基金合同关系，否则可能出现不合规的私募基金反而不受私募基金规则监管的悖论。

（二）私募基金先投资、后募资，募资行为不构成私募基金合同关系

私募基金通常的运作顺序是"募资——投资——退出"，但在典型案例1.18中，合伙型私募基金A先完成对外股权投资，再通过其有限合伙人（为另一私募基金B，两家私募基金的管理人相同）的有限合伙人C（与前两家私募基金均被同一实际控制人控制）对外向投资者转让私募基金B的合伙份额进行募资。法院认为，私募基金管理人先完成投资，购入了某种确定的投资标的，再反向进行募集活动，不符合私募股权投资的应有之义，认定有限合伙人C向投资者转让私募基金B的合伙份额这一交易不构成私募基金合同关系，而仅构成合伙份额转让关系。

📁 典型案例

1.18 铭典公司、子沐创富等与刘某合伙企业财产份额转让纠纷案［江苏盐城中院（2019）苏09民终1568号］

私募基金子沐金柜系有限合伙企业，铭典公司系其有限合伙人，持有99%份额，子沐基金公司为管理人、普通合伙人，持有1%份额。私募基金

子沐创富系有限合伙企业，私募基金子沐金柜系其有限合伙人，持有99.9%份额，子沐基金公司系为管理人、普通合伙人，持有0.01%份额。子沐创富先对外签署股权投资协议，购入标的公司股权。随后，铭典公司与刘某签订《合伙份额转让协议》，约定铭典公司将其持有的子沐金柜份额转让给刘某。

法院认为，《私募投资办法》在其第二章、第三章、第四章、第五章依次规定了"登记备案""合格投资者""资金募集""投资运作"等内容，可见包括私募股权投资在内的私募投资运作模式应当遵循一定的操作顺序，根据私募股权投资交易习惯和运作实践，投资者资本增值的过程是通过"筹资——投资——退出"来完成的。如果由私募基金的管理人先完成投资，购入了某种确定的投资标的，再反向进行募集活动，则意味着将已经相对明确的利润或风险分配或转嫁给投资者，会存在极大的金融风险和隐患。故"筹资——投资——退出"这一资本运作程序是私募股权投资的应有之义。但本案交易的实质是变相的先投资、后筹资，不符合私募股权投资的相关规定和资本运作特征，因此铭典公司与刘某之间应为合伙份额转让关系，而非私募股权投资关系。

实务提示

交易习惯对法院认定交易性质具有参考意义。如果特定交易明显不符合私募基金通常的运作实践，法院可能认定该交易不属于私募基金投资。

（三）投资者以签订基金合同的方式提供担保

在［北京朝阳法院（2019）京0105民初28677号］案中，管理人景诚公司与玉皇公司签订《资产管理委托协议》，约定景诚公司或其指定第三方认购玉皇公司发行的公司债券，且不进行回售，有鉴于此，玉皇公司委托4000万元资金给景诚公司管理；若玉皇公司不能按照双方另行约定的条件回购景诚公司认购的债券，景诚公司有权以4000万元委托资金及收益弥补景诚公司或其指定第三方的损失；在双方往来函件中，景诚公司表示其没有告知玉皇公司基金产品如何投资及运作的义务，如果玉皇公司不违约，景诚公司只需到期偿还4000万元本息。法院认定，玉皇公司将4000万元委托给景诚公司管理，实质是为景诚公司认购玉皇公司债券提供担保，故不成立私募基金。可见，若当事人约定的权利义务完全偏离私募基金当事人的权利义务，即使采用了私募基金的形式，也不必然成立私募基金合同关系。

★ 实务提示

即使当事人之间采用私募基金的形式进行交易，但约定的权利义务背离私募基金"受托管理，风险自担"的本质，法院也可能穿透私募基金的表面形式，而以当事人之间真实的意思表示确定权利义务关系，并通过相应法律规则判断当事人之间的责任。

第二章
私募基金募集阶段的法律争议

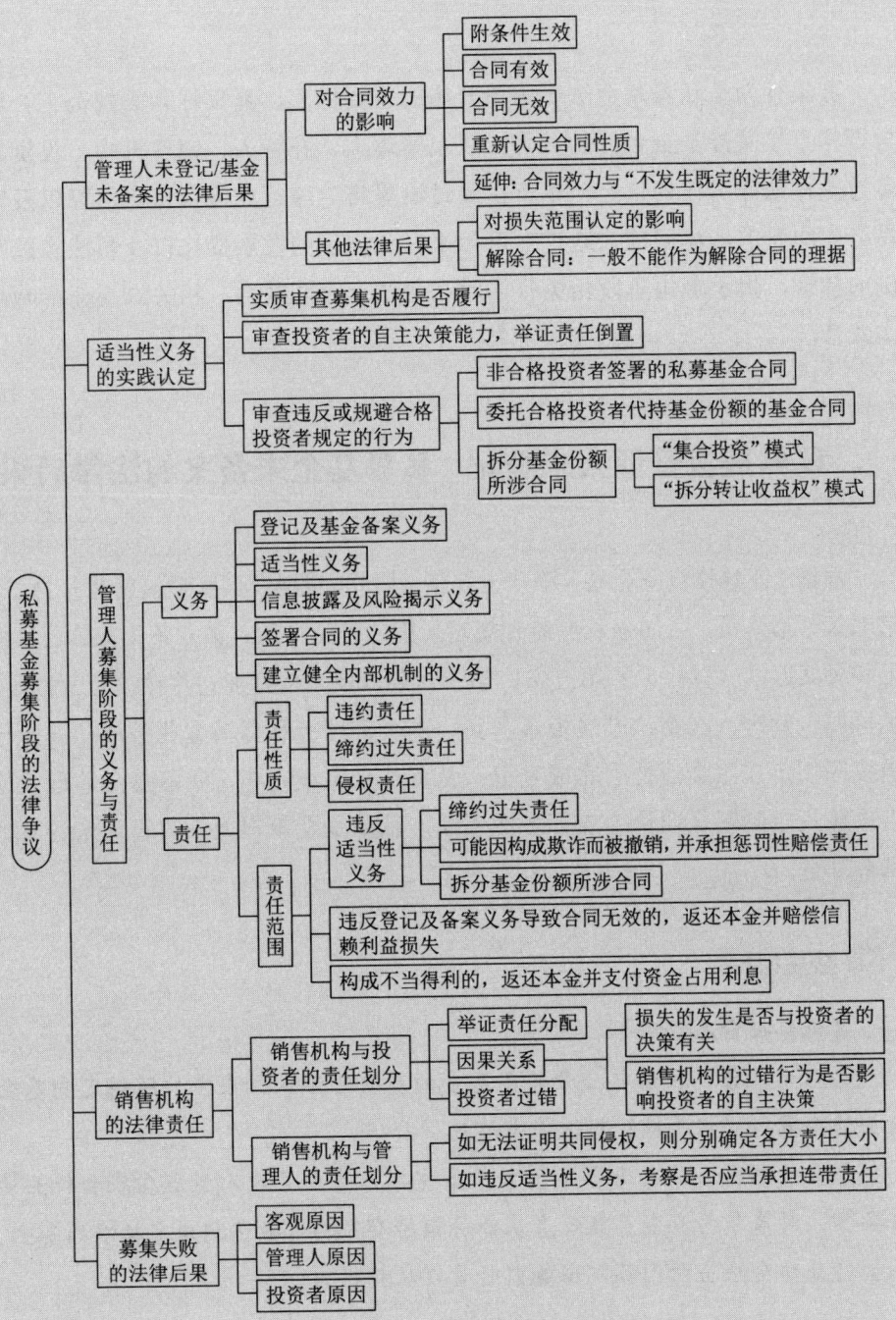

募集行为是私募基金法律关系开始的重要标志，募集行为的规范、合法与否将直接关涉基金合同的效力，以及管理人、托管人、销售机构、投资者多方主体法律责任的认定。本章主要讨论募集阶段行业规范重点监管以及容易产生纠纷的法律问题，通过对近年来行业规范的发展变化以及司法实践案例的梳理，揭示募集阶段相关行为对私募基金合同效力、相关方责任影响的实践情况。

一、私募基金管理人未登记 / 私募基金未备案的法律后果

根据《证券投资基金法》第八十九条、第九十四条，《私募监管暂行办法》第七条、第八条，《加强私募监管规定》第二条第二款、第六条第三款，《登记和备案办法（试行）》第五条、第十一条以及其他行业自律性规范等规定，私募基金管理人在初次开展资金募集、基金管理等私募基金业务活动前，应当按照规定在基金业协会完成登记；私募基金募集完毕，私募基金管理人应当按照规定到基金业协会履行备案手续，私募基金管理人不得管理未备案的私募基金。

▶ 法规链接

《证券投资基金法》

第八十九条　担任非公开募集基金的基金管理人，应当按照规定向基金行业协会履行登记手续，报送基本情况。

第九十四条　非公开募集基金募集完毕，基金管理人应当向基金行业协会备案。对募集的资金总额或者基金份额持有人的人数达到规定标准的基金，基金行业协会应当向国务院证券监督管理机构报告。

非公开募集基金财产的证券投资，包括买卖公开发行的股份有限公司股票、债券、基金份额，以及国务院证券监督管理机构规定的其他证券及其衍生品种。

《私募监管暂行办法》

第七条 各类私募基金管理人应当根据基金业协会的规定，向基金业协会申请登记，报送以下基本信息：

（一）工商登记和营业执照正副本复印件。

（二）公司章程或者合伙协议。

（三）主要股东或者合伙人名单。

（四）高级管理人员的基本信息。

（五）基金业协会规定的其他信息。

基金业协会应当在私募基金管理人登记材料齐备后的20个工作日内，通过网站公告私募基金管理人名单及其基本情况的方式，为私募基金管理人办结登记手续。

第八条 各类私募基金募集完毕，私募基金管理人应当根据基金业协会的规定，办理基金备案手续，报送以下基本信息：

（一）主要投资方向及根据主要投资方向注明的基金类别。

（二）基金合同、公司章程或者合伙协议。资金募集过程中向投资者提供基金招募说明书的，应当报送基金招募说明书。以公司、合伙等企业形式设立的私募基金，还应当报送工商登记和营业执照正副本复印件。

（三）采取委托管理方式的，应当报送委托管理协议。委托托管机构托管基金财产的，还应当报送托管协议。

（四）基金业协会规定的其他信息。

基金业协会应当在私募基金备案材料齐备后的20个工作日内，通过网站公告私募基金名单及其基本情况的方式，为私募基金办结备案手续。

《加强私募监管规定》

第二条第二款 私募基金管理人在初次开展资金募集、基金管理等私募基金业务活动前，应当按照规定在基金业协会完成登记。

第六条第三款 私募基金募集完毕，私募基金管理人应当按照规定到基金业协会履行备案手续。私募基金管理人不得管理未备案的私募基金。

《登记和备案办法（试行）》

第五条　私募基金管理人应当向基金业协会履行基金管理人登记手续并申请成为基金业协会会员。

第十一条　私募基金管理人应当在私募基金募集完毕后 20 个工作日内，通过私募基金登记备案系统进行备案，并根据私募基金的主要投资方向注明基金类别，如实填报基金名称、资本规模、投资者、基金合同（基金公司章程或者合伙协议，以下统称基金合同）等基本信息。

公司型基金自聘管理团队管理基金资产的，该公司型基金在作为基金履行备案手续同时，还需作为基金管理人履行登记手续。

（一）私募基金管理人未登记／私募基金未备案对基金合同效力的影响

就公募基金而言，《证券投资基金法》第六十条第一款规定："投资人交纳认购的基金份额的款项时，基金合同成立；基金管理人依照本法第五十八条的规定向国务院证券监督管理机构办理基金备案手续，基金合同生效。"因此办理基金备案手续是公募基金合同的法定生效条件。与此不同的是，《证券投资基金法》并未明确规定私募基金办理备案手续是合同生效条件。基金业协会发布的《私募投资基金合同指引1号（契约型私募基金合同内容与格式指引）》第五十二条建议"说明基金合同自签署之日起生效，合同另有约定的除外"。由此引发的问题，一是私募基金产品备案手续是否影响私募基金合同的效力；二是由于管理人登记是其开展私募业务的前提，管理人登记是否影响私募基金合同的效力。对此，实践中的处理思路主要有以下几种。

第一，若当事人在基金合同中明确将基金备案作为生效条件，则基金合同因基金未备案而不生效（典型案例2.1）。

> **典型案例**

2.1 光大北京分行等与陈某委托理财合同纠纷案［北京二中院（2019）京02民终8082号］

启明乐投公司发起设立私募基金，光大北京分行为资金托管人，投资人陈某认购 400 万元优先级份额。三方在基金合同中约定："本合同于资产管理计划备案手续办理完毕，获中国证监会书面确认之日起生效。"合同签订后，管理人启明乐投公司未办理基金备案手续，但实际进行了资金管理与运作，并向陈某返还部分投资本金与收益。

法院认为，本案所涉私募基金募集完毕后，启明乐投公司未向基金业协会办理基金备案手续，故合同约定的生效条件尚未成就。启明乐投公司虽然已对陈某交付的资金进行事实上的管理和运用，并向陈某返还部分资金，但该事实不足以证明当事人已经合意变更合同的生效条件。

第二，有法院认为，私募基金管理人未按要求进行登记／私募基金未备案所违反的相关规定并非《合同法》第五十二条第（五）项所涉"法律、行政法规的强制性规定"①，在不存在其他无效情形时，基金合同有效（典型案例2.2、2.3）。

典型案例

2.2 陈某与新富公司合伙协议纠纷案［广东深圳中院（2017）粤03民终22174号］

陈某与新富公司、案外人签订《入伙协议》，约定新富公司作为执行事务合伙人发起设立创赢合伙企业，陈某以货币认缴出资50万元，作为有限合伙人加入，合伙企业资金将全部用于投资某信托计划次级信托单位。后陈某与新富公司、创盈企业签订《合伙协议书》，约定全体合伙人设立有限合伙企业，通过募集资金认购平安信托计划。创赢合伙企业将成功募集的资金进行了投资，但新富公司作为基金管理人并未进行私募基金备案，陈某认为新富公司存在违约行为给其造成损失，起诉请求新富公司返还剩余投资本金并支付利息。

法院认为，新富公司作为基金管理人应依法办理私募基金备案登记而未进行备案，违反了《私募监管暂行办法》。该办法属管理性强制规定，而非

---

① 2021年1月1日《民法典》施行，《合同法》同时废止，上述条文已吸收转化为《民法典》第一百五十三条第一款："违反法律、行政法规的强制性规定的民事法律行为无效。但是，该强制性规定不导致该民事法律行为无效的除外。"

效力性强制规定，故新富公司未办理备案登记并不影响合同的效力，亦不导致双方的投资行为无效。

2.3 颜某与舜新公司、韦某合伙协议纠纷案[广东广州海珠法院（2020）粤 0105 民初 13206 号]

舜新公司的法定代表人及股东韦某向颜某称舜新公司系私募基金管理人，以舜道合伙企业形式设立私募投资基金。在韦某协调下，颜某与舜新公司、韦某签署了《有限合伙权益私募备忘录》《合伙协议》《股权代持协议》以及系列附件。但颜某投资的基金存续期满后，舜新公司未能向颜某支付任何款项。经查，舜新公司未在基金业协会登记、案涉基金也未依法备案。颜某遂诉至法院请求确认相关合同无效、舜新公司及韦某返还投资款并赔偿损失。

法院认为，一方面，私募基金管理人及私募基金登记备案的要求受《私募监管暂行办法》约束。该办法系证监会制定，属于部门规章，在规范性文件的强制性规定层级上不符合《合同法》第五十二条第（五）项规定的"法律、行政法规"。另一方面，从强制性规定的性质看，法律法规并没有规定违反《私募监管暂行办法》中关于合格投资者门槛和基金备案的规定将导致合同无效，且没有证据显示违反该规定若使合同继续有效将直接损害国家利益和社会公共利益，违反该规定并不当然导致合同无效。因此，不能简单根据私募基金管理人及私募基金产品未备案登记而认定双方签订的合同无效。最终，法院判决驳回颜某的诉讼请求。

第三，有法院认为，私募基金管理人未经登记开展私募业务的，其与投资者签署的基金合同无效（典型案例 2.4、2.5）。

📷 典型案例

2.4 房银公司与郭某委托理财合同纠纷案[上海一中院（2018）沪 01 民终 1408 号]

郭某作为投资人，与管理人房银公司签署《契约型私募股权投资基金合同》《契约型私募股权投资基金合同收益保障协议》，约定郭某出资 200 万元投资"房银房产基金"，房银公司保障其每一结算年度收益为 20 万元。后郭某认为其支付的 200 万元是委托理财资金，双方实际履行的是委托理财合同,故起诉请求解除基金合同、返还投资本金及收益、支付利息。

法院认为,《契约型私募股权投资基金合同》所约定的内容为房银公司接受郭某的投资设立私募基金,然而,房银公司并无证据证明其具备私募投资基金管理人的资质,因此,《契约型私募股权投资基金合同》及其所附的《契约性私募股权投资基金合同收益保障协议》应属无效。最终,法院判决房银公司返还本金、支付按照同期贷款利率计算的利息损失。

2.5 赵某与连豫公司、连豫基金公司合同纠纷案[河南洛阳西工法院(2016)豫 0303 民初 1806 号]

赵某与连豫公司、连豫基金公司签署《大秦连豫林权产业基金认购意向书》及《补充协议》,约定赵某认购 100 万元,但不参与该基金日常事务管理只享受盈利分配;若在约定期间内赵某未补足基金认购意向金额的,其认购保证金和相应收益及对应期限由连豫公司进行回购。赵某支付投资款后,各方未签订合伙协议,赵某认为连豫基金公司没有取得发行基金或者发行私募基金的资格,合同无效,并起诉请求确认合同无效、返还认购保证金并赔偿损失。

法院认为,根据《证券投资基金法》规定,未经登记,任何单位或者个人不得使用"基金"或者"基金管理"字样或者近似名称进行证券投资活动。连豫公司、连豫基金公司并未经合法登记,但是却与赵某签订《大秦连豫林权产业基金认购意向书》,该意向书中使用"基金"字样,不符合法律规定,且连豫公司、连豫基金公司的经营范围均不包括基金募集,故赵某与连豫公司、连豫基金公司签订的《大秦连豫林权产业基金认购意向书》无效。最终,法院判决确认合同无效、连豫公司及连豫基金公司支付赵某认购保证金及按照贷款利率计算的利息。

第四,若存在募集对象非合格投资者、私募基金管理人未按要求进行登记/私募基金未备案且投资合同中约定有保底条款等多种情形时,法院可能认定名为"私募基金合同"的合同实为借款合同(典型案例 2.6、2.7)或者委托理财合同(典型案例 2.8),并进一步按照这两类合同的效力规则认定合同效力。

> 典型案例

2.6 潘某与骏业公司、何某合同纠纷案 [广东深圳前海法院（2017）粤 0391 民初 454 号]

潘某与骏业公司签署《基金认购合同》，约定潘某向骏业基金认购非公开发售基金。后潘某支付了 40 万元认购款。根据基金业协会官网公示的信息，骏业公司属于已登记[①]的基金管理人，但处于"失联（异常）状态"。涉案基金也没有进行登记备案和信息披露。潘某起诉请求解除合同、返还投资款及收益、何某承担保证责任。

法院认为，潘某既非私募的合格投资者，骏业公司拟发行的基金产品也无任何备案记录，也没有任何证据证明募集的资金真实投入了某个股权项目，合同中还约定了保底条款，所以从性质上看，涉案的合同不具备私募基金合同的构成要件，而属于名为私募投资，实为民间借贷合同的情形。涉案合同所违反的是证监会制定的《私募监管暂行办法》，该办法属于部门规章，不属于法律或行政法规，故不能以此认定涉案合同无效。最终，法院判决骏业基金返还本金以及按照年利率 24% 标准计算的利息、何某承担保证责任，但驳回了潘某解除合同的诉请。

2.7 万某与中瑞公司、帮诚公司证券投资基金交易纠纷案 [广东深圳前海法院（2019）粤 0391 民初 3196 号]

万某作为投资人，与管理人中瑞公司签署三份基金合同后，总计认购 15 万元。但案涉基金未能正常兑付，经查询案涉基金未办理备案登记手续、中瑞基金也未取得金融行政主管部门或人民银行的许可。万某起诉请求解除合同、返还本金及利息、帮诚公司承担连带责任；后经法庭释明，万某认可合同无效，变更诉请为按照民间借贷处理，依据同期同类贷款利率计息。

法院认为，涉案合同名称为基金合同，但万某并非合格投资人。涉案基金产品未经登记备案，中瑞公司也不是私募基金管理人，亦未取得金融行政主管部门或人民银行关于办理金融产品从事投资经营方面的许可。涉案《基金计划》明确约定涉案基金产品预期年化收益率为 6%~10%，这属于明显的

---

① 该案判决书原文为"被告骏业基金属于已备案的基金管理人"，但结合判决书全文，此处应指骏业公司已进行管理人"登记"而非"备案"。

保收益条款，违反了《私募监管暂行办法》的规定。涉案基金合同属于名为投资，实为借基金之名进行融资的一种方式，可参照非法集资或民间借贷的有关规定进行办理。最终法院判决确认合同无效、中瑞公司返回投资款及利息、帮诚公司承担连带责任。

2.8 叶某与演音公司等证券纠纷案［浙江宁波中院（2020）浙02民终3430号］

演音公司作为管理人，与基金认购人叶某、投资顾问许某签订《投资基金认购协议》，约定叶某投资于演音公司发起并管理的演唱会投资基金。合同签订后叶某向许某支付120万元，后演音公司陆续返还四场演唱会投资本金及收益，尚未返还剩余两场演唱会投资本金及收益。经查，演音公司未进行私募基金管理人备案，涉案基金没有进行登记备案，也未进行信息披露。

法院认为，管理人演音公司虽具备私募股权投资管理经营范围，但不符合《私募管理办法》第六条规定的"实缴资本或者实际缴付资本不低于1000万元，有两名符合条件的持牌负责人及一名合规风控负责人"的条件，不具备向基金业协会申请登记的资质。故演音公司并非合格的私募基金管理人，且涉案投资基金未经登记备案，故涉案基金认购协议属于名为私募基金投资，实为有偿的民间委托理财合同。

本书认为，上述第一种处理方式（典型案例2.5）属于当事人之间存在特别约定，第四种处理方式（典型案例2.8）系法院综合考虑当事人之间的交易情况而对其真实意思表示作出认定，并非仅基于未登记/未备案而否定当事人之间基金合同的效力。仅就登记/备案是否影响基金合同效力这一问题，仍应回归《合同法》及《民法典》相关规定来进行判断。

《证券投资基金法》第八十九条、第九十四条对于基金管理人登记、基金备案的要求属于法律强制性规定①，但未登记/未备案是否影响基金合同效力，关键在于判断该等强制性规定的性质是管理性规范还是效力性规范。对此，《九民会议纪要》第三十条指出："人民法院在审理合同纠纷案件时，要依据《民法总则》第一百五十三条第一款和合同法司法解释（二）第十

---

① 证券投资基金以外的私募基金并不能直接适用该规定，而《私募监管暂行办法》等要求基金管理人登记、基金备案的规定并非法律或行政法规。

条的规定慎重判断'强制性规定'的性质,特别是要在考量强制性规定所保护的法益类型、违法行为的法律后果以及交易安全保护等因素的基础上认定其性质……"据此,本书认为:

首先,《证券投资基金法》本身未规定违反第八十九条、第九十四条将导致合同无效,而根据《加强私募监管规定》第十三条、《登记和备案办法(试行)》第三十条的规定,未登记/未备案的法律后果主要是行政处罚和行业自律处分,并非否定合同效力。

法规链接

《加强私募监管规定》

第十三条　中国证监会及其派出机构依法从严监管私募基金管理人、私募基金托管人、私募基金销售机构和其他私募基金服务机构及其从业人员的私募基金业务活动,严厉打击各类违法违规行为。对违反本规定的,中国证监会及其派出机构可以依照《私募办法》的规定,采取行政监管措施、市场禁入措施,实施行政处罚,并记入中国资本市场诚信信息数据库;涉嫌犯罪的,依法移送司法机关追究刑事责任。《证券投资基金法》等法律、行政法规另有规定的,依照其规定处理。

基金业协会依法开展私募基金管理人登记和私募基金备案,加强自律管理与风险监测。对违反本规定的,基金业协会可以依法依规进行处理。

《登记和备案办法(试行)》

第三十条　私募基金管理人、高级管理人员及其他从业人员存在以下情形的,基金业协会视情节轻重可以对私募基金管理人采取警告、行业内通报批评、公开谴责、暂停受理基金备案、取消会员资格等措施,对高级管理人员及其他从业人员采取警告、行业内通报批评、公开谴责、取消从业资格等措施,并记入诚信档案。情节严重的,移交中国证监会处理:

(一)违反《证券投资基金法》及本办法规定;

(二)在私募基金管理人登记、基金备案及其他信息报送中提供虚假材料和信息,或者隐瞒重要事实;

(三)法律法规、中国证监会及基金业协会规定的其他情形。

其次，根据《私募监管暂行办法》第五条第二款的规定，管理人登记、基金产品备案并非行政审批事项，故《证券投资基金法》第八十九条、第九十四条不宜理解为法律上针对管理人资质、基金产品资格的规定。

▶ 法规链接

《私募监管暂行办法》

第五条第二款 设立私募基金管理机构和发行私募基金不设行政审批，允许各类发行主体在依法合规的基础上，向累计不超过法律规定数量的投资者发行私募基金。建立健全私募基金发行监管制度，切实强化事中事后监管，依法严厉打击以私募基金为名的各类非法集资活动。

最后，"私募"性质决定了私募基金相关规定的法益保护对象通常限于特定投资者，故即使违反登记/备案的规定，危害后果通常也不必然涉及金融安全等社会公共利益。

综上所述，本书认为，关于私募基金管理人登记及私募基金备案的规定并非效力性规定，故除非当事人另有约定，私募基金管理人未登记/私募基金未备案不属于《民法典》第一百五十三条第一款规定情形，不直接影响基金合同的效力。但若拒绝登记/备案的目的在于规避相关监管要求，如对非公开发行的要求、对投资者数量的要求等，可能损害社会公共利益或构成非法吸收公众存款的，无论是否达到刑事违法程度，均可能构成《合同法》第五十二条第（三）项、第（四）项"以合法形式掩盖非法目的""损害社会公共利益"或《民法典》第一百五十三条第二款"违背公序良俗"的情形，而致基金合同无效。

▶ 法规链接

《民法典》

第一百五十三条 违反法律、行政法规的强制性规定的民事法律行为无效。但是，该强制性规定不导致该民事法律行为无效的除外。

违背公序良俗的民事法律行为无效。

需要注意的是，有法院认为，因私募基金未备案、基金募集后管理人注销登记、无证据证明投资者是否合格等原因，私募基金未合法成立，在设立过程中各方达成的合意或单方允诺也不发生既定的法律效力（典型案例2.9），本书认为，私募基金是否成立与基金合同是否有效是两个层次的问题，签订有效的基金合同是基金设立的环节之一，私募基金能否成立还取决于登记/备案情况、募集情况等多项因素，故除非当事人另有约定，不应将私募基金是否成立作为评价基金合同效力的原因。

 **典型案例**

2.9 韦某与建行东方文德支行等合伙协议纠纷、财产损害赔偿纠纷案［广东广州中院（2019）粤01民终8837-8839号］

清科公司发起设立合伙型基金，清科公司、项目公司君麟公司共同向投资人发布基金公告。募集说明书披露的资金用途为由普通合伙人清科公司与作为有限合伙人的各投资人将资金用于广州盛贤四大专业市场偿还银行贷款及升级改造。韦某认购该基金份额，向合伙企业投资500万元。后清科公司为该项目募集资金共1.9亿元，但仅将其中7000万元用于约定用途，其余1.2亿元被其挪用。另，清科公司于2014年取得私募投资基金管理人资质，2015年基金业协会发布公告称清科公司等5家机构申请注销私募投资基金管理人登记，并获同意。广东银监局曾出具告知书，载明基金不属于建行总行批准代销的第三方理财产品，销售机构建行越秀支行在销售产品过程中，存在一系列问题，并将对建行越秀支行采取相应监管措施。因基金仅向韦某兑付部分本金，韦某起诉请求建行东方文德支行、建行越秀支行、建行省分行、君麟公司共同赔偿本金损失330万元及按照年化收益计算的利息损失、清科公司承担连带清偿责任。

法院认为，首先，清科公司作为基金发起人和管理人，未对涉案基金进行备案，且基金募集后，向基金业协会申请注销其私募投资基金管理人登记，并获准许，使该基金再进行备案更不可能。而韦某等投资人是否符合上述法规有关合格投资者的规定也无证据予以证实。故涉案私募基金并未合法成立，在设立过程中各方达成的合意或单方允诺也不能发生其既定的法律效力。但是，清科公司在基金募集说明书中的陈述内容，在设立基金的过程中，已形成被害人的收益预期,在相关主体存在明显恶意的情况下,以此作为损失确定的标准,符合公平原则,可予支持。

其次,君麟公司与清科公司共同参与发起了基金,并作为项目公司共同发布基金公告、承诺兑付所有投资收益。针对清科公司挪用资金的侵权行为,君麟公司予以配合,与清科公司构成共同侵权,应对韦某的损失共同承担赔偿责任。

最后,建行省分行系建行越秀支行、建行东方文德支行的上级分行,但无证据证实建行省分行存在侵权行为。建行越秀支行、建行东方文德支行在内的建行部分支行的工作人员就涉案基金的销售,确实存在主动联系韦某等人、积极推荐并进行了一定误导性陈述的行为,客观上促成了韦某的投资事宜,且系造成韦某等人损失的因素之一,两支行应就此承担相应之责任。在建行方未参与涉案基金设立过程的情况下,本案不宜认定建行越秀支行、建行东方文德支行与清科公司等存在共同故意或共同过失。结合建行越秀支行、建行东方文德支行的过错程度、受益情况等情况,酌定两支行就韦某涉案损失承担40%的补充清偿责任。

法院判决清科公司、君麟公司向韦某赔偿330万元及按照年化收益计算的利息损失、建行东方文德支行及建行越秀支行在40%的范围内承担补充赔偿责任。

> **实务提示**
>
> 私募基金管理人登记/私募基金备案并非私募基金合同的法定生效条件,但未予登记/未予备案可能导致管理人遭受行政处罚或行业自律处分,也可能对私募基金合同效力产生影响。

(二)私募基金管理人未登记/私募基金未备案的其他法律后果

1. 对投资者损失范围认定的影响

在私募基金管理人未登记/私募基金未备案但基金合同被认定有效的情况下,投资者损失范围的认定通常不受未登记/未备案的影响,除非投资者能够证明未登记/未备案直接导致其产生相关损失。

但是,当基金合同中包括收益在内的相关条款不发生既定法律效力时,管理人未登记／私募基金未备案可能作为认定管理人过错及其赔偿责任大小的因素。有法院认为，管理人募集基金后不仅未办理备案反而注销了管理人登记，且存在挪用资金的行为，存在重大过错，在此过程中投资者已经形成收益预期，因此基金合同虽然不发生既定的法律效力，但期内参照合同约定收益确定投资者损失符合公平原则（典型案例 2.9）。

2. 投资者能否以基金未备案为由主张解除基金合同

《私募备案须知（2019）》第二十八条第一款规定："基金合同应当明确约定基金合同终止、解除及基金清算的安排。对于协会不予备案的私募投资基金，管理人应当告知投资者，及时解除或终止基金合同，并对私募投资基金财产清算，保护投资者的合法权益。"笔者理解，该规定的性质是对管理人的自律监管规则，意在引导和要求管理人将基金业协会不予备案设置为基金合同解除条件，但未予备案本身并不当然构成基金合同的解除事由。实践中亦有法院认为，仅私募基金未按照规定办理备案，不会直接导致基金合同的目的不能实现，故投资者不能以基金未备案为由要求解除合同（典型案例 2.10）。

 **典型案例**

2.10 曹某与创道公司委托理财合同纠纷案［山东济南中院（2020）鲁01民终1897号］

曹某作为投资人，与管理人创道公司签署两份基金合同，曹某依约分两次向基金账户支付投资款共计 600 万元。创道公司向曹某返还出资本金共计 180 万元。经查，创道公司已进行了基金管理人登记，基金业协会曾对创道公司作出处分决定，内容包括：创道公司向协会备案了"颐高之信"，该封闭式契约型基金存续期为 1 年，即自 2015 年 12 月 23 日开始至 2016 年 12 月 22 日到期结束。2017 年 12 月、2018 年 2 月山东创道投资公司先后两次以"颐高之信"为名与投资者签订新的基金合同并募集资金，募集完成后至今未向协会备案。协会决定对创道公司作出取消会员资格、暂停受理私募基金备案的纪律处分。

法院认为，《私募监管暂行办法》系部门规章，《证券投资基金法》第九十四条第一款"非公开募集基金募集完毕，基金管理人应当向基金行业协会备案"的规定属管理性强制性规定,故创道公司在上述基金募集完毕后,未向基金行业协会进行备案,并不直接导致合同无效,且曹某亦未能举证证明该行为足以导致合同目的不能实现,故曹某以上述基金未经备案为由要求解除基金合同的理由不能成立,不予支持。

实践中,投资者仅因私募基金管理人未登记/私募基金未备案而主张解除基金合同的情况也很少见。一方面,投资者往往在投资到期后管理人未能依约支付投资本金和收益时,才进一步发现未登记/未备案的情况,相较于解除合同,此时要求管理人依约支付投资本金和收益可能更为直接和有利。另一方面,未登记/未备案的后果主要是对基金管理人的行政处罚或自律处分,并不直接关涉投资者的投资利益能否实现,故投资者以此为由解除合同,存在不被支持的风险。

实务提示

私募基金管理人未登记/私募基金未备案通常不会被认为是导致基金合同目的不能实现的原因,投资者据此解除合同将难以获得支持。但登记/备案与否可能作为认定管理人过错及其赔偿责任大小的因素。

二、适当性义务的实践认定

在私募基金业务开展过程中,适当性义务的核心涵义包括三方面:第一,管理人、销售机构等募集机构应当通过基金产品分级、投资者分类和适当性匹配流程向投资者推介与其风险识别能力和风险承担能力相匹配的私募基金。例如,根据《私募募集办法》《投资者适当性指引(试行)》等有关规定,基金投资者分为专业投资者与普通投资者,专业投资者可以投资全部类型的私募基金,普通投资者应根据其风险承受能力投资相应类别的私募基金。第二,募集机构应当通过基金风险揭示、投资冷静期、回访确认等制度确保投资者真实了解投资风险,了解投资者的真实意愿。第三,募集机构应当合理审慎地审查投资者是否符合私募基金合格投资者标准。

为落实适当性义务要求,《私募募集办法》《投资者适当性指引(试行)》等行业自律规则规定募集机构应当履行特定对象确认、投资者适当性匹配、基金风险揭示、合格投资者确认、投资冷静期、回访确认等合规程序。针对金融消费者,《九民会议纪要》第七十二条亦规定,适当性义务是指卖方机构必须履行的了解客户、了解产品、将适当的产品(或者服务)销售(或者提供)给适合的金融消费者等义务。

▶ 法规链接

《私募募集办法》

第二十一条第二款 募集机构应当根据私募基金的风险类型和评级结果,向投资者推介与其风险识别能力和风险承担能力相匹配的私募基金。

《投资者适当性指引(试行)》

第十九条 投资者分为专业投资者和普通投资者。未对投资者进行分类的,要履行普通投资者适当性义务。

第二十六条 专业投资者之外的,符合法律、法规要求,可以从事基金交易活动的投资者为普通投资者。

基金募集机构要按照风险承受能力,将普通投资者由低到高至少分为C1(含风险承受能力最低类别)、C2、C3、C4、C5五种类型。

《九民会议纪要》

第七十二条【适当性义务】 适当性义务是指卖方机构在向金融消费者推介、销售银行理财产品、保险投资产品、信托理财产品、券商集合理财计划、杠杆基金份额、期权及其他场外衍生品等高风险等级金融产品,以及为金融消费者参与融资融券、新三板、创业板、科创板、期货等高风险等级投资活动提供服务的过程中,必须履行的了解客户、了解产品、将适当的产品(或者服务)销售(或者提供)给适合的金融消费者等义务。卖方机构承担适当性义务的目的是确保金融消费者能够在充分了解相关金融产品、投资活动的性质及风险的基础上作出自主决定,并承受由此产生的收益和风险。在推介、销售高风险等级金融产品和提供高风险等级金融服务领域,适当性义务的履行是"卖者尽责"的主要内容,也是"买者自负"的前提和基础。

适当性义务是管理人、销售机构等募集机构在基金募集阶段承担的最重要义务,募集机构未尽适当性义务也是投资失败后投资者向募集机构索赔的常见理由。关于司法实践对私募基金募集机构适当性义务的审查认定,下列情形和问题值得关注。

(一)注重实质审查募集机构是否履行适当性义务

根据相关监管文件,管理人或销售机构应建立适当性管理制度(包括审慎调查基金管理人、进行产品风险评级、投资者分类认定及管理、测评投资者风险承受能力、通过测评结果匹配产品与投资者及其他风控监管措施)及配套制度(包括回访制度、自查制度、"双录"制度、档案管理制度等),管理人或销售机构在确定合格投资者时,通常会采取问卷调查等方式对投资者风险识别能力和风险承担能力进行评估,投资者将以书面形式承诺符合合格投资者标准,在管理人或销售机构完成风险揭示后,投资者还需提供必要的资产证明文件或收入证明。法院在认定管理人或销售机构是否尽到适当性义务时,亦会重点审查投资者是否签署相关书面承诺(典型案例2.11、2.12、2.13)。

> **典型案例**

2.11 刘某与招行兴顺支行委托合同纠纷案[辽宁沈阳中院(2018)辽01民终3049号]

刘某与招行兴顺支行签署《代销/代理推介产品业务申请表》,约定刘某认购相关产品,该申请表中列有关于投资风险的特别提示,刘某在申请表客户签字处签名。同时,刘某客户风险评级为激进型,且有多次交易经验,招行兴顺支行还提供了多份电子合同,主张曾通过电脑操作向刘某出示,进行了相应的风险告知。后刘某发现产品出现亏损,遂起诉请求招行兴顺支行赔偿损失。

法院认为,关于刘某主张招行兴顺支行未告知其购买产品名称、未尽到对产品的全面告知义务、未做风险评估、没有执行购买私募产品的准入规定、违背资产配置比例原则、存在违规操作的意见,因购买涉诉产品需用刘某的银行账户和密码,且刘某已在《代销/代理推介产品业务申请表》上签字,招行兴顺支行亦提供了《认购风险申明书》《代销私募产品风险提示、资产配置建议及产品适合度确认书》等文件及查询评估记录网络打印件、客户信息总览打印件，故法院对刘某上述意见不予采纳。此外，刘某的损益只有在赎回时才能最终确定，因刘某未申请赎回，无法确定损失。最终，法院判决驳回刘某的诉讼请求。

2.12 严某与刘某、美芝凌公司财产损害赔偿纠纷案［江苏南京玄武法院（2016）苏 0102 民初 3076 号］

美芝凌公司工作人员向严某宣传案涉金融产品，并称美芝凌公司代理销售机构，但未能提供代理合同。后严某与管理人雅鉴公司签订了投资合同书两份，并实际支付了投资款 21 万元、100 万元。严某收到了部分投资收益，但后期未能按期收到收益。严某向美芝凌公司主张未果后，调查发现其认购款项没有进入雅鉴公司账户，且雅鉴公司涉嫌非法吸收公众存款被刑事立案调查并被提起公诉。严某遂针对美芝凌公司超出经营范围、编造虚假信息、骗取资金的行为，起诉要求美芝凌公司承担侵权赔偿责任，其股东刘某在未实缴出资范围内承担补充赔偿责任。

法院认为，严某认购的案涉基金管理人系雅鉴公司，美芝凌公司系代理销售机构，其与严某之间构成的是金融服务法律关系，美芝凌公司应履行该种法律关系下的相应义务。作为案涉基金的销售机构，美芝凌公司没有按照规定对严某进行风险识别能力和风险承担能力进行评估，由严某书面承诺符合合格投资者条件；没有制作风险揭示书，由严某签字确认，没有自行或者委托第三方机构对私募基金进行风险评级，且在向严某推介时，只告知严某可能得到多少收益，却没有提示风险。严某购买案涉私募基金系基于美芝凌公司不当推介行为所致，故应认定其过错行为与严某的损失间具有因果关系。最终，法院判决美芝凌公司赔偿严某投资损失及利息、刘某在未出资范围内承担补充赔偿责任。

2.13 王某与米多公司等合同纠纷案［北京朝阳法院（2019）京 0105 民初 25889 号］

王某与管理人米多公司签订基金合同，该合同包括《重要提示》《风险揭示书》《合格投资者承诺书》《投资者告知书》和正式合同五部分。王某投资款项来源于薛某、庄某、王某 2 三人。合同履行过程中，米多公司未支付任何收益，亦未返还本金，王某遂起诉要求米多公司及其实际控制人王某

3 共同返还投资本金及认购费、按照固定年化收益支付利息。

法院认为，王某具有基金从业资格证书、银行从业人员资格认证证书、保险销售资格证书，且在多家金融机构有从业经历。王某在购买案涉基金时填写了《风险承受能力调查问卷》、米多公司对王某进行了风险识别和风险承受能力评估，评估显示王某为中高风险投资者，与1号基金的风险级别匹配。此外，在王某填写的《合格投资者承诺书》中也明确作出其为合格投资者的承诺。现由于基金存在亏损，王某作为金融专业人士以160万元的认购款来源于其亲属及朋友等为由，主张自己并非是合格投资者的主张，法院不予采纳。最终，法院驳回了王某的诉讼请求。

管理人或销售机构向投资者推介产品时可能夸大收益、隐瞒风险，投资者即便签署了书面承诺也并不意味着充分了解风险。因此，实践中对卖方机构是否尽到适当性义务的审查趋于严格，尤其在个人投资者案件中。例如，有法院认为，投资者虽已签署《证券投资基金投资人权益须知》《投资人风险提示确认书》，但销售机构要求投资者签署的文件中一般性条款并未披露基金产品的风险，销售机构推介的基金产品类型与投资者签署文件中确认所能承受的风险不符，最终判决销售机构赔偿投资者损失（典型案例2.14）。

典型案例

2.14 建行恩济支行与王某财产损害赔偿纠纷案 ［北京一中院（2018）京01民终8761号］

建行恩济支行系涉诉基金的代销机构，其对王某进行了风险评估后，推介王某购买了涉诉基金，王某在建行恩济支行处完成购买行为。后王某赎回时本金出现亏损，其认为建行恩济支行违反法定义务造成其损失，遂起诉请求建行恩济支行赔偿亏损的本金并支付以本金为基数计算的利息。

法院认为，《证券投资基金投资人权益须知》《投资人风险提示确认书》上载明的内容均是建行恩济支行提供的通用一般性条款，未能体现涉诉基金的类型及风险等具体内容，即不能体现建行恩济支行向王某告知说明的具体内容，故虽然王某在上述文件上签字，但不能就此认定建行恩济支行履行了告知说明和文件交付等适当性义务，不能因此而减轻建行恩济支行未向王某尽到告知说明等义务的过错。最终，法院判决建行恩济支行赔偿王某本金损失及相应利息。

《九民会议纪要》第七十六条亦对适当性义务中核心的告知说明义务作出严格要求，与上述案件的处理思路基本一致，即正向采用主客观标准相结合的方式，指出"人民法院应当根据产品、投资活动的风险和金融消费者的实际情况，综合理性人能够理解的客观标准和金融消费者能够理解的主观标准来确定卖方机构是否已经履行了告知说明义务。"同时反向规定，"卖方机构简单地以金融消费者手写了诸如'本人明确知悉可能存在本金损失风险'等内容主张其已经履行了告知说明义务，不能提供其他相关证据的，人民法院对其抗辩理由不予支持。"

法规链接

《九民会议纪要》

第七十六条【告知说明义务】 告知说明义务的履行是金融消费者能够真正了解各类高风险等级金融产品或者高风险等级投资活动的投资风险和收益的关键，人民法院应当根据产品、投资活动的风险和金融消费者的实际情况，综合理性人能够理解的客观标准和金融消费者能够理解的主观标准来确定卖方机构是否已经履行了告知说明义务。卖方机构简单地以金融消费者手写了诸如"本人明确知悉可能存在本金损失风险"等内容主张其已经履行了告知说明义务，不能提供其他相关证据的，人民法院对其抗辩理由不予支持。

实务提示

在对管理人或销售机构是否尽到适当性义务的认定上，法院的审查日趋严格，除重点审查投资者是否签署相关书面承诺，对于书面承诺的内容也会进行相应审查。就投资者而言，应注意签署的书面承诺的具体内容，避免出现超出承受范围的投资风险；就管理人或销售机构而言，应建立适当性管理及配套制度，避免出现投资者签署承诺与实际投资风险不相匹配、从而管理人或销售机构承担赔偿责任的情形。

（二）注重审查投资者的自主决策能力，并将投资者具备自主决策能力的证明责任倒置于募集机构

根据《九民会议纪要》第七十八条的规定，金融消费者的既往投资经验、受教育程度可以成为卖方机构不承担赔偿责任的免责事由。

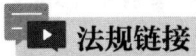

《九民会议纪要》

第七十八条【免责事由】 因金融消费者故意提供虚假信息、拒绝听取卖方机构的建议等自身原因导致其购买产品或者接受服务不适当，卖方机构请求免除相应责任的，人民法院依法予以支持，但金融消费者能够证明该虚假信息的出具系卖方机构误导的除外。卖方机构能够举证证明根据金融消费者的既往投资经验、受教育程度等事实，适当性义务的违反并未影响金融消费者作出自主决定的，对其关于应当由金融消费者自负投资风险的抗辩理由，人民法院依法予以支持。

有法院认为，确定金融机构是否已经履行告知说明义务，应当根据产品的风险和投资者的实际状况，并综合一般人能够理解的客观标准和投资者能够理解的主观标准来确定；如果根据投资者的既往投资经验、受教育程度等事实，金融机构能够证明"适当性"义务的违反并未影响投资者的自主决定的，也应当认定免责抗辩事由成立，由金融消费者自负投资风险（典型案例2.15）。

典型案例

2.15 刘某与广发公司财产损害赔偿纠纷案［广东广州中院（2019）粤01民终7659号］

广发公司为案涉基金的销售机构，刘某主张广发公司在销售案涉基金过程中存在误导、销售人员无从业资格、未进行风险揭示和未签订基金合同的违规行为，刘某以其财产受损为由起诉广发公司侵权，要求广发公司承担侵权责任。

法院认为，确定广发公司等金融机构是否已经履行告知说明义务，应当根据产品的风险和投资者的实际状况，并综合一般人能够理解的客观标准和投资者能够理解的主观标准来确定。如果根据投资者的既往投资经验、受教育程度等事实，金融机构能够证明"适当性"义务的违反并未影响投资者的自主决定的，也应当认定免责抗辩事由成立，由金融消费者自负投资风险。认定广发公司的过错，需要具备未揭示风险、误导刘某购买以及刘某不具有购买基金产品的风险承担能力等三个条件。刘某主张广发公司存在夸大宣传、隐瞒风险、诱导购买等情况，但除了刘某与丛某的交谈往来记录以外，没有其他的证据予以支持；虽然刘某向主管部门提起投诉，但主管部门未认定广发公司销售涉案基金过程中存在违规。根据广发公司所提供的证据，刘某符合基金合同关于"金融资产不低于300万元"的个人合格投资者的要求；按照刘某所做的风险承受能力评估测试，其可以并愿意接受30%以上亏损；广发公司按照主管部门、行业协会以及企业管理规定，在刘某开户前以及每两年对刘某风险承受能力以及风险偏好进行评估测试。广发公司已提供证据证实其符合相关法规要求，刘某未能提供其他反证支持其主张的事实，故对刘某提出被误导购买的事实不予确认。最终，法院判决驳回刘某的诉讼请求。

★ 实务提示

针对不同投资者，金融机构相同的行为可能承担的责任大小有所区别。在向投资者推介产品时，应充分考虑并记录投资者的个体差异，以做到产品与投资者相匹配。

（三）违反或规避合格投资者规定对合同效力的影响

《证券投资基金法》第八十七条、第九十一条，《私募监管暂行办法》第十一条至第十三条规定了私募基金合格投资者的认定标准和认购主体限制。

首先，私募基金应当向合格投资者募集。合格投资者需符合如下标准：认购金额上，合格投资者投资于单只私募基金的金额不低于100万元；投资能力上，合格投资者需具备相应的风险识别及风险承担能力，达到规定资产规模或者收入水平,就单位投资者而言,单位净资产不低于1000万元;就个人投资者而言,金融资产不低于300万元或者最近三年个人年均收入不低于50万元。

其次,私募基金不得向不特定主体宣传推介,且投资者累计不超过特定人数,即合伙型基金、有限公司型基金投资者累计不超过50人;股份公司型、契约型基金投资者累计不超过200人。

法规链接

《证券投资基金法》

第八十七条 非公开募集基金应当向合格投资者募集,合格投资者累计不得超过二百人。

前款所称合格投资者,是指达到规定资产规模或者收入水平,并且具备相应的风险识别能力和风险承担能力、其基金份额认购金额不低于规定限额的单位和个人。

合格投资者的具体标准由国务院证券监督管理机构规定。

第九十一条 非公开募集基金,不得向合格投资者之外的单位和个人募集资金,不得通过报刊、电台、电视台、互联网等公众传播媒体或者讲座、报告会、分析会等方式向不特定对象宣传推介。

《私募监管暂行办法》

第十一条 私募基金应当向合格投资者募集,单只私募基金的投资者人数累计不得超过《证券投资基金法》《公司法》《合伙企业法》等法律规定的特定数量。

投资者转让基金份额的,受让人应当为合格投资者且基金份额受让后投资者人数应当符合前款规定。

第十二条 私募基金的合格投资者是指具备相应风险识别能力和风险承担能力,投资于单只私募基金的金额不低于100万元且符合下列相关标准的单位和个人:

(一)净资产不低于1000万元的单位;

(二)金融资产不低于300万元或者最近三年个人年均收入不低于50

万元的个人。

前款所称金融资产包括银行存款、股票、债券、基金份额、资产管理计划、银行理财产品、信托计划、保险产品、期货权益等。

第十三条 下列投资者视为合格投资者：

（一）社会保障基金、企业年金等养老基金，慈善基金等社会公益基金；

（二）依法设立并在基金业协会备案的投资计划；

（三）投资于所管理私募基金的私募基金管理人及其从业人员；

（四）中国证监会规定的其他投资者。

以合伙企业、契约等非法人形式，通过汇集多数投资者的资金直接或者间接投资于私募基金的，私募基金管理人或者私募基金销售机构应当穿透核查最终投资者是否为合格投资者，并合并计算投资者人数。但是，符合本条第（一）（二）（四）项规定的投资者投资私募基金的，不再穿透核查最终投资者是否为合格投资者和合并计算投资者人数。

《加强私募监管规定》

第七条第一款 私募基金的投资者人数累计不得超过《证券投资基金法》《公司法》《合伙企业法》等法律规定的特定数量。投资者转让基金份额的，受让人应当为合格投资者且基金份额受让后投资者人数应当符合本条规定。国务院金融监督管理部门监管的机构依法发行的资产管理产品、合格境外机构投资者、人民币合格境外机构投资者，视为《私募办法》第十三条规定的合格投资者，不再穿透核查最终投资者。

实务中，非合格投资者直接签署基金合同或者通过合格投资者代持基金份额、拆分基金份额等方式规避合格投资者规定等情形较为常见，如何认定这些情形对合同效力的影响，是司法实践中颇具争议的问题之一。对此，笔者逐一梳理分析如下。

1. 非合格投资者签署的私募基金合同效力

对于非合格投资者签署的私募基金合同的效力认定，实践中存在三种处理思路。

一是直接对行为本身进行效力评价。在此思路下，有的法院认为，私募基金向非合格投资者募集的，违反了法律法规禁止性规定，应根据《合同法》

第五十二条第（五）项规定认定合同无效（典型案例 2.16）；但也有法院认为，关于向非合格投资者出售未经备案登记的基金产品，违反了《私募监管暂行办法》这一部门规章，应受到监管部门的行政处罚，承担行政违法的责任，但不能直接导致私募基金合同的无效，或认为《证券投资基金法》第八十七条、第九十一条属于管理性强制性规定，违反上述规定不导致合同无效（典型案例 2.17）。

典型案例

2.16 陈某与诺士贸易公司等合同纠纷案[深圳福田法院（2020）粤 0304 民初 32972 号]

陈某经诺士公司员工推荐，与刘某、诺士公司签署了《投资暨代持协议》，约定陈某向诺士公司投资 60 万元，并由刘某代持。陈某投资后，从诺士公司收取了多期收益，但因此后诺士公司未能按期支付收益，且投资期限届满后诺士公司未能返还本金，陈某遂诉至法院请求诺士公司返还本金并支付收益。

法院认为，现有证据无法证明陈某系具备风险识别能力和风险承担能力的合格投资者，因此其与诺士公司、刘某签订的案涉《投资暨代持协议》违反了关于私募基金应当向合格投资者募集的相关规定，属于《合同法》第五十二条第（五）项规定的情形，应当认定为无效。最终，法院判决诺士公司返还陈某扣除已支付收益金额的剩余本金，但驳回陈某支付收益的请求。

2.17 骆某与骏业公司、何某合同纠纷案[深圳前海法院（2016）粤 0391 民初 1193 号]

骆某与骏业公司签订基金合同，约定骆某向骏业公司认购非公开发售基金。何某出具担保函，以名下房产为基金产品收益及价值提供连带保证责任。骆某支付 40 万元投资款后，未收到约定收益。根据基金业协会官网公示的信息，骏业基金属于已登记的基金管理人，但处于"失联（异常）状态"。涉案基金没有进行备案，也未进行信息披露。

法院认为，不管是骆某的非合格投资者身份还是涉案基金产品未进行备案，均违反了《私募监管暂行办法》中有关强制性规定，但这两点均不能导致涉案私募基金合同无效。首先，《私募监管暂行办法》属于部门规章，不能作为认定合同无效的依据。其次，法律法规并没有规定违反《私募监管暂行办法》中关于合格投资者门槛和基金备案的规定将导致合同无效，且没有证据显示违反该规定若使合同继续有效将直接损害国家利益和社会公共利益，故相关强制性规定不属于效力性规定，而是属于管理性规定，违反该规定不能直接导致涉案私募基金合同无效。

二是考察非法募集行为是否涉嫌刑事犯罪。如有法院认为，向非合格投资者募集资金涉嫌构成非法吸收公众存款，应根据《合同法》第五十二条第（三）项"以合法形式掩盖非法目的"和第（四）项"损害社会公共利益"或《民法典》第一百五十三条第二款"违背公序良俗"的规定认定合同无效。

三是考察包括非合格投资者在内的因素是否影响合同性质。如有法院认为，向非合格投资者募集资金且有其他不符合私募募集行为规范的，所谓基金合同名为投资，实为借贷，故表面上的基金法律关系无效，应按照民间借贷关系处理（典型案例2.7）。

本书认为，《证券投资基金法》第八十七条明确规定，"非公开募集基金应当向合格投资者募集"，因此向非合格投资者募集的证券投资基金合同确系违反法律强制性规定，但该规定是否属于可致合同无效的效力性规定，应结合相关规定及具体案件情况进行判断。

如前所述，根据《九民会议纪要》第三十条的规定，判断强制性规定的性质，要注重考量保护的法益类型、违法行为的法律后果、交易安全保护等因素加以判断，如果涉及金融安全、市场秩序、国家宏观政策等公序良俗，应当认定强制性规定为效力性强制性规定。据此，一方面，合格投资者规定的目的主要是保护投资者，这一目的应当成为认定基金合同效力的重要考量因素，如果认定合同无效不能充分保护投资者的权益，则不宜简单认定该种情况下基金合同均无效，以避免法益保护目的落空、激发道德风险。另一方面，评价合同效力亦应兼顾公序良俗要求，若募集机构向不特定非合格投资者募集，法院应当针对个案，在充分论证此种情形下的基金合同是否危害金融安全、市场秩序、国家宏观政策等公序良俗的基础上，判断基金合同效力。

法规链接

《九民会议纪要》

第三十条第二款　人民法院在审理合同纠纷案件时，要依据《民法总则》第一百五十三条第一款和《合同法司法解释（二）》第十四条的规定慎重判断"强制性规定"的性质，特别是要在考量强制性规定所保护的法益类型、违法行为的法律后果以及交易安全保护等因素的基础上认定其性质，并在裁判文书中充分说明理由。下列强制性规定，应当认定为"效力性强制性规定"：强制性规定涉及金融安全、市场秩序、国家宏观政策等公序良俗的；交易标的禁止买卖的，如禁止人体器官、毒品、枪支等买卖；违反特许经营规定的，如场外配资合同；交易方式严重违法的，如违反招投标等竞争性缔约方式订立的合同；交易场所违法的，如在批准的交易场所之外进行期货交易。关于经营范围、交易时间、交易数量等行政管理性质的强制性规定，一般应当认定为"管理性强制性规定"。

2. 非合格投资者委托合格投资者代持基金份额情形的基金合同效力

非合格投资者为规避监管，可能委托合格投资者代持投资份额。就此，《私募备案须知（2019）》第七条规定："投资者应当确保投资资金来源合法，不得汇集他人资金购买私募投资基金。募集机构应当核实投资者对基金的出资金额与其出资能力相匹配，且为投资者自己购买私募投资基金，不存在代持。"

虽然存在不得代持的监管要求，但目前司法实践通常不会仅以实际投资者身份不合格而直接否定基金合同效力。例如，有法院认为，若代持行为本身不存在违反社会公共利益的情况，即便实际投资者不符合合格投资者要求，因关于合格投资者的规定或属于管理性强制性规定或属于部门规章，也不一定影响合同效力（典型案例2.18）。

典型案例

2.18 姜某与孟某合同纠纷二审民事判决书［北京一中院（2020）京01民终307号］

姜某与孟某签订《基金代持协议》，约定孟某作为基金的名义投资人，向清融信3号基金认缴并实际出资；姜某实际缴付50万元，通过孟某代持参与投资清融信3号基金的项目投资。孟某与基金管理人清融信深圳公司签订基金合同，同日姜某向孟某汇款50万元。后孟某向清融信深圳公司汇款504.9万元。证监会深圳局针对清融信深圳公司作出《行政监管措施决定书》，载明：清融信深圳公司存在向不合格投资者募集资金，具体表现为实际控制人通过代持协议汇集李某等10名投资者的资金购买公司发行的清融信3号基金，上述10名最终投资者出资额均低于100万元；前述代持协议中还存在"预期收益率超过500%，以退出时实际收益为准"的表述。上述行为违反了《私募监管暂行办法》的规定，决定对该公司采取出具警示函的行政监管措施。

法院认为，姜某投资50万元于清融信3号基金，并认可由清融信深圳公司的实际控制人孟某代持，可见姜某与清融信深圳公司均明知姜某并非合格投资者。但应指出的是，有关合格投资者的规定属于管理性强制性规定，而非效力性强制性规定，而《私募监管暂行办法》为部门规章，不属于法律、行政法规。因此，清融信深圳公司违反上述规定的行为并不属于无效民事法律行为，而应当由行政机关依据相关规定进行处理。而清融信3号基金的募集方式为孟某通过个人渠道私下沟通筹集，募集对象系针对特定人群即孟某的部分88级校友和老乡，就其投资行为及委托代持行为本身而言，并未损害全体社会成员或者社会不特定多数人利益，既未损害社会公共秩序，亦未损害社会善良风俗。

3. 违法拆分基金份额所涉合同的法律后果

为防止募集机构规避合格投资者要求，相关规定确立了穿透核查最终投资者是否为合格投资者的规则。同时，为防止变相突破合格投资者要求，监管规则严厉禁止拆分转让基金份额或其收（受）益权等模式。

法规链接

《私募监管暂行办法》

第十三条第二款 以合伙企业、契约等非法人形式，通过汇集多数投资者的资金直接或者间接投资于私募基金的，私募基金管理人或者私募基金销售机构应当穿透核查最终投资者是否为合格投资者，并合并计算投资者人数。

但是，符合本条第（一）、（二）、（四）项规定的投资者投资私募基金的，不再穿透核查最终投资者是否为合格投资者和合并计算投资者人数。

《私募备案须知（2019）》

一、私募投资基金备案总体性要求

（六）【穿透核查投资者】以合伙企业等非法人形式投资私募投资基金的，募集机构应当穿透核查最终投资者是否为合格投资者，并合并计算投资者人数。投资者为依法备案的资产管理产品的，不再穿透核查最终投资者是否为合格投资者和合并计算投资者人数。

管理人不得违反中国证监会等金融监管部门和协会的相关规定，通过为单一融资项目设立多只私募投资基金的方式，变相突破投资者人数限制或者其他监管要求。

《加强私募监管规定》

第七条第二款　任何单位和个人不得通过将私募基金份额或者其收（受）益权进行拆分转让，或者通过为单一融资项目设立多只私募基金等方式，以变相突破合格投资者标准或投资者人数限制。

《私募募集办法》

第九条　任何机构和个人不得为规避合格投资者标准，募集以私募基金份额或其收益权为投资标的的金融产品，或者将私募基金份额或其收益权进行非法拆分转让，变相突破合格投资者标准。募集机构应当确保投资者已知悉私募基金转让的条件。

投资者应当以书面方式承诺其为自己购买私募基金，任何机构和个人不得以非法拆分转让为目的购买私募基金。

实践中，基金份额拆分主要体现为两种运作模式，一是进行"集合投资"，即以合伙企业、契约等非法人形式汇集多数投资者资金投资基金，或符合条件的合格投资者通过第三方平台将投资拆分转让给实际投资者；二是"拆分转让收益权"，即基金份额持有人通过签署协议的方式向他人转让收益权。如何认定两种情形下的基金合同效力，值得探讨。

关于"集合投资"模式下基金合同效力及法律后果，目前司法实践并未明确形成主流裁判观点，本书认为可从以下几方面考量。

首先，监管规则关于禁止拆分基金份额的规定不必然导致基金合同无效，对于该模式下基金合同的效力的判断，实际上与代持关系中基金合同的效力判断标准相似。其次，私募基金或管理人并未直接与实际投资者签署合同，因此亦无依据合同向实际投资者兑付的义务。有观点认为，"集合投资"是设立的专项理财计划或资产管理计划，私募基金管理人不直接向实际投资者承担合同义务，而仅对于与其直接签署基金合同的名义投资者承担合同义务，再由名义投资者向实际投资者进行兑付。最后，对于名义投资者与实际投资者而言，因二者对违法拆分均有过错，有法院不支持实际投资者关于按照基金收益率支付收益的请求，而是参照适用民间借贷相关规定，计算实际投资者的利息损失（典型案例2.19）。

典型案例

2.19 高某与朱某民间委托理财合同纠纷案[上海虹口法院（2019）沪0109民初6305号]

高某与朱某合资303万元，以朱某名义购买"钜派定增宝2号基金"，并签订委托投资协议，载明高某汇款151.5万元到朱某账户委托被告购买基金，即每人出资151.5万元，共享利益共担风险等。后双方商定各出资150万元，合资300万元，以朱某名义购买易钜公司的"钜福前滩基金"。基金协议签订后，双方未再签署委托投资协议，后朱某在未告知高某的情况下，自行向易钜公司要求退出基金。朱某退出基金后，就其应向高某转账的金额二者发生争议。

法院认为，本案中双方合意，由高某将资金交给朱某，委托并与朱某合资购买私募基金，朱某就高某资金接受投资委托，应忠实、诚信履行受托义务，尽善良管理职责。因双方合资购买私募基金的行为涉及将私募基金份额或收益权拆分转让、汇集他人资金投资私募基金等，违反私募基金管理相关规定。高某主张朱某按基金收益率支付两年收益，因前述合资购买基金行为系违规，且合资购买为双方合意，非因朱某单方过错导致，故高某该主张本院依法不予支持。鉴于朱某收回投资款后仍占据高某大额资金不予返还，未尽善良管理义务，存有过错，朱某应向高某承担逾期还款的利息损失，酌定朱某应自逾期还款之日起按照年利率6%计算利息损失。

针对"拆分转让收益权"模式，表面上是转让收益权，但实质可能存在转让产品份额、向非合格投资者进行募集、向不特定多数人进行募集等目的。因收益权在法律性质上并不明确，对于收益权转让本身法律也无禁止性规定，因此本书认为，对于基金合同的效力，仍应回归《合同法》第五十二条、《民法典》第一百五十三条的规定，判断具体交易模式及交易目的是否存在使合同无效之情形。

仅针对收益权转让而言，有法院认为，相关收益权转让协议系当事人的真实意思表示，内容不违反法律、行政法规的强制性规定，亦不存在《合同法》第五十二条规定的其他无效情形，应为有效，但若当事人交易标的是"私募债券收益权""资管计划收益权"，则在《资管新规》发布前该交易模式并不存在明显违反监管规定的情形，但在《资管新规》发布后，该模式不符合监管新规要求（典型案例2.20）。

典型案例

2.20 南昌农商行与内蒙古银行合同纠纷案［最高法院（2016）最高法民终215号］

民生投资认购了华珠私募债全部份额，并与民生股份签订《华珠私募债券收益权转让协议》。内蒙古银行作为委托人、民生股份作为管理人、邮储银行作为托管人签订《民生12号定向资管合同》，根据内蒙古银行的投资指令，民生股份将内蒙古银行投资全部用于认购华珠私募债收益权。南昌农商行与内蒙古银行签订《定向资管计划收益权转让协议》，主要约定：鉴于内蒙古银行与民生股份公司签署了《民生12号定向资管合同》，内蒙古银行是资管合同项下的受益人，持有了该资管合同项下的全部资管计划收益权；协议项下"资管计划收益权"是指，资管合同项下的委托人所享有的资管计划收益权，包括委托人根据资管合同约定应当收取的所有投资净收益及要求返还资产清算后的委托财产的权利，及为实现资管计划利益的其他权利；内蒙古银行拟将所持有的资管计划收益权转让给南昌农商行。后南昌农商行向内蒙古银行的转款被全部转入邮蓄银行上海分行营业部。因华珠私募债出现违约，南昌农商行起诉请求确认《定向资管计划收益权转让协议》无效、实际债券"借户交易"法律关系无效、内蒙古银行返还本金并支付利息、内蒙古银行返还安排费并赔偿损失、民生投资及民生股份承担连带责任。

　　法院认为,各方当事人的交易标的"私募债券收益权""资管计划收益权"是交易主体以基础财产权利即华珠私募债为基础,通过合同关系创设的一种新的债权债务关系,其本质在于"收益",即获取基于华珠私募债而产生的经济利益的可能性,包括本金、利息等资金利益。从其法律性质看,显然不属于法定的物权种类,而应为可分的债权权能之一。收益权虽然依附于基础资产,甚至与基础资产在内涵与价值上高度重叠,但在各方商事主体选择以收益权作为交易标的的情形下,意味着各方并无转让和受让基础财产的意思表示。此种情况下,应当尊重各方在协议中达成的合意,认定各方交易标的为收益权,而非基础财产。南昌农商行提出本案合同因违反法律强制性规定、金融监管禁止性和强制性规定而无效的意见,理据不足。但需要指出的是,《资管新规》对金融机构资产管理业务提出了具体的规范要求。从该监管新规来看,监管部门对于金融机构资产管理业务实行穿透式监管,禁止开展多层嵌套和通道业务。而本案当事人的交易模式确实存在拉长资金链条,增加产品复杂性之情形,可能导致监管部门无法监控最终的投资者,对交易风险难以穿透核查,不符合监管新规之要求。因此,本案各方当事人今后应严格按照资管新规,规范开展业务。最终,法院判决驳回南昌农商行的诉讼请求。

★ 实务提示

　　针对非合格投资者签署的私募基金合同,实践中可能被认定违反法律法规强制性规定或者涉及刑事犯罪损害社会公共利益等而无效。针对代持、集合投资、拆分转让收益权等涉及投资者资格的情形,因缺乏明确认定私募基金合同无效的相关规定,法院通常回归《合同法》第五十二条、《民法典》第一百五十三条的规定,判断具体交易模式及交易目的是否存在使合同无效之情形。

三、管理人违反募集阶段义务的法律责任

(一) 管理人在募集阶段的义务

《证券投资基金法》《私募监管暂行办法》《私募募集办法》《登记和备案办法(试行)》《资管新规》《九民会议纪要》等文件均对管理人在募集阶段的义务作出规定,归纳起来主要包括以下几类(见表2-1)。

表2-1 管理人在募集阶段的主要义务

义务内容		依据
管理人登记及基金备案义务		《证券投资基金法》第八十九条、第九十条、第九十四条,《私募监管暂行办法》第七条、第八条,《登记和备案办法(试行)》第五条、第十四条
适当性义务	了解客户(特定对象确定、合格投资者确认、投资冷静期及回访确认)	《私募募集办法》第三章至第五章、《资管新规》第十六条,《私募监管暂行办法》第十七条,《银行理财子公司办法》第三十一条,《九民会议纪要》第七十六条
	了解产品(风险评级)	
	投资者适当性匹配	
信息披露及风险揭示义务		《证券投资基金法》第十九条,《资管新规》第八条、第二十四条,《证券期货经营机构私募资产管理业务管理办法》第五条、第十一条、第十六条、第五十九条,《私募监管暂行办法》第二十四条、第二十六条,《基金公司子公司规定》第十七条
签署合同的义务	基金销售协议/委托募集协议	《私募募集办法》第八条、第十三条、第二十九条
	私募基金合同(包括基金合同、公司章程、合伙协议)	
	托管协议及其他外包服务协议(如账户监督协议等)	
建立健全内控机制的义务	内部审批和评估机制	《资管新规》第八条、第十五条、第十七条、第二十三条、第二十四条、第二十五条,《证券期货经营机构私募资产管理业务管理办法》第三条、第五条、第十一条、第六十一条
	报告机制	
	管理机制(人员及业务)	
	信息披露机制	
	风险防控机制	
	其他内控机制	

如前所述，管理人可能委托基金销售机构进行募集，这种情况下，基金管理人负有的上述义务并不因委托募集而免除。

（二）管理人违反募集阶段义务的责任

管理人对投资者负有的义务主要分为忠实义务和勤勉义务两类。从义务内容来看，表 2-1 所列义务均属管理人勤勉义务的范畴。对于管理人违反勤勉义务产生民事责任的一般性问题，本书第三章将进行集中探讨。因此，本章侧重以管理人违反募集阶段义务的常见类型为视角，梳理分析相关情形下管理人应承担责任的性质与范围。

1. 管理人违反募集阶段义务承担责任的性质

第一，管理人若违反私募基金合同约定的其在募集阶段应履行的义务，投资者可要求其承担违约责任。基金业协会发布的《私募投资基金合同指引 1 号（契约型私募基金合同内容与格式指引）》第二十一条列举了管理人的 21 项义务，其中与募集阶段有关的义务包括管理人的登记及基金备案义务、向合格投资者募集的义务、信息披露及风险揭示义务、建立健全内部制度的义务、不得谋取利益或进行利益输送的义务、接受监督的义务、提供证明或重要文件的义务等。实践中，根据该指引制订的私募基金合同，管理人若违反该等义务，投资者可追究管理人的违约责任，有些合同还可能就管理人违反募集阶段义务的行为约定了明确具体的违约责任。

第二，管理人还可能承担缔约过失责任或侵权责任。在因管理人违反适当性义务、登记及基金备案义务而致基金合同不生效/无效之场合，投资者可追究管理人的缔约过失责任（典型案例 2.21）；若管理人同时存在违反募集阶段法定义务、管理过程存在其他侵权行为等情形，法院也可能综合各方面因素，认定管理人根据过错大小承担相应的侵权责任。

> **典型案例**
>
> 2.21 郑某与阳光公司、久富公司缔约过失责任纠纷案[北京三中院（2021）京 03 民终 10809 号]
>
> 郑某投资了阳光公司为管理人、久富公司为销售机构的案涉基金。郑某

认为，阳光公司提交的基金合同上签字并非其本人、认购及回访录音中的声音并非其本人，遂诉至法院要求确认基金合同不成立、阳光公司返还投资款并支付按照LPR计算的资金成本损失、久富公司承担连带责任。

法院认为，阳光公司应对其履行投资适当性义务承担举证责任，本案中阳光公司将盖有公章的空白基金合同交予久富公司，并未对久富公司提交的合同真实性与合规性予以审查，并未提交郑某当场签合同的录像资料，并未提供证据证明认购录音与回访录音的真实性；郑某亦否认签订合同以及接受了有关投资适当性方面的服务。阳光公司、久富公司在向郑某销售基金时并未履行投资适当性义务，基金合同上郑某的签字并非本人签署具有较高可能性，基金合同未成立。据此，阳光公司应返还郑某投资，并支付其资金成本损失；久富公司作为销售机构，亦违反了投资适当性义务，应对相应后果承担连带赔偿责任。最终，法院判决基金合同不成立、阳光公司返还投资款并支付资金占用利息、久富公司承担连带还款责任。

2. 管理人违反募集阶段义务承担责任的范围

第一，管理人违反适当性义务的，其民事责任性质属于缔约过失责任，故赔偿范围应为信赖利益损失，通常限于直接损失。① 因此，《九民会议纪要》第七十七条第一款规定："卖方机构未尽适当性义务导致金融消费者损失的，应当赔偿金融消费者所受的实际损失。实际损失为损失的本金和利息，利息按照中国人民银行发布的同期同类存款基准利率计算。"同时，若在此过程中投资者亦存在相应过错，可能减轻管理人承担的赔偿责任。

实践中更为常见的情形是，管理人违反信息披露及风险揭示义务，进而构成对适当性义务的违反。根据《资管新规》第6条"禁止欺诈或者误导投资者购买与其风险承担能力不匹配的资产管理产品"的表述，管理人违反适当性义务可根据其情节作进一步区分。

情形一，若管理人违反义务的情节较轻，可能构成误导销售，则管理人根据《九民会议纪要》第七十七条第一款规定承担缔约过失责任。

情形二，若管理人违反义务较重，则可能构成欺诈销售，此时将产生以

---

① 参见最高人民法院民事审判第二庭编著：《〈全国法院民商事审判工作会议纪要〉理解与适用》，429页，北京，人民法院出版社，2019。

下两项法律后果。

首先，基金合同可能因欺诈被撤销。有法院认为，管理人在投资者签订合同时未说明先使用自有资金投资项目，再将投资者投资款用于同一项目、不将投资权益登记在投资者名下，法院认为，管理人存在故意隐瞒真实情况的情形，构成欺诈，最终判决支持投资者撤销合同、返还投资款及利息的主张（典型案例2.22）。

典型案例

2.22 红隼公司与黄某合伙协议纠纷案［广东深圳中院（2019）粤03民终13869号］

黄某与红隼公司签订基金合同、合伙协议书，后黄某支付了投资款，并要求红隼公司提供合伙企业依法设立、登记、备案的相关资料及运作报告，但红隼公司未能提供。合伙企业的公示信息显示，黄某并非合伙企业的合伙人，合伙企业的成立日期也早于黄某与红隼公司签署合同的日期。故黄某以欺诈为由主张撤销合同。

法院认为，红隼公司未按约将收取的黄某款项用于指定项目，亦缺乏证据证明红隼公司曾向黄某披露财务报表、基金管理报告等合伙企业基本运营情况。故可认定红隼公司在与黄某签订基金合同时存在故意隐瞒真实情况的情形，红隼公司的行为属于欺诈行为，对黄某据此要求撤销合同的主张，应予支持。

其次，管理人募集时存在欺诈行为的，参照《九民会议纪要》第七十七条第二款的规定，在计算利息损失时管理人或承担较高的赔偿责任。

法规链接

《九民会议纪要》

第七十七【损失赔偿数额】 卖方机构未尽适当性义务导致金融消费者损失的，应当赔偿金融消费者所受的实际损失。实际损失为损失的本金和利息，利息按照中国人民银行发布的同期同类存款基准利率计算。

金融消费者因购买高风险等级金融产品或者为参与高风险投资活动接受服务，以卖方机构存在欺诈行为为由，主张卖方机构应当根据《消费者权益保护法》第五十五条的规定承担惩罚性赔偿责任的，人民法院不予支持。卖方机构的行为构成欺诈的，对金融消费者提出赔偿其支付金钱总额的利息损失请求，应当注意区分不同情况进行处理：

（1）金融产品的合同文本中载明了预期收益率、业绩比较基准或者类似约定的，可以将其作为计算利息损失的标准；

（2）合同文本以浮动区间的方式对预期收益率或者业绩比较基准等进行约定，金融消费者请求按照约定的上限作为利息损失计算标准的，人民法院依法予以支持；

（3）合同文本虽然没有关于预期收益率、业绩比较基准或者类似约定，但金融消费者能够提供证据证明产品发行的广告宣传资料中载明了预期收益率、业绩比较基准或者类似表述的，应当将宣传资料作为合同文本的组成部分；

（4）合同文本及广告宣传资料中未载明预期收益率、业绩比较基准或者类似表述的，按照全国银行间同业拆借中心公布的贷款市场报价利率计算。

情形三，若法院认定投资者与管理人实际成立借贷关系时，则通常按照民间借贷司法解释认定责任范围。

第二，管理人违反登记及/或基金备案义务的，若根据当事人的约定或《合同法》《民法典》的约定，管理人未登记/基金未备案将导致基金合同不生效或无效的，管理人应根据《合同法》第五十八条、《民法典》第一百五十七条的规定，向投资者返还投资本金，并承担缔约过失责任，对投资者的信赖利益予以赔偿。

▶ 法规链接

《民法典》

第一百五十七条　民事法律行为无效、被撤销或者确定不发生效力后，行为人因该行为取得的财产，应当予以返还；不能返还或者没有必要返还的，应当折价补偿。有过错的一方应当赔偿对方由此所受到的损失；各方都有过错的，应当各自承担相应的责任。法律另有规定的，依照其规定。

关于私募基金未备案是否构成基金合同的解除事由，在基金合同未约定解除条件或违约责任时，实践中有法院认为，私募基金未备案不导致合同目的不能实现，投资者不能主张解除合同并请求管理人返还投资本金、赔偿收益（典型案例2.10）。

第三，有的管理人虽然已经完成产品备案并实际投资及管理，但因未能与投资者及时签署合同，可能被认定构成不当得利，需返还投资者投资本金并支付资金占用利息（典型案例2.23）。本书认为，根据《民法典》第四百九十条第二款规定，若管理人及投资者已经开始履行基金合同，不宜仅因投资者未签字而认定合同不成立。因此，关键在于判断何为已经开始"履行"基金合同，若管理人已经开始履行基金合同项下诸如投资运作、认购款管理等主要义务时，应视为开始"履行"基金合同，且该种履行行为不受管理人其他违规操作行为的影响。

法规链接

《民法典》

第四百九十条第二款　法律、行政法规规定或者当事人约定合同应当采用书面形式订立，当事人未采用书面形式但是一方已经履行主要义务，对方接受时，该合同成立。

典型案例

2.23 光大金控上海公司与郝某不当得利纠纷案［北京二中院（2017）京02民终12390号］

郝某通过其个人在光大银行账户向光大金控上海公司转账101万元，以投资光大金控上海公司作为管理人、光大银行作为托管人的"泰石3号"基金，转账"摘要"记载"泰石3号"字样。郝某收到光大金控上海公司提供的《基金合同》文本，但双方未订立书面基金合同，郝某亦未签署风险揭示书。郝某以未签署合同为由诉至法院，请求判令光大金控上海公司返还本金并支付按照同期贷款利率计算的利息。

法院认为，郝某向光大金控上海公司支付涉诉款项系为了购买涉诉基金，但鉴于郝某在收到《基金合同》后未签字确认，光大金控上海公司提交的《基金合同》亦明确规定，该基金合同自基金管理人、基金托管人、基金投资者共同签署后成立，基金投资者在签署合同后方可进行认购、申购，光大金控上海公司亦未提交充分有效的证据证明其与郝某就涉诉基金合同的主要条款已经达成合意，故基金合同未能成立；光大金控上海公司亦未举证证明其收取涉诉款项具有其他合法依据，故郝某要求光大金控上海公司返还涉诉款项本金及利息，具有事实及法律依据。最终，法院判决光大金控上海公司返还投资款、支付按照同期活期存款利率计算的利息。

第四，司法实践中，仅因管理人未建立健全内控机制而直接认定其承担相应责任的案例较为罕见。笔者理解，由于建立健全内控机制本身一般不构成管理人对投资者的直接合同义务，故法院通常不会单独将未建立内控机制作为判令管理人向投资者承担民事责任的事由，而是将内控机制是否健全作为认定管理人是否履行了对投资者的义务的一个方面。例如，根据《九民会议纪要》第七十五条的规定，卖方机构对"建立了金融产品（或者服务）的风险评估及相应管理制度"等承担举证责任，否则法院可能结合其他情况认定其未尽适当性义务。

法规链接

《九民会议纪要》

第七十五条【举证责任分配】 在案件审理过程中，金融消费者应当对购买产品（或者接受服务）、遭受的损失等事实承担举证责任。卖方机构对其是否履行了适当性义务承担举证责任。卖方机构不能提供其已经建立了金融产品（或者服务）的风险评估及相应管理制度、对金融消费者的风险认知、风险偏好和风险承受能力进行了测试、向金融消费者告知产品（或者服务）的收益和主要风险因素等相关证据的，应当承担举证不能的法律后果。

> **实务提示**

　　私募基金管理人违反其在募集阶段义务的，在司法实践中可能被判令承担违约责任、缔约过失责任或侵权责任。

　　在违反登记及备案义务、建立健全内控机制的义务的场合，管理人不必然对投资者承担赔偿责任，但基金合同可能因管理人在募集阶段的其他违规行为而被定性为借款合同或委托理财合同，此时管理人应向投资者返还财产及利息。在违反适当性义务的场合，管理人可能承担缔约过失责任，需赔偿投资者直接损失，在构成欺诈销售的场合，计算利息损失时管理人将面临较高的赔偿责任。

四、销售机构在募集阶段的法律责任

　　在募集阶段，销售机构主要负责向合格投资者宣传、推介产品，在此过程中，销售机构负有适当性义务、信息披露及风险提示义务。由于销售机构与管理人均属卖方机构，《九民会议纪要》对二者也一体进行规范，故上文关于管理人违反适当性义务、信息披露及风险提示义务的分析原则上也适用于销售机构，此处不再赘述。

　　实践中，因销售机构不与投资者直接签署基金合同，投资者直接向销售机构主张违约责任或缔约过失责任缺乏路径，法院通常在侵权责任框架下认定销售机构的责任。销售机构常见的侵权行为情形包括：销售机构内控机制及人员管理存在问题、宣传推介时未充分提示或作出错误/误导性提示、未对投资者作出评估、推介的产品与投资者评估结果不匹配、承诺保本保收益等。在查明侵权行为的基础上，法院的考察重点在于投资者是否对销售机构的行为形成信赖并实际产生投资损失。在考察销售机构的侵权责任时，以下问题值得关注。

（一）销售机构与投资者之间的责任承担

第一，在投资者请求销售机构承担赔偿责任的案件中，举证责任分配是基础性问题之一。本书认为，考虑到销售机构的举证优势和保护投资者的价值取向，应当根据或参考《九民会议纪要》第七十五条至第七十八条的规定，由投资者对购买基金产品、遭受的损失等事实承担举证责任，销售机构对其已经建立了金融产品风险评估及相应管理制度，对金融消费者的风险认知、风险偏好和风险承受能力进行了测试，向金融消费者告知产品（或者服务）的收益和主要风险因素等承担举证责任。实践中，法院会考虑双方举证能力，确定由销售机构就其销售过程的合法合规性承担举证责任（典型案例2.15）。

第二，销售机构违反义务行为与投资者损失之间的因果关系往往是争议焦点，也常是销售机构寻求减免责任的方向。因果关系的考量涉及以下两个层面的问题。

一是损失的发生是否与销售机构的行为有关。有法院认为，虽然销售机构在募集过程中存在不规范之处，但投资者遭受的损失源自市场系统性风险，且销售机构的违规行为不足以影响投资者选择购买案涉产品，最终驳回了投资者的索赔请求（典型案例2.24）。

典型案例

2.24 洪某、平安银行滨江支行财产损害赔偿纠纷案[浙江杭州中院（2016）浙01民终6371号]

洪某与平安银行滨江支行签约认购了由平安银行滨江支行代销并由平安资管公司作为投资管理人的某资管产品。在认购前，洪某按要求在平安银行滨江支行处开立银行账户，填写了个人开户信息确认书、四份开放式基金代销业务申请表、纸质版的《客户风险承受度评估报告》、资产管理计划电子签名约定书、确认书及风险揭示书。因投资被管理人提前赎回后，洪某产生资金损失，其遂诉至法院请求平安银行滨江支行赔偿损失及利息、返还相关费用。

法院认为，洪某作为一名完全民事行为能力的成年人，出于投资获利的目的购买涉案理财产品，理应具有风险认知能力和风险承受能力；特别是其对其购买的理财产品的投资对象是华泰证券 H 股的事实是清楚的，而股市运行具有自身的市场系统性风险等因素。洪某所遭受的损失是市场系统性风险所致，与平安银行滨江支行在销售涉案理财产品过程中的行为没有因果关系，故洪某主张要求平安银行滨江支行赔偿资金损失及其利息损失的诉请于法无据。最终，法院判决驳回洪某的诉讼请求。

二是销售机构在宣传、推介过程中的过错行为是否影响投资者的自主决策。若销售机构能够证明，根据金融消费者的既往投资经验、受教育程度等事实，投资者的自主决策能力未受其影响或受其影响有限，可免除或减轻销售机构的责任。

第三，无论是在针对管理人的案件还是在针对销售机构的案件中，在分配损失时，法院均可能会考虑投资者的过错程度，并适用过失相抵原则让投资者自行承担部分损失。有法院认为，管理人未要求投资者填写风险识别能力和承受能力调查问卷，存在过错，但投资者签署了《风险提示函》且长时间内未提异议，亦存在过错，根据过错程度并兼顾公平合理原则，考虑到投资基金行为受多方面因素影响且管理人不存在主观恶意，酌情判定管理人承担 10% 的责任（典型案例 2.25）。

典型案例

2.25 龚某与金观诚公司财产损害赔偿纠纷案[浙江杭州拱墅法院（2016）浙 0105 民初 5924 号]

龚某通过金观诚公司员工赵某介绍，作为投资者投资了两项基金产品，并签署了含有风险提示内容的相关合同。后两项基金产品净值均下跌，龚某出现亏损。龚某向浙江证监局举报金观诚公司，获得答复查实金观诚公司在销售私募基金前，未要求龚某书面确认符合合格投资者标准、填写风险识别能力和承受能力调查问卷，个别销售人员在未取得基金从业资格前推介私募基金，公司员工向投资单只私募基金金额不足 100 万元的不合格投资者募集资金。龚某认为，金观诚公司未尽法定义务及存在虚假诱导行为，起诉请求金观诚公司赔偿损失、支付认购费。

法院认为，金观诚公司在销售产品过程中，其工作人员未取得基金从业资格证,且未要求原告填写风险识别能力和承受能力调查问卷,存在过错,金观诚公司对此应承担相应赔偿责任。龚某作为一个完全民事行为能力的成年人,其对自身的风险承受能力应有正确的判断和相应的认识能力,其未依照自身状况进行合理投资,且其已在购买基金等理财产品时,已对金观诚公司提供的二份合同在《风险提示函》等内容上均签署确认,应视为其对合同文本的内容进行阅读并知晓,且在长时间内未提出任何异议,应当能够预判基金等产品的风险程度,故龚某对其自身损失的发生亦具有相当过错。根据过错程度并兼顾公平合理原则,同时也考虑到投资基金行为受证券市场、基金管理人等多方面因素影响,还考虑到金观诚公司的上述违规行为并不存在意于促使龚某投资发生损失的主观恶意,酌定龚某对自身损失应承担90%的责任,金观诚公司承担10%的责任。

不过,从司法实践情况来看,各法院对投资者过错程度及对销售机构责任的影响的把握存在较大差异。例如,对于投资者已签署或知悉通用条款时销售机构应承担的责任大小,法院存在不同认定。有的法院认为虽然投资者已在具备通用条款的文件上签字,但通用条款不能体现涉诉产品的类型及风险等具体内容,销售机构推介投资者购买不适宜产品,存在重大过错,应承担全部责任(典型案例2.14);而有的法院认为,相关文件中虽然有风险提示,但属泛泛说明,销售机构未尽到明确的提示说明义务,应承担30%的次要责任(典型案例2.26)。

典型案例

2.26 梁某、平安银行青岛分行金融委托理财合同纠纷案[山东高院(2019)鲁民申4456号]

梁某曾通过平安银行青岛分行认购过集合资金信托理财产品,该款理财产品的投资范围为股票,梁某亲笔确认具有相应的风险承受能力。后梁某经平安银行青岛分行员工韦某推介,在平安银行青岛分行进行了风险测评并购买了案涉理财产品,但平安银行青岛分行未曾要求梁某抄写风险确认语句,也未向梁某就风险作出特别说明。后梁某购买的理财产品亏损,其认为平安银行青岛分行员工韦某存在过错,遂诉至法院请求平安银行青岛分行赔偿损失。

法院认为，平安银行青岛分行在给梁某提供投资产品推介行为中存在一定过错，但尚不足以认定对申请人的损失构成侵权并承担全部责任。市场经济下投资有风险，这是人所共知的常识，市场风险意味着投资可能产生获利，也可能产生亏损，这是市场投资的常态。梁某对巨额款项投资风险应予审慎注意和了解，是否购买涉案理财产品亦由其自己决定，不能只享受收益而将亏损归责于他人，这有违市场经济规律。法院酌定平安银行青岛分行承担梁某30%的投资损失的赔偿责任。

又如，对于销售机构违规承诺保本时应承担的责任，有法院认为，投资者过分依赖销售机构应承担主要责任，销售机构未适当履行风险揭示义务、违规承诺资金安全、在投资者购买产品后未适当履行信息披露义务，仅需就投资者的本金损失承担30%的次要责任（典型案例2.27）；有法院认为，投资者签字确认充分理解和认知提示的各项风险，但销售机构工作人员虚假承诺保本、保收益构成欺诈销售，销售机构应承担80%的主要责任（典型案例2.28）。

> **典型案例**

2.27 建行湖东支行与刘某财产损害赔偿纠纷案［河南高院（2016）豫民再544号］

建行湖东支行员工胡某以电话方式先期主动向刘某推荐案涉产品，后刘某在胡某的指导操作下，在建行湖东支行的自助柜员机上支付800万元购买了两支基金。刘某在本次购买本案涉及的理财产品时，建行湖东支行未对其进行风险评估。在刘某申购两支基金前，建行湖东支行员工曹某、胡某曾对其承诺保证资金安全，后刘某购买的两支基金不断亏损，但期间建行湖东支行未明确及时告知实际亏损状态。故刘某起诉请求建行湖东支行、曹某及胡某共同赔偿损失。

法院认为，刘某作为具有一定投资经验的客户，其购买本案涉及的两支基金系其自行决定、选择的结果；在申购基金后，刘某本应当主动关注基金市场行情，及时进行抉择，但其过分依赖于建行湖东支行，未尽早赎回基金及时止损，对其损失刘某应当承担主要责任。建行湖东支行在向客户推介理财产品时，未适当履行风险揭示义务，违规承诺资金安全，在客户购买理财产品后未适当履行信息披露义务，建行湖东支行的上述行为对刘某决定购买基金产品产生了一定的影响，并对刘某未及时回赎基金进行止损也产生了一定影响，故建行湖东支行应当对刘某的损失承担次要责任。对于刘某请求的利息损失，可由刘某自行承担。对于刘某请求的本金损失，酌定由刘某和建行湖东支行双方按照 7∶3 的过错责任比例进行分担。

2.28 民生银行马鞍山路支行与韩某委托理财合同纠纷案［安徽合肥中院（2019）皖 01 民终 8545 号］

韩某曾通过民生银行马鞍山路支行员工马某介绍购买理财产品，马某在申请书上注明保证到账本息。后在马某推介下，韩某又通过民生银行马鞍山路支行购买案涉产品，韩某在申请单正面签字确认，该申请单背面记载《证券投资基金投资人权益须知》，主要内容为基金的概念、基金的分类、基金份额持有人的权利、基金投资风险提示、服务内容和收费方式、投诉处理和联系方式等，但双方均未在背面签名处签字。申请单第二联（即韩某所持联）中包含到期本息及收益率等记载，但申请单第一联（即民生银行马鞍山路支行销售网点留存联）中无上述记载。后韩某申请赎回，损失本金 5223.17 元，遂起诉请求确认合同无效、民生银行马鞍山路支行赔偿损失。

法院认为，马某作为民生银行马鞍山路支行的理财人员，以虚假承诺保本、保收益的方式诱导韩某投资，其行为属于职务行为，应由民生银行马鞍山路支行就欺诈销售造成的损失承担相应的赔偿责任。韩某作为投资经验丰富的投资者，应当对投资风险有更清晰的认知，虽民生银行马鞍山路支行在向其销售案涉金融产品时存在不适当情形，但韩某作为完全民事行为能力人亦在证券投资基金投资人权益须知上签字确认充分理解和认知文中提示的各项风险，其自身就投资损失亦应承担一定的责任，酌定韩某自行承担 20% 损失。

★ 实务提示

在销售机构可能对投资者构成侵权的场合，对销售机构责任的认定往往与投资者自身决策情况密切相关。若投资者的投资系自主决策形成，未受到销售机构宣传、推介的影响，法院可能不会支持销售机构对投资者的损失承担责任。同样，若投资者与销售机构在投资过程中均存在过错，法院通常会认定双方分别承担一定损失。

（二）销售机构与管理人之间的责任划分

募集阶段，销售机构与管理人均对投资者负有适当性义务等法定义务。因此，投资者发生损失后，可能同时向两者索赔。此时，法院对管理人与销售机构的责任划分主要存在两种情况。

第一，因销售机构及管理人行为通常相对独立，若无法证明二者构成共同侵权，法院可能对销售机构及管理人的行为分别进行认定，据此确定各方应承担的侵权责任大小。

例如，有法院认为，管理人存在未对基金进行登记、注销管理人资格、挪用投资者财产的行为构成侵权，应是最终的责任承担主体；销售机构违规销售，应承担的责任类似于《侵权责任法》第三十七条规定的违反安全保障义务所应承担的责任，应参照适用该条规定对投资者损失承担40%的补充赔偿责任（典型案例2.29）。

典型案例

2.29 建行广州越秀支行、建行高教大厦支行与王某财产损害赔偿纠纷案[广东广州中院（2019）粤01民终6134号]

君麟公司与清科公司共同参与发起设立私募基金，建行高教大厦支行、建行越秀支行为销售机构，王某系投资人。该基金不属于建行总行批准代销的第三方理财产品，销售机构建行高教大厦支行、建行越秀支行销售产品过程中存在对员工行为和营业场所管理不到位，以及对清科公司筹措资金过程中缺乏跟踪监督，未能及时发现被基金机构宣传资料冠以"该资金监管账户的监管机构"，在发现他人利用建行名义对外宣传营销时未果断制止或采取法律措施维权的问题。因清科公司出现挪用基金财产等行为，基金未向王某全部兑付，王某遂起诉请求清科公司及建行高教大厦支行、建行广州越秀支行等赔偿损失。

法院认为，清科公司的行为构成侵权，应承担侵权责任。建行高教大厦支行、建行广州越秀支行出现的上述一系列问题，与王某的损失之间存在关联，但非主要的、直接的原因，其应承担的责任类似于《侵权责任法》第三十七条规定的违反安全保障义务所应承担的责任，故参照适用该条法律规定，建行高教大厦支行、建行越秀支行应对王某的损失承担相应的补充赔偿责任。结合建行高教大厦支行、建行越秀支行对于王某损失发生的过错程度，酌定在清科公司等无力赔偿或赔偿不足的情况下，由建行高教大厦支行、建行越秀支行在王某损失40%的范围承担补充赔偿责任。

又如，有法院认为，在银行方（包括总行、销售支行）未参与设立案涉基金时，不宜认定销售支行与管理人等存在共同故意或共同过失，且销售支行推荐、误导行为不属于承担连带责任的无意思联络数人侵权情形，最终判决总行无须承担赔偿责任、销售支行因其过错承担补充赔偿责任（典型案例2.9）。

本书基本赞同上述裁判思路，若能够认定销售机构、管理人各自行为均能直接造成投资者损失，则二者构成无意思联络的数人侵权，应根据单个侵权行为是否足以造成全部损害确定二者承担连带责任还是按份责任。若造成投资者损失的主要原因在于一方，但另一方也有违反法定义务情形的，由法院根据过错程度确定另一方应承担补充责任的大小。

第二，在违反适当性义务的场合，以管理人与销售机构之间的委托代理关系为基础，考察二者是否应承担连带责任。根据《民法典》第一百六十七条、《九民会议纪要》第七十四条等规定，由于管理人与销售机构一体负有适当性义务，裁判者可能推定一方对于另一方违反适当性义务属于"应当知道"状态，从而为认定二者承担连带责任奠定基础。

法规链接

《民法典》

第一百六十七条 代理人知道或者应当知道代理事项违法仍然实施代理行为，或者被代理人知道或者应当知道代理人的代理行为违法未作反对表示的，被代理人和代理人应当承担连带责任。

《九民会议纪要》

第七十四条【责任主体】 金融产品发行人、销售者未尽适当性义务，导致金融消费者在购买金融产品过程中遭受损失的，金融消费者既可以请求金融产品的发行人承担赔偿责任，也可以请求金融产品的销售者承担赔偿责任，还可以根据《民法总则》第一百六十七条的规定，请求金融产品的发行人、销售者共同承担连带赔偿责任。发行人、销售者请求人民法院明确各自的责任份额的，人民法院可以在判决发行人、销售者对金融消费者承担连带赔偿责任的同时，明确发行人、销售者在实际承担了赔偿责任后，有权向责任方追偿其应当承担的赔偿份额。

金融服务提供者未尽适当性义务，导致金融消费者在接受金融服务后参与高风险等级投资活动遭受损失的，金融消费者可以请求金融服务提供者承担赔偿责任。

> **实务提示**
>
> 投资者发生损失后，往往同时向销售机构及管理人索赔。在违反适当性义务的场合，因管理人与销售机构一体负有适当性义务，二者可能承担连带责任。在其他场合，证明二者构成共同侵权难度较大，法院通常认为销售机构仅承担一定比例的补充赔偿责任。

五、募集失败的法律后果

关于募集失败时私募基金管理人应承担的责任，现行法律法规并无明确规定。《私募募集办法》附件二《私募风险揭示书指引》第二条第（二）款第四项规定："本基金的成立须符合相关法律法规的规定，本基金可能存在不能满足成立条件从而无法成立的风险。基金管理人的责任承担方式：（1）以其固有财产承担因募集行为而产生的债务和费用；（2）在基金募集期限届满（确认基金无法成立）后三十日内返还投资者已交纳的款项，并加计银行同期存款利息。"若投资者签署确认包含上述条款的《私募投资基金风险揭示书》，则上述内容构成双方合同内容，因客观原因导致募集失败时，原则上可根据上述条款予以处理。

此外，在募集失败时，私募基金未成立，但基金合同并不当然无效。若因管理人违反基金合同约定导致基金募集失败，投资者可以根据《合同法》第九十四条及第九十七条或《民法典》第五百六十三条及第五百六十六条的规定解除基金合同，请求管理人返还投资款并赔偿损失。

▶ **法规链接**

《民法典》

第五百六十三条 有下列情形之一的，当事人可以解除合同：

（一）因不可抗力致使不能实现合同目的；

（二）在履行期限届满前，当事人一方明确表示或者以自己的行为表明不履行主要债务；

（三）当事人一方迟延履行主要债务，经催告后在合理期限内仍未履行；

（四）当事人一方迟延履行债务或者有其他违约行为致使不能实现合同目的；

（五）法律规定的其他情形。

以持续履行的债务为内容的不定期合同，当事人可以随时解除合同，但是应当在合理期限之前通知对方。

第五百六十六条 合同解除后，尚未履行的，终止履行；已经履行的，根据履行情况和合同性质，当事人可以请求恢复原状或者采取其他补救措施，并有权请求赔偿损失。

合同因违约解除的，解除权人可以请求违约方承担违约责任，但是当事人另有约定的除外。

主合同解除后，担保人对债务人应当承担的民事责任仍应当承担担保责任，但是担保合同另有约定的除外。

值得注意的是，在募集失败与投资者亦有关系时，是否应对基金管理人的"责任"进行限制，目前缺乏明确规定。实践中，有法院认为，管理人未能完成募集，但投资者也存在迟延付款情形，虽然投资者的迟延付款与募集失败无因果关系，但考虑到管理人的实际投入以及投资者的违约情形，最终确认合同解除后，仅支持投资者返还本金的诉请，而未支持投资者赔偿利息损失的诉请［北京一中院（2015）一中民（商）终字第2212号］。

此外，针对合伙型或公司型私募基金，在合伙型基金、公司型基金已成立的情况下，因《合伙企业法》《公司法》对合伙企业、公司的解散、清算设有明文规定，投资者作为合伙企业的合伙人、公司的股东，只有在合伙企业、公司已完成清算的情况下，才能分配合伙企业、公司的财产。故在合伙型基金、公司型基金未完成清算前，投资者直接要求返还投资，存在法律障碍。

> **实务提示**
>
> 募集失败时，基金合同并不当然无效，管理人或投资者均可能面临违约责任。在因投资者原因导致募集失败时，法律法规和司法实践对责任如何分担尚无明确意见，管理人和投资者可在合同中作出相应约定。

第三章
管理人、托管人的义务与责任

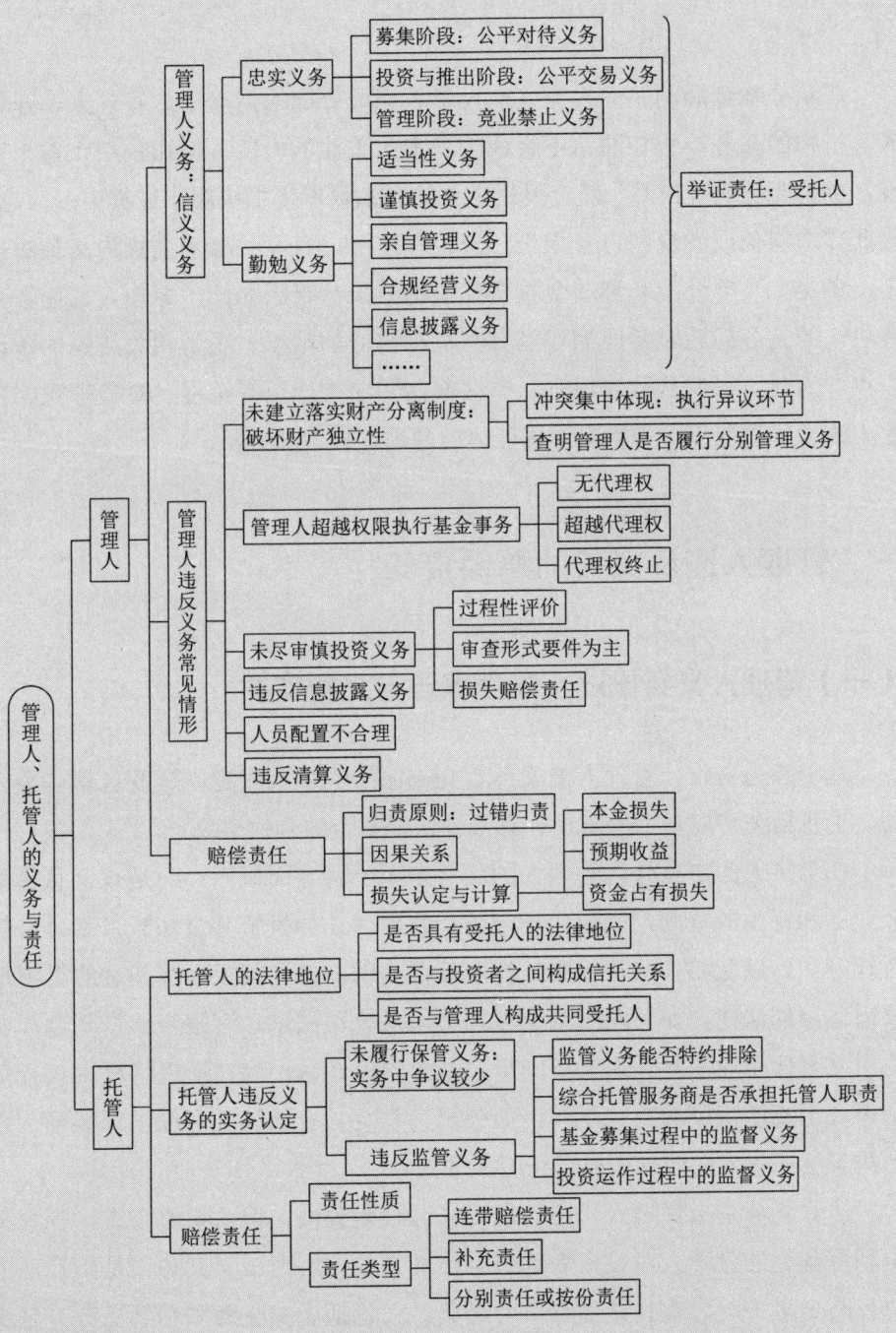

在私募基金顺利完成投资并向投资者完成分配的情况下，管理人、托管人等机构的义务与责任通常不会成为当事人关注的问题。但在预期收益未实现甚至基金出现亏损时，基金投资者往往会细致审视机构履职过程中的问题，借此寻求避免或者挽回自身损失。一定程度上，有关私募基金机构义务的规定，事实上具有分配私募基金投资损失的效果。正因如此，管理人、托管人等机构的义务问题时常成为投资者与机构博弈的重点，也是相关纠纷的争议焦点。为此，本章从监管规则、司法案例和法律理论等角度，对管理人、托管人的义务与违反义务的赔偿责任等问题进行梳理和分析。

一、管理人违反义务的赔偿责任

（一）管理人义务概述：规范来源与义务实质

基于意思自治，管理人的义务首先来源于当事人约定，这既包括基金合同，也包括公司型基金的章程、有限合伙型基金的合伙协议。

在当事人约定之外，管理人的义务来源于两方面规则：一是规范私募基金业务和行为的规则，主要包括《信托法》《证券投资基金法》《私募监管暂行办法》以及相关监管规则、行业规范文件。二是基于私募基金的组织形式而适用的法律，如公司型基金涉及适用《公司法》，有限合伙型基金涉及适用《合伙企业法》。由于不同形式基金的组织法不同，所以管理人执行基金事务面临的规则约束也不同，如公司型基金与合伙型基金在治理架构、内部决策程序等方面的规则就存在明显区别。

尽管私募基金管理人义务的规范来源较为分散，但从实质来看，各种类型私募基金的管理人对投资者均负有信义义务。所谓信义义务，是指管理人执行基金事务时忠实且诚信行事的义务。它包括忠实义务和勤勉义务。忠实义务是指"管理人须以基金利益及其投资人利益为最高行为准则,不得利用基金财产为自己或其他人牟取利益",主要包括募集阶段的公平对待义务(公平对待每一位投资人,不得不合理地歧视或优待,以避免投资人之间的利益冲突)、投资与退出阶段的公平交易义务(禁止私募基金与管理人或其关联方进行不公平的关联交易)以及管理阶段的竞业禁止义务。勤勉义务,又称善管义务,是指管理人应当尽到合理注意,充分运用自身的专业能力和经验,勤勉从事管理行为,主要包括适当性义务、谨慎投资义务、亲自管理义务、合规经营义务、信息披露义务等(见表3-1)。①

表3-1 管理人义务的主要类型

忠实义务	避免管理人与投资者之间的利益冲突	不得将其固有财产或者他人财产混同于基金财产从事投资活动
		不得取得基金产品利益
		不得侵占、挪用基金财产
		不得与关联方进行不正当交易、利益输送、内幕交易和操纵市场
	避免第三人与投资者之间的利益冲突	不得利用基金财产或者职务便利为投资者以外的第三方谋取不正当利益
	避免不同投资者之间的利益冲突	公平对待不同投资者
		公平对待管理的不同基金财产
勤勉义务	适当性义务	不得向非合格投资者募集
		基金产品与投资者匹配
	谨慎投资义务	谨慎尽职调查
		审慎投资决策
		风险防控
		代表投资者利益维权
	亲自管理义务	基金备案
		基金单独管理、建账、核算
		及时分配收益
		办理基金终止、清算
	合规经营义务	不得开展资金池业务
		不得投资于国家禁止或者限制投资的项目,不符合国家产业政策、环境保护政策、土地管理政策的项目
	信息披露义务	进行信息披露
		保管基金信息披露的相关文件资料

① 参见许可:《私募基金管理人义务统合论》,载《北方法学》,2016(2)。需要说明的是,该文在忠实义务与勤勉义务之外,还提出管理人负有诚信义务,并将信息披露义务归入诚信义务的范畴。笔者仍遵循传统观点对信义义务的理解,仅将其划分为忠实义务与勤勉义务。

《九民会议纪要》第九十四条规定:"资产管理产品的委托人以受托人未履行勤勉尽责、公平对待客户等义务损害其合法权益为由,请求受托人承担损害赔偿责任的,应当由受托人举证证明其已经履行了义务。受托人不能举证证明,委托人请求其承担相应赔偿责任的,人民法院依法予以支持。"参照该规定,管理人原则上应就其履行忠实义务和勤勉义务承担举证责任。

(二)管理人违反义务的常见情形

管理人义务贯穿于私募基金运行的全过程,实践中管理人违反义务的具体情形很多。通过梳理近三年公开的司法案例,本书归纳了管理人违反义务而引发民事争议的常见情形。除了本书第二章已经讨论过的未登记/备案以及违反适当性义务外,还包括以下几种常见情形。

1. 未建立和落实财产分离制度

根据《证券投资基金法》第五条第二款①、《信托法》第十六条、《私募监管暂行办法》第二十三条、《加强私募监管规定》第九条等规定,管理人不得将其固有财产或者他人财产混同于基金财产从事投资活动,不得侵占、挪用基金财产。上述规定确立了私募基金财产独立性的基本规则。为切实维护私募基金财产的独立性,《管理人内部控制指引》和《私募备案须知(2019)》进一步要求管理人建立完善的财产分离制度,每只基金单独管理、单独建账、单独核算。

▶ **法规链接**

《信托法》

第十六条 信托财产与属于受托人所有的财产(以下简称固有财产)相区别,不得归入受托人的固有财产或者成为固有财产的一部分。

受托人死亡或者依法解散、被依法撤销、被宣告破产而终止,信托财产

---

① 由于《证券投资基金法》第二条定义的基金仅指证券投资基金,故实务中有观点认为非证券投资私募基金(如股权投资基金)财产的独立性缺乏法律依据。本书认为,不论投资于何种标的,私募基金的本质是一种信托,故依据《信托法》第十六条的规定,非投资于证券的私募基金财产也具有独立性。但不容忽视的是,在私募基金领域的法律法规中,确实缺乏明确规定非证券投资私募基金独立性的直接上位法依据,由此引发实务上的误解,有待立法完善。

不属于其遗产或者清算财产。

《证券投资基金法》

第五条　基金财产的债务由基金财产本身承担，基金份额持有人以其出资为限对基金财产的债务承担责任。但基金合同依照本法另有约定的，从其约定。

基金财产独立于基金管理人、基金托管人的固有财产。基金管理人、基金托管人不得将基金财产归入其固有财产。

基金管理人、基金托管人因基金财产的管理、运用或者其他情形而取得的财产和收益，归入基金财产。

基金管理人、基金托管人因依法解散、被依法撤销或者被依法宣告破产等原因进行清算的，基金财产不属于其清算财产。

《私募监管暂行办法》

第二十三条　私募基金管理人、私募基金托管人、私募基金销售机构及其他私募服务机构及其从业人员从事私募基金业务，不得有以下行为：

（一）将其固有财产或者他人财产混同于基金财产从事投资活动。

《加强私募监管规定》

第九条　私募基金管理人及其从业人员从事私募基金业务，不得有下列行为：

（一）未对不同私募基金单独管理、单独建账、单独核算，将其固有财产、他人财产混同于私募基金财产，将不同私募基金财产混同运作，或者不公平对待不同私募基金财产。

《管理人内部控制指引》

第十八条　私募基金管理人应当建立完善的财产分离制度，私募基金财产与私募基金管理人固有财产之间、不同私募基金财产之间、私募基金财产和其他财产之间要实行独立运作，分别核算。

《私募备案须知（2019）》

（十四）【禁止资金池】管理人应当做到每只私募投资基金的资金单独管理、单独建账、单独核算，不得开展或者参与任何形式的"资金池"业务，不得存在短募长投、期限错配、分离定价、滚动发行、集合运作等违规操作。

由于私募基金财产独立性是维护投资者权益的重要保障，故若管理人未建立财产分离制度，或者存在破坏私募基金财产独立性的行为，甚至是侵占、挪用基金财产，易被司法机关认定为严重违反义务而承担违约或者侵权责任。在此类纠纷中，司法机关一般不会认为投资者对损失发生存在过错，故往往判令管理人全部返还投资或全额赔偿投资者损失（典型案例3.1、3.2）。

典型案例

3.1 韦某与清科公司等财产损害赔偿纠纷案［广东广州中院（2019）粤01民终8837号］

清科公司发起设立合伙型基金，募集说明书披露的资金用途为由普通合伙人清科公司与作为有限合伙人的各投资人将资金用于广州盛贤四大专业市场偿还银行贷款及升级改造，预期年化收益率为12.5%。韦某认购该基金份额，向合伙企业投资500万元。后清科公司为该项目募集资金共1.9亿元，但仅将其中7000万元用于约定用途，其余1.2亿元被其挪用。基金仅向韦某兑付部分本金。韦某起诉请求清科公司赔偿本金损失330万元及收益损失。

法院认为，清科公司挪用基金财产，侵犯投资人权益，导致投资人的损失。清科公司满足了承担侵权责任的构成要件，其作为合伙企业的普通合伙人，应赔偿包括韦某在内的其他合伙人的损失，判令清科公司赔偿韦某330万元和按年化12.5%计算的损失。

3.2 王某与厚观公司、赑贝公司等委托理财合同纠纷案［山东济南中院（2019）鲁01民终8544号］

厚观公司发起设立私募基金，投资范围为受让承兑人为大型优质银行的未贴现、未到期的票据资产。基金存续期内，厚观公司委托赑贝公司为基金提供受让票款的支付及贴现、票据资产的保管以及转让票款保管等服务。王某认购该基金700万元。后基金募集资金被赑贝公司挪用进行民间借贷，未用于约定的票据资产投资活动。王某遂起诉请求终止基金合同，并请求厚观公司赔偿本金损失700万元和收益及利息损失。

法院认为，厚观公司作为基金管理人，委托赑贝公司为基金提供服务，仍应对投资者承担所涉基金财产的管理责任。厚观公司未履行管理人义务，未按照约定投资范围运用基金财产，构成根本违约，应向王某返还投资本金

700万元，并酌定厚观公司按照同期银行贷款利率的 1.95 倍赔偿王某利息损失。

应当看到的是，监管规则要求建立的财产分离制度，不仅有赖于管理人尽责，在相当程度上也需要规则的有效供给与司法裁判的支持。从实践情况来看，私募基金财产独立性的规则及其适用存在以下尚需完善和澄清之处。

第一，围绕私募基金财产独立性引发的权利冲突集中反映在执行异议环节，此类案件的程序规则有待完善。按照现行民事诉讼法的规定，执行异议分为执行行为异议（《民事诉讼法》第二百三十二条）与执行标的异议（《民事诉讼法》第二百三十四条）两类。执行行为异议，是指当事人、利害关系人认为法院的执行措施或程序违反法律规定而向执行法院提出的异议。执行标的异议，是指案外人主张对执行标的享有实体性权利而向执行法院请求排除执行的异议。两种异议在审查标准、审理程序等方面均存在重大差别，不应混淆。但在保全或执行管理人名下财产的案件中，对于管理人以财产属于私募基金为由提出的请求解除保全或停止执行的异议，有的法院按照执行行为异议进行审查（典型案例 3.3），有的法院则按照执行标的异议进行审查［典型案例 3.4、江西新余中院（2020）赣 05 执复 16 号］，存在明显的法律适用分歧。

上述情形与信托受托人以执行标的属于信托财产而提出异议的情形相似，对此最高法院曾有案例依据《民事诉讼法》第二百二十五条（现第二百三十二条）进行审查［（2019）最高法执复 88 号］。但本书认为，该类异议性质上应属执行标的异议，而非执行行为异议，而且，仅通过奉行形式审查原则的执行异议程序来认定某项财产是否属于私募基金财产可能不足以查明事实、充分保护权利人，尤其在契约型私募基金中，基金财产的确认可能更加复杂，故以执行异议之诉的方式解决权属争议，有其必要性与合理性。

值得注意的是，《民事诉讼法》第二百三十四条规定的异议主体是案外人，在管理人自身被执行时，公司型基金、合伙型基金以基金（公司、合伙企业）名义提出执行标的异议应无主体身份上的障碍，但在契约型基金的场合，若允许管理人代表基金提出执行标的异议，似不符合《民事诉讼法》第二百三十四条规定的主体要件。解决该问题根本上有赖于立法完善,但现阶段可考虑从两方面保障私募基金及其投资者的异议权利:一是在解释上认为管理人具有双重身份,即管理人代表契约型基金提出执行标的异议时,其身份相对于因自身固有债务成为被执行人的管理人而言,仍可视作执行案件的案外人;二是允许契约型基金的投资者提出执行标的异议,认可管理人系代表投资者提出执行标的异议。

法规链接

《民事诉讼法》

第二百三十二条 当事人、利害关系人认为执行行为违反法律规定的,可以向负责执行的人民法院提出书面异议。当事人、利害关系人提出书面异议的,人民法院应当自收到书面异议之日起十五日内审查,理由成立的,裁定撤销或者改正;理由不成立的,裁定驳回。当事人、利害关系人对裁定不服,可以自裁定送达之日起十日内向上一级人民法院申请复议。

第二百三十四条 执行过程中,案外人对执行标的提出书面异议的,人民法院应当自收到书面异议之日起十五日内审查,理由成立的,裁定中止对该标的的执行;理由不成立的,裁定驳回。案外人、当事人对裁定不服,认为原判决、裁定错误的,依照审判监督程序办理;与原判决、裁定无关的,可以自裁定送达之日起十五日内向人民法院提起诉讼。

典型案例

3.3 屈某与创道公司执行异议复议案[山东济南中院(2019)鲁01执复114号]

在屈某与创道公司金融委托理财纠纷诉讼中,法院经屈某申请冻结了创道公司名下账户。创道公司以该账户系其作为基金管理人代基金开立的银行账户为由,请求解除账户冻结措施。

法院认为,被冻结的账户是创道公司作为基金管理人开设的基金募集账户,该账户内的资金独立于创道公司,非因基金本身承担的债务或者投资者本身的债务,不得冻结该账户。济南市中区法院按照执行行为异议程序审查后，裁定撤销冻结措施。济南中院适用复议程序审查后，维持原裁定。

3.4 优势亿丰公司与俞某执行异议案［辽宁大连中院（2019）辽02执异353号］

在俞某与优势亿丰公司的投资合同纠纷诉讼中，法院经俞某申请冻结了优势亿丰公司持有的多家公司股权。优势亿丰公司主张，该等股权系其作为契约型基金管理人代基金持有，请求解除股权冻结措施。

法院认为，冻结的股权属于私募股权基金，故优势亿丰公司请求排除执行，应予支持，裁定中止对涉案股权的执行措施，并指出如俞某对裁定不服，可提起执行异议之诉。

第二，在私募基金财产因管理人自身纠纷被保全乃至执行时，管理人应向投资者承担何种责任，值得思考（典型案例3.5）。本书认为，若管理人确实未尽财产分离之责导致基金财产因其自身债务被执行，管理人显然具有过错，应对投资者承担违约或侵权赔偿责任；但若管理人已充分履行分别管理的义务（包括向错误保全或执行基金财产的法院提出异议并穷尽救济程序），仍未能阻止基金财产被执行时，则不宜简单认为管理人构成违约或侵权而令其承担赔偿责任。不过，由于基金财产事实上被用于偿还管理人自身债务，按照不当得利的相关规则，管理人应向私募基金或投资者返还相应利益。

典型案例

3.5 皓顺公司与骆某合同纠纷案［重庆五中院（2019）渝05民终95号］

骆某认购皓顺公司发起设立的私募基金。皓顺公司作为基金管理人，以皓顺公司名义开设基金账户。因皓顺公司与其他主体发生纠纷，开设在皓顺公司名下的基金账户被法院冻结，导致皓顺公司无法向骆某兑付投资本金和收益。骆某起诉要求皓顺公司返还投资款及资金占用损失。

法院认为，管理人与其他主体之间的债权债务纠纷不影响管理人应向投资者返还认购款的义务，管理人未妥善将自身财产与委托管理财产进行隔离，导致涉案资管计划托管专户内资金被法院冻结并强制扣划，管理人对此负有过错，违反涉案基金合同的约定，应向投资者返还投资款及资金占用损失。

2. 管理人超越权限执行基金事务

管理人对私募基金的运营权限来源于投资者的授权，主要表现为基金合同、公司章程、合伙协议等约定的管理人权利。此外，对于有限合伙型基金和公司型基金，合伙企业法、公司法等组织法中关于决策与执行事务权限的规定也发挥着划定管理人权限的作用。

从纠纷发生和解决的角度来看，管理人权限是基金损失风险分配的核心问题：一是在私募基金出现损失时，投资者往往会检视对管理人的授权事项，寻找管理人越权问题，进而作为索赔的事实基础；二是依循意思自治原则，当事人对管理人权限的约定成为裁判者判定管理人是否存在违约行为的至高标准，管理人以商业判断等理由辩解自身行为的正当性、合理性，通常难以对抗当事人或法律的授权范围。

由于管理人权限的本质是执行基金事务的代理权，因此按照无权代理分为无代理权、超越代理权和代理权终止三种类型的框架，管理人越权也相应分为三种情形。

一是管理人未取得基金事务管理权，如在基金合同未生效或基金未设立的情况下，管理人就运用基金财产（典型案例3.6）。

典型案例

3.6 启明乐投公司与陈某委托理财合同纠纷案〔北京二中院（2019）京02民终8082号〕

陈某与启明乐投公司签订的涉案合同约定："备案手续办理完毕资产管理合同生效。资产委托人的认购款项加计其在初始销售期形成的利息在资产管理合同生效后折算成相应的资产管理计划份额归资产委托人所有。"涉案基金未办理备案手续。陈某以启明乐投公司违约动用委托资金为由，请求解除涉案合同，启明乐投公司返还剩余投资金及损失。

法院认为，上述条款表明，直至备案手续办理完毕，委托人对于资产的所有权转化为相应的资产管理计划份额权，而相对应地，管理人才能取得授权，获得独立管理和运用资产管理计划财产的权利。因此，管理人未办理备案手续，依据合同约定，其并未取得管理权限，故管理人擅自对基金资产进行投资，存在过错，应承担侵权赔偿责任，判决启明乐公司向陈某返还投资本金,并赔偿按同期贷款利率计算的利息。

二是管理人超越权限执行基金事务,这在实务上较为常见(典型案例3.7)。

典型案例

3.7 超沅公司与李某合伙协议纠纷案[江苏南京中院(2018)苏01民终5867号]

涉案合伙型基金的合伙合同约定:"当合伙企业财产净值触及0.8时,执行事务合伙人需通知全体合伙人,召集合伙人大会,决定是否继续操作,如果全体合伙人大会决定终止,则执行事务合伙人需按全体合伙人大会的决议出售全部股票,并办理退伙手续。"李某认购该基金100万元。后涉案基金净值跌破0.8时,管理人及合伙企业执行事务合伙人超沅公司没有召开合伙人全体会议,而是径行继续操作。其后,涉案基金净值持续下跌至0.3003。首轮投资期限后,涉案基金向李某返还投资款30.03万元。李某起诉请求超沅公司赔偿投资损失。

法院认为,超沅公司作为执行事务合伙人,负有按照约定履行执行合伙事务的义务,其违反合同约定及法律规定,对须经合伙人大会同意方可执行的事务擅自处理,给其他合伙人造成损失,依法应承担赔偿责任。合伙合同中关于预警线0.8的约定,是李某等有限合伙人对超沅公司执行合伙事务的授权范围,对在此范围内的投资损失,其是同意承担的。遂判令超沅公司赔偿李某出资额的80%与收回投资30.03万元之间的差额部分,即49.97万元。

三是管理人职责终止后仍然执行基金事务。典型情形如基金财产进入清算阶段后,管理人继续代表基金开展与清算无关的经营活动。

实务提示

管理人越权是裁判者较容易判断的问题,往往也是裁判者认定管理人承担责任的重要理由。管理人应高度重视基金管理过程中的授权权限问题,通过合同约定授权、特定事项授权等方式避免越权风险。

3. 未尽审慎投资义务

在私募基金发生投资亏损时，管理人未尽审慎投资义务也是投资者寻求索赔的重要理由。对此类纠纷，司法实践的处理思路有两个基本特点。

第一，由于私募基金常基于特定的高风险项目而设立，且其投资与退出也比公开的证券市场困难，因此不能以损失后果巨大而认定管理人缺乏审慎。只要管理人投资决策程序合法，决策形成与实施过程尽到注意义务，损失后果就应由投资者自担，这是"卖者尽责，买者自负"原则的基本要求。因此，司法实践对于管理人是否尽到审慎投资义务主要是过程性评价。

第二，由于司法机关并不具备评估和规避投资风险的专业能力，故其对管理人审慎投资义务的审查一般聚焦于形式要件，例如，管理人是否建立风控机制，投资决策前是否采取多种方法收集资料和分析，是否寻求律师、会计师等专业人员的意见，等等。①

值得关注的是，在私募基金运营过程中，一些重大决策系管理人依据合同授权和投资者决议作出，此种情况下，有的法院似乎不再将焦点放在审查管理人在决策形成过程中是否尽到审慎义务。如在［山东济南中院（2019）鲁01民终9198号］案中，基金合同约定，管理人有权在保证基金投资者利益不受损的前提下根据基金运行情况延期终止基金；基金投资的项目公司不能按期还款，管理人在项目公司作出《还款承诺与担保函》后决定延长基金期限，法院认为，根据合同约定，管理人该行为不构成违约。但从判决来看，法院未详细论证管理人延长基金期限的决策依据，而且主要基于合同授权条款而认定管理人不违约。

本书认为，授权或决策程序只是审慎投资的一个方面，合同赋予管理人决策权限并未豁免管理人作出决策所负有的审慎义务。审慎投资要求管理人应在了解所有可合理取得的重要信息后作出投资决策，惟其如此，管理人才可对其决策免责。与之相似，在决策权保留于投资者时，管理人也应有义务为投资者作出决策提供必要的依据和专业建议，以确保投资者系在合理可信的基础上作出投资选择。因此，司法机关对于管理人审慎投资义务的审查，不应局限于决策程序，也应关注管理人在决策中发挥的专业作用与价值。

---

① 参见许可：《私募基金管理人义务统合论》，载《北方法学》，2016（2）。

第三，当基金财产发生投资损失，管理人代表基金对外索赔时，如果管理人未尽谨慎投资义务，管理人的失职行为本身也可能成为基金无法对外全额索赔的情节（典型案例3.8）。这种情况下，对于基金无法对外全额索赔的损失部分，管理人往往需要向投资者承担损失赔偿责任。

📋 典型案例

3.8 万家共赢公司与景泰公司侵权责任纠纷案［上海高院（2018）沪民终132号］

万家共赢公司从投资者募集资金，投向景泰公司发行的私募基金景泰一期，但该私募基金实为其管理人诈骗工具。事发后，万家共赢公司起诉景泰公司承担赔偿责任。

法院认为：万家共赢公司投入的资金是以资产管理的方式从众多投资者处募集而来，其作为受托管理人负有勤勉履职和审慎投资的责任，其在资金募集、资金运用等环节应尽到合理注意义务。万家共赢公司在景泰一期尚未与有关资金监管方签署有效资金监管协议的情况下，将投资款全额拨付至景泰一期，未充分履行审慎注意义务，存在疏忽，在客观上为景泰一期实际控制人实施犯罪、侵权行为提供了可乘之机，与账户资金被顺利划转存在一定联系。酌定万家共赢公司自行承担10%的损失。

📋 实务提示

司法实践对管理人是否谨慎投资义务的评价主要是过程性的，不能仅以投资结果不利就认为管理人不尽责，关键是看管理人是否充分运用自身和其他专业机构的能力优势，为投资者的利益最大化而勤勉工作。

4. 违反信息披露义务

信息披露义务是管理人对投资者负有的重要义务，《证券投资基金法》《私募监管暂行办法》《私募信息披露办法》《私募备案须知（2019）》等规范对此均有规定。实务中，较为常见的违反信息披露义务的行为包括未提供信息披露平台、未及时披露信息、披露信息失实等（典型案例3.9）。

> **典型案例**

3.9 吴某与君心盈泰公司委托理财合同纠纷案[广东广州中院（2020）粤01民终15306号]

基金合同约定管理人君心盈泰公司以邮寄、传真或者电子邮件方式向投资者披露基金净值，并约定基金单位累计净值低于0.8元时，基金合同可提前终止。投资者吴某签署基金合同时未提供通讯地址、传真号码或者电子邮箱，君心盈泰公司也未主动向吴某披露基金净值，仅在官网或其微信公众号公布基金净值信息。后吴某以0.585元的基金净值赎回全部基金份额。吴某以君心盈泰公司未履行信息披露义务，导致其错过基金净值0.8元的赎回止损机会为由，请求君心盈泰公司赔偿损失。

法院认为，君心盈泰公司未按照约定方式履行基金净值披露义务，妨害了吴某及时赎回基金份额的权利，但吴某未提供联系方式来配合管理人履行信息披露义务，双方均有过错；同时，吴某得到基金净值低于0.8元的信息与其赎回止损不存在必然的因果联系，故酌定君心盈泰公司赔偿单位累计基金净值0.8元计算的基金份额价值与吴某实际赎回款项之间的差额的20%。

值得注意的是，像上述法院仅以管理人未履行信息披露义务即判定其承担赔偿责任的案例，在实务上并不多见。在法院认定管理人应当承担赔偿责任的案件中，违反信息披露义务通常只是一个次要的、补充的理由。出现这种现象的原因之一是投资者通常难以证明管理人违反信息披露义务与其损失之间存在因果关系。如在［山东济南中院（2020）鲁01民终1897号］案中，管理人隐瞒了私募基金投资的标的公司与管理人自身的重大关联交易，但法院认为投资者没有证据证明关联交易严重损害其权益，并致使基金合同目的不能实现，最终驳回投资者的赔偿请求。

5. 人员配置不合规

为促进私募基金的合规运营，保障投资者合法权益，监管规则对私募基金的人员配置作出明确规定。例如，《证券投资基金法》第九条第三款、《登记和备案办法（试行）》第十六条、《私募募集办法》第四条等均规定，基金从业人员应当具备基金从业资格。

在管理人可能存在的违规情形中，人员配置违规是投资者容易察觉的问题，因而也时常成为投资者"诘难"管理人的凭据。在［广东广州中院（2019）粤 01 民终 21112 号］案中，投资者主张管理人违反义务的核心事实之一是管理人未按照基金合同约定，在签订合同前评估投资者的风险识别能力和风险承担能力，而是在投资者签订基金合同后，使用无资质人员对投资者进行适当性审查，并以管理人经办人员身份签订风险揭示书，法院以此认定管理人违反合同约定和监管规定，未尽适当性义务，并结合管理人未履行信息披露义务等因素，判令管理人向投资者赔偿 20% 的损失。

值得注意的是，《管理人内部控制指引》第十二条规定："私募基金管理人应当设置负责合规风控的高级管理人员。"上述案件中，投资者还主张管理人风控高管人员空缺三个月，法院查明确认该事实后认为，这属于管理人违规事项。不过，由于管理人风控负责人缺位期间基金净值未出现大幅下跌，故法院虽认为管理人违规，但也认为不能认定风控负责人缺位与投资者损失之间存在因果关系。这种裁判思路意味着，后果衡量与利益衡平在认定管理人责任方面仍具有重要分量。对于管理人来说，为了管控自身赔偿责任风险，越是基金净值走弱或者基金投资风险显现，越应切实将各项管理人义务落到实处。

6. 违反清算义务

根据《证券投资基金法》第九十二条和基金业协会《关于发布私募投资基金合同指引的通知》等规定，基金合同应当约定基金合同终止事由、程序以及基金财产清算方式。若管理人违背合同约定不对基金进行清算，可能被认定为违约行为并须对投资者赔偿损失（典型案例 3.10）。

▶ **法规链接**

《证券投资基金法》

第九十二条 非公开募集基金，应当制定并签订基金合同。基金合同应当包括下列内容：

……

（九）基金合同变更、解除和终止的事由、程序；

（十）基金财产清算方式；

……

典型案例

3.10 叶某与演音公司民间委托理财合同纠纷案［浙江宁波中院（2020）浙02民终3437号］

管理人演音公司在投资项目方未及时结算的情况下，未采取合理措施主张权利，且未经投资者认可而与项目方达成转投其他项目的协议。投资者叶某起诉请求演音公司返还投资本金及收益。

法院认为，因客观情况或第三方原因导致不能完成结算并分配权益，演音公司应采取合理措施，召开投资人会议，决定资金转投或采取法律措施。换言之，在投资人未同意转投其他项目，投资目标方擅自将投资款项转投其他项目的情况下，演音公司应当及时主张权利，减少损失，但其并未采取诉讼、保全等合理方式向投资目标方主张权利或保全财产，反而与承办方直接签订转投其他项目的协议，只要投资者未同意转投或对此不予追认，演音公司即相应地需要承担结算义务。法院判决演音公司向叶某返还投资本金，约定投资期内按预期年化收益率24%支付投资收益，约定清算日之后，按LPR支付资金占用利息。

值得注意的是，在河南郑州中院（2020）豫01民终15873号案中，法院虽认定管理人在基金到期后未按期开展清算工作构成违约，应当赔偿损失，但又认为在基金尚未清算的情况下，不能确定延期行为给投资者造成的损失大小，故驳回投资者主张管理人返还投资本金和利息的诉讼请求。

本书认为，这种处理方式有待商榷，它可能造成违约方一直不履行义务却可一直不承担责任的不公局面。在当事人未约定或约定不明时，管理人不履行清算义务的赔偿责任，可参考《公司法解释（二）》第十八条等规定精神加以处理，即管理人就其不履行清算义务而造成或扩大的损失向投资者承担赔偿责任。进一步，从管理人迟延履行清算义务之日起所发生的基金财产损失，除非有相反证据，可推定为系管理人违反清算义务所造成的损失。

> **法规链接**

《公司法解释（二）》

第十八条 有限责任公司的股东、股份有限公司的董事和控股股东未在法定期限内成立清算组开始清算，导致公司财产贬值、流失、毁损或者灭失，债权人主张其在造成损失范围内对公司债务承担赔偿责任的，人民法院应依法予以支持。

有限责任公司的股东、股份有限公司的董事和控股股东因怠于履行义务，导致公司主要财产、账册、重要文件等灭失，无法进行清算，债权人主张其对公司债务承担连带清偿责任的，人民法院应依法予以支持。

上述情形系实际控制人原因造成，债权人主张实际控制人对公司债务承担相应民事责任的，人民法院应依法予以支持。

（三）管理人违反义务的赔偿责任

针对管理人违反义务的行为，在基金合同有效时，投资者可以选择向管理人主张违约或者侵权责任，但在合同未生效、无效或者管理人义务约定不明确时，则只能主张管理人承担侵权责任。不过，无论采取何种路径，处理管理人的赔偿责任均涉及三个关键问题：一是管理人赔偿的归责原则；二是管理人违反义务与投资者损失之间的因果关系；三是投资者损失的认定与计算。

1. 归责原则

虽然《证券投资基金法》第一百四十五条规定管理人的赔偿责任时未提及"过错"的表述，但本书认为，从私募基金"投资者自担风险"的运行原理出发，无论对管理人的索赔是基于违约还是侵权，均应考察管理人的过错，以免管理人不当承受本应由投资者自行承担的投资损失。因此，管理人对投资者赔偿责任应采过错归责原则。

> **法规链接**

《证券投资基金法》

第一百四十五条 违反本法规定，给基金财产、基金份额持有人或者投资人造成损害的，依法承担赔偿责任。

基金管理人、基金托管人在履行各自职责的过程中，违反本法规定或者基金合同约定，给基金财产或者基金份额持有人造成损害的，应当分别对各自的行为依法承担赔偿责任；因共同行为给基金财产或者基金份额持有人造成损害的，应当承担连带赔偿责任。

不过，违反忠实义务和勤勉义务的情形不同，认定过错的标准也有所不同。在违反忠实义务的场合，由于义务违反带来的利益冲突对投资者具有本质的危害，或者相关行为明确被法律或当事人约定所禁止，故一旦出现管理人违反忠实义务的行为，即可认定管理人存在过错。因此，在管理人侵占、挪用基金资产等违反忠实义务的案件中，鲜见裁判者详细论证管理人的过错问题。

在管理人违反勤勉义务的场合，一般认为，应当以管理人普遍应有的知识、能力与经验作为客观的衡量标准，如果个案中管理人的表现达不到行业通常要求，即应认定其有过错。值得思考的是，私募基金是一种高风险的投资形式，事后过分强调管理人的谨慎，可能对管理人形成反向激励，限制其为投资者谋求最大利益的积极性。因此，司法对管理人是否尽到勤勉义务的审查宜为程序性和形式化的，对于管理人依照合理基础和正当程序作出的管理和投资决策，裁判者原则上应当予以尊重。

2. 因果关系

因果关系是认定管理人责任是否成立及其责任范围的重要要件。司法实践中，有法院在认定因果关系的逻辑为，若无管理人的义务违反行为，就不会发生投资损失，故两者之间存在因果关系（典型案例3.11）。

📁 **典型案例**

3.11 张某与中杏艺禾公司财产损害赔偿纠纷案［江苏南京中院（2020）苏01民终5949号］

管理人中杏艺禾公司在基金运作后私自撤销备案，并未通知投资者张某，而继续运作基金，后因政策原因导致基金无法清算。

法院认为，撤销基金备案属于重大事项，管理人应向投资者披露，若中杏艺禾公司在政策变化前披露该信息，则不致导致基金无法清算的后果，故中杏艺禾公司的过错行为与张某损失之间存在因果关系，最终判令中杏艺禾公司赔偿张某全部本金损失。

本书认为，上述思路实质上采取的是因果关系学说上的"条件说"，其对于因果关系的认定可能偏于宽松，并未充分考虑其他条件因素可能对损失结果的影响，容易造成行为人赔偿范围过广的弊端。本书认为，在判断因果关系时，不仅要有"若无行为，则无损害"的条件关系，还应有"若有行为，通常有损害"的相当性，才能认定因果关系成立。[1]

值得注意的是，在更多的案例中，裁判文书并不正面论证因果关系何以成立。出现这种现象的原因可能有：第一，有些类型的违反义务行为造成的损害后果是直接、明显的（如侵占、挪用基金财产），因而论证显得多余（典型案例3.1）；第二，有些轻微的违反义务行为在裁判者看来难以评价为造成损失的原因，因而也不必展开论证；第三，面对复杂的商业世界（特别是证券投资基金投向的金融市场），裁判者本身也难以判断损失究竟是管理人失职造成，还是市场因素所致，在此情形下，对于可能存在的市场因素导致的损失，裁判者基于保护投资者的价值倾向，也容易认为需由管理人承担损失风险而认定因果关系成立。

上述第三方面也反映出，因为私募基金投资方式、投资标的非常多样，不同基金的投资风险、损失原因大相径庭，要准确界定管理人责任成立及其范围，需要更加精细的规则和裁判考量。

3. 损失认定与计算

实务中，损失认定与计算主要涉及以下问题：

第一，关于本金损失。在认定管理人应当承担赔偿责任的情况下，投资者因管理人失职导致的本金损失通常被纳入赔偿范围，但认定本金损失的时间范围因不同的基金运作方式而有所区别。在封闭式基金封闭运行期间，投资者无法赎回基金，故对于封闭期内发生的本金损失原则上应由管理人全部

---

[1] 参见王泽鉴：《侵权行为法》，186页，北京，北京大学出版社，2009。

赔偿；而对于开放式基金或者损失发生期间经过赎回期的封闭式基金，由于投资者存在赎回减损的机会，因此往往需要结合管理人是否尽到信息披露义务、投资者是否尽到减损义务等因素确定赔偿损失的时间范围和双方承担比例［典型案例3.9、广东广州中院（2019）粤01民终21112号］。

　　一些私募基金设有止损线。止损线以上的本金损失是否应当赔偿取决于损失原因，若系管理人违反义务所致，则应纳入赔偿范围；若系正常投资风险，则不应赔偿［江苏南京中院（2018）苏01民终7号］。

　　第二，关于投资者能否请求管理人赔偿基金合同记载的预期收益，主流观点认为，若予支持将构成变相的"刚性兑付"，这与禁止收益承诺的监管要求相背离，故一般不支持投资者按照合同预期收益提出的赔偿请求。但在个案中，有裁判以管理人募集资金后不办理备案，申请注销管理人登记，甚至挪用基金财产，主观恶意明显为由，参照基金合同约定的预期收益标准计算赔偿数额［典型案例3.1、广东广州中院（2019）粤01民终6140号］。

　　第三，与上述问题相关的是，在计算损失本金对应的利息时，能否参照基金合同有关"预期收益率""业绩比较基准"等约定确定利息标准。本书认为，如上所述，投资者原则上不得请求管理人赔偿基金合同记载的预期收益，则自然也不应参照基金合同关于预期收益的约定作为计算利息损失的标准。但是，也存在以下例外情形：一是根据《九民会议纪要》第七十七条的规定，若管理人的行为构成欺诈，作为金融消费者的投资者可以请求按照合同约定的"预期收益率""业绩比较基准"等作为计算利息损失的标准。若管理人存在明显恶意的其他情形，也可参照合同约定的预期收益标准计算利息。此时，以预期收益标准计算的利息本质上是惩罚性赔偿。二是投资者有充分证据证明，如无管理人违反义务行为的介入，即可实现预期收益，例如约定投资标的为回报率确定的特定债权，但管理人挪用基金资产导致未能实现收益。

法规链接

《九民会议纪要》

　　第七十七条【损失赔偿数额】　卖方机构未尽适当性义务导致金融消费

者损失的,应当赔偿金融消费者所受的实际损失。实际损失为损失的本金和利息,利息按照中国人民银行发布的同期同类存款基准利率计算。

金融消费者因购买高风险等级金融产品或者为参与高风险投资活动接受服务,以卖方机构存在欺诈行为为由,主张卖方机构应当根据《消费者权益保护法》第五十五条的规定承担惩罚性赔偿责任的,人民法院不予支持。卖方机构的行为构成欺诈的,对金融消费者提出赔偿其支付金钱总额的利息损失请求,应当注意区分不同情况进行处理:

(1)金融产品的合同文本中载明了预期收益率、业绩比较基准或者类似约定的,可以将其作为计算利息损失的标准;

(2)合同文本以浮动区间的方式对预期收益率或者业绩比较基准等进行约定,金融消费者请求按照约定的上限作为利息损失计算标准的,人民法院依法予以支持;

(3)合同文本虽然没有关于预期收益率、业绩比较基准或者类似约定,但金融消费者能够提供证据证明产品发行的广告宣传资料中载明了预期收益率、业绩比较基准或者类似表述的,应当将宣传资料作为合同文本的组成部分;

(4)合同文本及广告宣传资料中未载明预期收益率、业绩比较基准或者类似表述的,按照全国银行间同业拆借中心公布的贷款市场报价利率计算。

在不涉及或不支持赔偿预期收益问题时,关于损失本金对应的利息计算标准,司法实践中多数案例以同期贷款利率[典型案例3.1、3.5、3.6,北京二中院(2020)京02民终5208号,广东广州中院(2020)粤01民终6393号,江苏南京中院(2018)苏01民终7号]为标准,也有少数法院以同期贷款利率的特定倍数[山东济南中院(2019)鲁01民终8644号]、同期存款利率[上海金融法院(2019)沪74民终123号]等为标准。值得注意的是,《九民会议纪要》第七十七条规定管理人违反适当性义务导致金融消费者损失时,以同期同类存款基准利率为利息计算标准,这可能逐渐被司法实践参照适用到管理人违反义务的其他场景中,成为更为普遍的做法。

二、托管人违反义务的赔偿责任

2018年,阜兴集团实际控制人失联,旗下四家私募基金管理人经营中断,导致总规模近300亿元的上百只私募基金出现严重风险。在基金管理人"跑路"的情况下,投资者将索赔的希望寄托在托管人上。由此,私募基金托管人的责任问题成为行业关注的热点并延续至今。从各方争鸣来看,认定托管人责任涉及两大主要问题:一是托管人是否与管理人构成共同受托人,二是托管人对投资者的损失是否以及如何承担赔偿责任。

(一)托管人在私募基金中的法律地位

为了安全保管基金财产,监督管理人依法履职,我国私募基金规范和实践层面创设托管人角色。根据《私募监管暂行办法》第二十一条、《私募备案须知(2019)》第四条的规定,私募资产配置基金以及通过公司、合伙企业等特殊目的载体间接投资底层资产的私募基金应当进行托管;契约型私募基金未设置能够切实履行安全保管基金财产职责的基金份额持有人大会日常机构或基金受托人委员会等制度安排的,也应进行托管。其他类型的私募基金可以不进行托管,但应当在基金合同中明确保障私募基金财产安全的制度措施和纠纷解决机制。《证券投资基金法》第三十六条、第三十七条规定了数项托管人的职责,其中最核心的职责包括安全保管基金财产和监督管理人投资行为。

法规链接

《证券投资基金法》

第三十六条　基金托管人应当履行下列职责:

(一)安全保管基金财产;

(二)按照规定开设基金财产的资金账户和证券账户;

(三)对所托管的不同基金财产分别设置账户,确保基金财产的完整与独立;

（四）保存基金托管业务活动的记录、账册、报表和其他相关资料；

（五）按照基金合同的约定，根据基金管理人的投资指令，及时办理清算、交割事宜；

（六）办理与基金托管业务活动有关的信息披露事项；

（七）对基金财务会计报告、中期和年度基金报告出具意见；

（八）复核、审查基金管理人计算的基金资产净值和基金份额申购、赎回价格；

（九）按照规定召集基金份额持有人大会；

（十）按照规定监督基金管理人的投资运作；

（十一）国务院证券监督管理机构规定的其他职责。

第三十七条　基金托管人发现基金管理人的投资指令违反法律、行政法规和其他有关规定，或者违反基金合同约定的，应当拒绝执行，立即通知基金管理人，并及时向国务院证券监督管理机构报告。

基金托管人发现基金管理人依据交易程序已经生效的投资指令违反法律、行政法规和其他有关规定，或者违反基金合同约定的，应当立即通知基金管理人，并及时向国务院证券监督管理机构报告。

《私募监管暂行办法》

第二十一条　除基金合同另有约定外，私募基金应当由基金托管人托管。

基金合同约定私募基金不进行托管的，应当在基金合同中明确保障私募基金财产安全的制度措施和纠纷解决机制。

《私募备案须知（2019）》

（四）【托管要求】私募投资基金托管人（以下简称"托管人"）应当严格履行《证券投资基金法》第三章规定的法定职责，不得通过合同约定免除其法定职责。基金合同和托管协议应当按照《证券投资基金法》《私募投资基金监督管理暂行办法》等法律法规和自律规则明确约定托管人的权利义务、职责。在管理人发生异常且无法履行管理职责时，托管人应当按照法律法规及合同约定履行托管职责，维护投资者合法权益。托管人在监督管理人的投资运作过程中，发现管理人的投资或清算指令违反法律法规和自律规则以及合同约定的，应当拒绝执行，并向中国证券监督管理委员会（以下简称"中国证监会"）和协会报告。

契约型私募投资基金应当由依法设立并取得基金托管资格的托管人托管，基金合同约定设置能够切实履行安全保管基金财产职责的基金份额持有人大会日常机构或基金受托人委员会等制度安排的除外。私募资产配置基金应当由依法设立并取得基金托管资格的托管人托管。

私募投资基金通过公司、合伙企业等特殊目的载体间接投资底层资产的，应当由依法设立并取得基金托管资格的托管人托管。托管人应当持续监督私募投资基金与特殊目的载体的资金流，事前掌握资金划转路径，事后获取并保管资金划转及投资凭证。管理人应当及时将投资凭证交付托管人。

可见，托管人与管理人在私募基金中承担不同职责，在"阜兴系"基金问题曝光之前，业界鲜有二者是否构成共同受托人的讨论。"阜兴系"基金问题曝光后，基金业协会于 2018 年 7 月 13 日发布《关于上海意隆等 4 家私募基金管理人风险事件的公告》，要求"在私募基金管理人无法正常履行职责的情况下，托管银行要按照《基金法》和基金合同的约定，切实履行共同受托职责"[1]，引发业界热议。根据《信托法》第三十二条第二款的规定，"共同受托人之一违反信托目的处分信托财产或者因违背管理职责、处理信托事务不当致使信托财产受到损失的，其他受托人应当承担连带赔偿责任"。这意味着在基金管理人失职造成基金财产损失的情形中，如果认为托管人与管理人构成共同受托人，则托管人可能面临承担连带赔偿责任的严厉后果。

对此问题，银行业表明了不同态度。在上述公告发布后不久，银行业协会首席法律顾问接受采访时，认为，商业银行作为托管人依法依约不承担共同受托责任。[2] 笔者注意到，此事件后，基金业协会发布的《私募备案须知（2019）》规定，"在管理人发生异常且无法履行管理职责时，托管人应当按照法律法规及合同约定履行托管职责，维护投资者合法权益"。即该规定未再使用"共同受托职责"的表述。证监会、银保监会 2020 年 7 月联合制

---

[1] "关于上海意隆等 4 家私募基金管理人风险事件的公告"，基金业协会网站，https://www.amac.org.cn/aboutassociation/gyxh_xhdt/xhdt_xhgg/201807/t20180713_2410.html，最后访问日期：2021 年 2 月 22 日。

[2] "中银协首席法律顾问卜祥瑞：银行托管私募基金权责清晰依法依约不承担共同受托责任"，银行业协会网站，https://www.china-cba.net/Index/show/catid/277/id/26851.html，最后访问日期：2021 年 2 月 22 日。

定公布的《基金托管办法》也没有规定托管人与管理人承担共同受托职责。

一般认为，投资者与管理人之间存在信托关系，投资者是信托委托人，管理人是信托受托人。在此基础上，托管人与管理人是否构成共同受托人，可依循三个层次进行考察：一是托管人是否具有受托人的法律地位；二是投资者与托管人之间是否存在信托关系，即托管人是不是投资者的受托人；三是在私募基金语境下，如何理解"共同受托"。对此，笔者逐一分析如下：

第一，境外实践与立法中，关于保管基金资产、监督管理人两项职能，有的法域分别由保管人（存管人）、受托人承担，有的法域将两项职能合于一体。[1] 我国基金立法始于20世纪90年代，彼时尚未制定《信托法》，在保管人之外引入受托人角色缺乏法律依据，故创设"托管"一词作为国外基金"受托人和保管人"的合称，意为"受托保管"。[2] 此后尽管我国于2001年制定《信托法》，但因托管人的用法已为大众熟知，故2003年《证券投资基金法》仍沿用托管人的称谓。从制度发展史可见，托管人包含受托人的角色定位。更重要的是，根据《证券投资基金法》第九条的规定，托管人负有信义义务，该义务本质上属于信托关系项下的受托人义务。因此，托管人在私募基金中具有受托人的法律地位。

第二，基于《信托法》第八条、第九条的规定，信托关系主体可从签署信托文件的当事人方面加以识别。在公司型基金、有限合伙型基金中，一般由管理人自行或代表作为私募基金载体的公司、有限合伙企业与托管人签订托管协议，此时信托关系通常存在于私募基金与托管人之间，难以认定投资者与托管人之间存在直接的信托关系。在契约型基金中，基金业协会《私募投资基金合同指引1号》要求投资者、管理人、托管人共同签订基金合同并对托管事宜作出约定，故根据基金合同的约定，可以直接在投资者与托管人之间成立信托关系。

第三，"共同受托"最核心的含义是数个受托人"共同处理信托事务"。它包括两层含义：一是数个受托人处理的是相同事务，二是事务处理一般由数个受托人以共同行为进行。但在私募基金中，管理人的主要职责是决策和

---

[1] 参见洪艳蓉：《论基金托管人的治理功能与独立责任》，载《中国法学》，2019（6）。
[2] 参见金立新：《访〈信托法〉起草组成员蔡概还》，载《金融时报》，2006年10月9日；转引自洪艳蓉：《论基金托管人的治理功能与独立责任》，载《中国法学》，2019（6）。

实施投资行为，托管人的主要职责是保管财产和监督管理人，两者处理的事务明显不同，而且管理人与托管人各自独立履职，并无共同处理同一信托事务的主观意思与客观行为。因此，认定管理人、托管人是共同受托人不符合"共同受托"的本旨，管理人与托管人不构成共同受托人。

▶ 法规链接

《信托法》

第八条　设立信托，应当采取书面形式。

书面形式包括信托合同、遗嘱或者法律、行政法规规定的其他书面文件等。

采取信托合同形式设立信托的，信托合同签订时，信托成立。采取其他书面形式设立信托的，受托人承诺信托时，信托成立。

第九条　设立信托，其书面文件应当载明下列事项：

（一）信托目的；

（二）委托人、受托人的姓名或者名称、住所；

（三）受益人或者受益人范围；

（四）信托财产的范围、种类及状况；

（五）受益人取得信托利益的形式、方法。

除前款所列事项外，可以载明信托期限、信托财产的管理方法、受托人的报酬、新受托人的选任方式、信托终止事由等事项。

第三十二条　共同受托人处理信托事务对第三人所负债务，应当承担连带清偿责任。第三人对共同受托人之一所作的意思表示，对其他受托人同样有效。

共同受托人之一违反信托目的处分信托财产或者因违背管理职责、处理信托事务不当致使信托财产受到损失的，其他受托人应当承担连带赔偿责任。

（二）托管人违反监督义务的实务认定

在托管人保管基金财产与监督管理人两项核心职责中，因托管人未履行保管义务而产生的纠纷在实务中较为少见，故本书集中探讨托管人违反监督义务的相关问题。

尽管业界对共同受托人问题讨论热烈，但司法实践较少依据信托关系处理托管人的责任问题，而是更多聚焦于托管人是否构成违约或侵权。其中，托管人是否依法依约尽到对管理人的监督职责是此类案件的核心争议。结合案例检索情况，本书重点分析以下问题。

1. 托管人的监督义务能否特约排除

《证券投资基金法》第三十六条、第三十七条对托管人的监督义务作出具体规定，《基金托管办法》第二十一条也规定，基金托管人应当根据基金合同及托管协议约定履行监督职责。

但在实践中，有的托管协议通过特约排除托管人对基金资产投资运作情况的监督职责，银行业协会2019年3月发布的《商业银行资产托管业务指引》第七条也规定，商业银行托管业务的服务内容可以通过合同选择性地约定投资监督服务等事项。然而，基金业协会发布的《私募备案须知（2019）》则要求托管人"应当严格履行《证券投资基金法》第三章规定的法定职责，不得通过合同约定免除其法定职责"。

本书认为，《证券投资基金法》第三十七条没有规定当事人可以另行约定托管人不对管理人投资指令承担监督职责，故解释上应认为该条属于强制性规定。从我国私募基金的发展历史和现实需要来看，对管理人投资指令进行监督也是托管人的基本职责，倘若排除该项监督职责，托管人的角色可能实际与单纯的保管人相当，这显然背离托管人的制度定位，不利于保护投资者权益，故不应允许特约排除《证券投资基金法》第三十七条规定的托管人对管理人投资指令的监督义务。

需要注意的是，根据《证券投资基金法》第二条的规定，该法适用对象为公开或者非公开募集资金设立的证券投资基金，故对于私募股权投资基金等非证券投资基金是否适用《证券投资基金法》及其有关托管人职责的规定，实务上存在争议。但《私募备案须知（2019）》并未区分私募基金类型，而是一律要求托管人履行《证券投资基金法》规定的托管人职责，司法实践亦有裁判适用《证券投资基金法》第三十六条、第三十七条认定私募股权投资基金托管人的职责的案例（典型案例3.12）。

不过，《证券投资基金法》第三十七条仅规定托管人应当拒绝执行管理人违法违规或违反基金合同的投资指令，或在发现已生效的指令违法违规或违反基金合同时履行通知、报告义务，但未对投资监督的其他事项作出规定。对此，《基金托管办法》第二十一条第一款规定："基金托管人应当根据基金合同及托管协议约定，制定基金投资监督标准与监督流程，对基金合同生效之后所托管基金的投资范围、投资比例、投资风格、投资限制、关联方交易等进行严格监督，及时提示基金管理人违规风险。"从该规定来看，托管人对投资范围、投资比例、投资风格、投资限制、关联方交易等事项的监督职责以基金合同或托管协议有约定为前提。故本书倾向于认为，除《证券投资基金法》第三十七条规定的事项外，当事人可以对托管人是否承担其他投资监督职责作出约定。

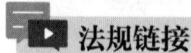 **法规链接**

《证券投资基金法》

第二条 在中华人民共和国境内，公开或者非公开募集资金设立证券投资基金（以下简称基金），由基金管理人管理，基金托管人托管，为基金份额持有人的利益，进行证券投资活动，适用本法；本法未规定的，适用《中华人民共和国信托法》《中华人民共和国证券法》和其他有关法律、行政法规的规定。

第三十七条 基金托管人发现基金管理人的投资指令违反法律、行政法规和其他有关规定，或者违反基金合同约定的，应当拒绝执行，立即通知基金管理人，并及时向国务院证券监督管理机构报告。

基金托管人发现基金管理人依据交易程序已经生效的投资指令违反法律、行政法规和其他有关规定，或者违反基金合同约定的，应当立即通知基金管理人，并及时向国务院证券监督管理机构报告。

《基金托管办法》

第二十一条 基金托管人应当根据基金合同及托管协议约定，制定基金投资监督标准与监督流程，对基金合同生效之后所托管基金的投资范围、投资比例、投资风格、投资限制、关联方交易等进行严格监督，及时提示基金管理人违规风险。

当发现基金管理人发出但未执行的投资指令或者已经生效的投资指令违反法律、行政法规和其他有关规定，或者基金合同约定，应当依法履行通知基金管理人等程序，并及时报告中国证监会，持续跟进基金管理人的后续处理，督促基金管理人依法履行披露义务。基金管理人的上述违规失信行为给基金财产或者基金份额持有人造成损害的，基金托管人应当督促基金管理人及时予以赔偿。

2. 综合托管服务商是否承担托管人职责

所谓"综合托管服务"，根据证监会机构部 2016 年 6 月《机构部督促部分证券公司规范开展私募基金综合服务》的界定，其内涵是证券公司围绕证券经纪业务延伸提供产品备案、交易系统、估值估算等服务。可见，综合托管服务商虽有"托管"之名，却与《证券投资基金法》规定的托管人存在本质区别。从业务资质来看，根据《基金托管办法》第十四条的规定，金融机构必须在向证监会申领取得《经营证券期货业务许可证》后，才能开展基金托管业务，而根据证监会机构监管部《关于做好证券公司私募基金综合托管业务和客户资金消费支付服务监管工作的函》，证监会证券基金机构监管部委托中国证券投资者保护基金有限责任公司（下称"投保基金公司"）负责对证券公司开展私募基金综合托管服务业务进行评估，对于符合条件的，投保基金公司出具无异议函。可见，两种业务在资质上也存在区别。对此，证监会机构部在 2016 年 6 月通报中也澄清两者不能等同。[①] 但在实践中，一些仅提供综合托管服务的证券公司对外宣称其为基金托管人或在合同中约定承担托管人职责，一旦发生纠纷，其身份界定往往成为焦点。

▶ **法规链接**

《基金托管办法》

第十四条　取得基金托管资格的商业银行及其他金融机构为基金托管人。基金托管人应当及时办理基金托管部门高级管理人员的任职手续。

基金托管人应当按照《证券投资基金法》及本办法等规定要求，完成基

---

① 证监会机构部《机构部督促部分证券公司规范开展私募基金综合服务》："大部分证券公司能够围绕证券经纪业务延伸提供产品备案、交易系统、估值核算等服务。但也有一些证券公司简单认为，现有安排下投保基金公司对其服务方案出具评估意见，就是授予其包括基金托管在内的各类业务资格，因此在未经我会许可取得基金托管资格的情况下，对外宣称担任私募基金托管人，收取托管费用，与《证券投资基金法》关于基金托管人的规定存在冲突。"

金托管业务的筹备工作,通过中国证监会及其派出机构的现场检查验收,并在完成工商变更登记后,向中国证监会申领《经营证券期货业务许可证》。在取得《经营证券期货业务许可证》前,不得对外开展基金托管业务。

基金托管人开展基金托管业务的,应当持续符合本办法第八条第一款第(一)至第(八)项、第九条、第十条规定的条件。在申请募集基金时,拟任基金托管人应不存在因与托管业务相关的重大违法违规行为、严重失信行为正在被监管机构立案调查、司法机关立案侦查,或者处于整改期间的情形。

在[北京二中院(2020)京02民终463号]案中,基金合同将某证券公司定位为基金综合托管服务商,而合同对其职责的约定基本涵盖《证券投资基金法》第三十六条、第三十七条规定的托管人职责,但基金合同特别约定,基金综合托管服务商对基金净值低于预警线和止损线时,管理人是否按照基金合同约定启动预警机制和止损机制进行变现操作不承担任何责任。法院认为,该证券公司系经审批的基金综合托管服务商,并非以托管人身份参与到基金中,故其职责依法依约均不包括对管理人进行监督。本书认为,该案中,基金合同约定的该证券公司职责范围远远超出"综合托管服务"的范畴,事实上包含法定的托管人保管财产和监督管理人的基本职责。在此情况下,宜以其权利义务的实质内容,认定该证券公司是事实上的托管人,应承担托管人的相应职责。

相反,在[江苏南京中院(2020)苏01民终4506号]案(下称"中乾融投案")中,投资者在诉讼中质疑某证券公司没有托管人资质,但该证券公司庭审辩称其为综合托管服务商,故具有基金托管人资质。① 该证券公司的认识在实践中并非个例,但根据前述监管规则和证监会机构部的澄清通报,这种理解缺乏依据。

本书认为,在处理投资者索赔的民事争议时,机构参与基金事务的名义是"综合托管服务商"还是"托管人"不是最核心的问题,更为实质且关键的问题是机构是否尽到合同约定的各项义务,至于其没有托管人资质而开展托管人业务,只是衡量其过错的一个因素。从保护投资者的角度出发,对于

---

① "违约私募合同纠纷案一审宣判,托管人太平洋证券承担15%补充赔偿责任",腾讯网,https://new.qq.com/omn/20191025/20191025A0RISP00.html,最后访问日期:2021年10月24日。

不具备托管人资质的机构,不应任其一方面以"综合托管服务商"的名义误导消费者相信其具备托管人资质,另一方面又在发生纠纷时以其并非以托管人身份参与基金事务而逃避义务与责任。

3. 基金募集过程中的托管人监督义务

由于现行规则并未明确规定托管人是否对管理人募集行为承担监督义务,故在管理人违规募集时,托管人是否承担责任,容易引发争议。本书认为,根据《私募募集办法》第二条的规定,托管人不属于募集机构,其本身也不参与基金募集,因此通常情况下托管人不因管理人的募集行为(如是否尽到适当性义务)而直接产生义务或责任。不过,募集行为是否依法、依约完成,决定基金是否能够转入运作阶段以及管理人能否取得运用资金的权限,故由安全保管基金财产、监督管理人投资行为的职责延伸至基金募集阶段,托管人亦应对募集结果是否符合法律规定与合同约定负有监督职责(典型案例3.12、3.13、3.14)。

▶ 法规链接

《私募募集办法》

第二条 私募基金管理人、在中国证监会注册取得基金销售业务资格并已成为中国证券投资基金业协会会员的机构(以下统称募集机构)及其从业人员以非公开方式向投资者募集资金的行为适用本办法。

在中国证券投资基金业协会(以下简称中国基金业协会)办理私募基金管理人登记的机构可以自行募集其设立的私募基金,在中国证监会注册取得基金销售业务资格并已成为中国基金业协会会员的机构(以下简称基金销售机构)可以受私募基金管理人的委托募集私募基金。其他任何机构和个人不得从事私募基金的募集活动。

本办法所称募集行为包含推介私募基金,发售基金份额(权益),办理基金份额(权益)认/申购(认缴)、赎回(退出)等活动。

《商业银行资产托管业务指引》

第十五条 托管银行承担的托管职责仅限于法律法规规定和托管合同约定,对实际管控的托管资金账户及证券账户内资产承担保管职责。托管银行的托管职责不包含以下内容，法律法规另有规定或托管合同另有约定的除外：

（一）投资者的适当性管理；

（二）审核项目及交易信息真实性；

（三）审查托管产品以及托管产品资金来源的合法合规性；

（四）对托管产品本金及收益提供保证或承诺；

（五）对已划出托管账户以及处于托管银行实际控制之外的资产的保管责任；

（六）对未兑付托管产品后续资金的追偿；

（七）主会计方未接受托管银行的复核意见进行信息披露产生的相应责任；

（八）因不可抗力，以及由于第三方（包括但不限于证券交易所、期货交易所、中国证券登记结算公司、中国期货市场监控中心等）发送或提供的数据错误及合理信赖上述信息操作给托管资产造成的损失；

（九）提供保证或其他形式的担保；

（十）自身应尽职责之外的连带责任。

典型案例

3.12 民生银行与史某合同纠纷案［广东深圳中院（2018）粤03民终16127号］

基金合同约定基金成立条件之一是投资者交付的认购金额合计不得低于3500万元，但管理人在仅募集300万元时即宣告基金成立，并指令托管人民生银行向投资目标公司付款300万元，民生银行审核付款指令后即拨出300万元，后投资者史某诉请管理人、托管人民生银行连带返还投资款本息。

法院认为，民生银行接到管理人划款指令时，明知基金未成立，却未提出异议，提示违规风险，仍然按照基金成立的情况执行管理人投资指令，认定民生银行违反法定和约定义务，最终判令民生银行承担15%的补充赔偿责任。

3.13 启明乐公司、光大北京分行与陈某委托理财合同纠纷案［北京二中院（2019）京02民终8082号］

基金合同约定基金办理备案手续是合同生效条件，在管理人启明乐公司始终未办理基金备案手续的情况下，托管人光大银行执行启明乐公司的投资指令。法院认为，光大银行未审查基金合同是否生效、启明乐公司是否取得投资权限，构成失职，判令光大银行对投资者陈某的损失承担全额补充赔偿责任。

3.14 易某与光大长沙分行侵权责任纠纷案［湖南株洲中院（2019）湘02民终2409号］

易某与光大长沙分行签订托管协议，但基金管理人并未注册，基金也未备案。光大长沙分行仍按照管理人指令划款，后该基金实际成为犯罪分子实施非法吸收公众存款犯罪的工具。法院认定，光大长沙分行未对基金运作是否合法合规进行合理审查，在资金托管过程中存在过失，酌定其承担40%的补充赔偿责任。

4. 基金投资运作过程中的托管人监督义务

托管人在基金投资运作过程中未尽监督义务，是托管人被投资者索赔的主要事由。对此，实务中常见争议事项如下。

第一，根据《基金托管办法》第二十一条的规定，托管人的监督范围包括托管基金的投资范围、投资比例、投资风格、投资限制、关联方交易等事项；发现管理人投资指令违法或者违约，托管人负有通知管理人、报告中国证监会、持续跟进管理人后续处理、督促管理人履行披露义务、督促管理人赔偿基金财产或者基金份额持有人损失等义务。实务中，常发生争议的是托管人对管理人投资指令的审查标准问题。对此，普遍意见认为，托管人仅负形式审查之责（典型案例3.15、3.16）。

▶ **法规链接**

《商业银行托管业务指引》

第二十二条 托管银行提供投资监督服务的，应根据法律法规规定和托管合同约定的监督内容和监督方式，对托管资产的投资运作等进行监督。相关当事人应提供监督所必需的交易材料等信息，并确保所提供的业务材料完整、准确、真实、有效，托管银行对提供材料是否与合同约定的监督事项相符进行表面一致性审查。

> **典型案例**

3.15 陆某与农行越城支行侵权责任纠纷案〔浙江绍兴中院（2016）浙06民终4189号〕

陆某认购某合伙型私募基金份额，农行越城支行根据管理人与农行浙江省分行签订的托管协议负责托管基金账户。后募集资金被合伙企业负责人挪用，指示陆某投资无法收回。陆某起诉认为，农行越城支行未对投资指令进行实质审查，违反托管义务，请求农行越城支行赔偿投资损失。

法院认为，农行越城支行在诉讼中提交了投资协议、投资决议、托管运行指令、委托付款通知书原件，反映其已按托管协议约定程序，审核托管资产管理运用指令应具备的资料，从而进行托管账户资金的划付，已尽到审慎托管义务。陆某主张农行越城支行需进行实质审查，没有合同依据，系过分苛责托管人义务。判决驳回陆某诉讼请求。

3.16 王某与恒丰银行委托理财合同纠纷案〔山东济南中院（2019）鲁01民终8544号〕

基金募集资金未按基金合同约定用途使用，投资者王某请求托管人恒丰银行赔偿损失。法院认为，托管人恒丰银行不负责委托资产的投资管理和风险管理，不承担委托资产所投资项目或标的的审核义务，恒丰银行对划款指令进行表面一致性审查，已尽到自身义务。判决驳回王某对恒丰银行提出的诉讼请求。

第二，有法院认为，托管人的监督范围不局限于管理人的具体投资指令，还应包括管理人本身持续经营及其履行职责情况。在中乾融投案中，一审法院认为，管理人被取消私募资质，而后也未能选任新的基金管理人，在基金合同已出现约定的终止情形下，托管人应监督查询管理人对基金财产的投资运作；托管人对管理人未完全履行风控措施并不知情，对项目方公司破产事实也不知情，其行为对投资者的损失及损失的扩大存在关联性，故负有一定责任。一审法院判决托管人承担15%的补充赔偿责任。不过，该案二审法院以管理人以基金名义进行诈骗，涉嫌刑事犯罪为由，裁定驳回起诉，移送公安机关处理。

值得注意的是，在诸如"阜兴系"基金案中管理人经营中断，以及"失联""跑路"等极端情形下，对于托管人是否承担职责以及承担何种职责，现行法律法规未作明确规定，实务界存在争议。基金业协会《私募备案须知（2019）》要求"在管理人发生异常且无法履行管理职责时，托管人应当按照法律法规及合同约定履行托管职责，维护投资者合法权益"，但对托管人究竟须承担哪些职责则语焉不详。在处置"阜兴系"基金问题时，基金业协会曾要求托管人"统一登记相关私募基金投资者情况"，并"通过召集基金份额持有人会议和保全基金财产等措施"维护投资者权益，[1]但银行业协会专家认为托管人并无上述职责。[2]本书倾向于认为，基于受托人角色要求和诚实信用原则，当托管人知悉管理人发生经营中断等风险时，应当及时止付、冻结基金账户，避免基金财产出现更大损失，但在现行法律规范配置下，托管人不负有处置基金风险的义务，这与托管人在私募基金中的角色功能不符，也易变相使托管人为管理人的失职买单。

（三）托管人违反义务的赔偿责任

理论上，针对托管人的失职，投资者既可向托管人主张侵权责任，也可在与托管人存在托管合同关系时，向托管人主张违约赔偿责任，还可以在与托管人存在信托关系时，向托管人主张受托人赔偿责任。

▶ **法规链接**

《信托法》

第二十二条 受托人违反信托目的处分信托财产或者因违背管理职责、处理信托事务不当致使信托财产受到损失的，委托人有权申请人民法院撤销该处分行为，并有权要求受托人恢复信托财产的原状或者予以赔偿；该信托

---

[1] "关于上海意隆等4家私募基金管理人风险事件的公告"，基金业协会网站，https://www.amac.org.cn/aboutassociation/gyxh_xhdt/xhdt_xhgg/201807/t20180713_2410.html，最后访问日期：2021年10月24日。
[2] "中银协首席法律顾问卜祥瑞：银行托管私募基金权责清晰依法依约不承担共同受托责任"，银行业协会网站，https://www.china-cba.net/Index/show/catid/277/id/26851.html，最后访问日期：2021年10月24日。

财产的受让人明知是违反信托目的而接受该财产的，应当予以返还或者予以赔偿。

前款规定的申请权，自委托人知道或者应当知道撤销原因之日起一年内不行使的，归于消灭。

实践中，托管人被索赔的原因多为未尽到对管理人的监督义务，此时，投资者往往会同时请求管理人、托管人承担赔偿责任。此类案件中，托管人与管理人之间的多数人债务类型，以及托管人的责任比例大小，是当事人之间的常见争议问题。本书对此分析如下。

第一，关于托管人未尽监督义务时应承担责任的类型，有裁判认为，托管人应与管理人承担连带赔偿责任［山东临沂罗庄法院（2020）鲁1311民初180号］，也有裁判认为，托管人的责任类型为补充责任（典型案例3.12、3.13），此外，还有观点认为，管理人、托管人系各自履职不当，依据《证券投资基金法》第一百四十五条第二款第一分句之规定，应分别承担责任。

本书认为，责任原因是决定托管人与管理人多数人责任类型的因素。首先，根据《证券投资基金法》第一百四十五条第二款的规定，托管人与管理人承担连带责任应以"共同行为"为前提，而共同行为要求托管人与管理人客观上共同实施损害基金或投资者的行为，主观上具有共同过错的意思联络。例如，托管人与管理人合谋侵占基金财产，即属该条所指的"共同行为"。在托管人仅是单纯地未履行监督义务的情况下，若无证据表明托管人与管理人存在意思联络（如合谋、包庇），认定二者承担连带责任，欠缺充分依据。除此之外，在侵权法的一般规定中，连带责任的原因还包括共同危险行为和均能造成全部损害的分别侵权行为，在托管人仅存在未尽监督义务的情况下，通常也难以认定托管人存在该等原因。或是出于上述考虑，在笔者检索视野之内，除前述［（2020）鲁1311民初180号］案（该案一审判决亦因二审法院认为法院无管辖权而被撤销）外，未发现托管人因未尽监督义务而被判令与管理人承担连带责任的案例。

第三章 管理人、托管人的义务与责任

▶ **法规链接**

《证券投资基金法》

第一百四十五条 违反本法规定,给基金财产、基金份额持有人或者投资人造成损害的,依法承担赔偿责任。

基金管理人、基金托管人在履行各自职责的过程中,违反本法规定或者基金合同约定,给基金财产或者基金份额持有人造成损害的,应当分别对各自的行为依法承担赔偿责任;因共同行为给基金财产或者基金份额持有人造成损害的,应当承担连带赔偿责任。

其次,托管人违反监督义务难以脱离管理人的行为而单独成为致损原因,故此种情形的责任类型也不宜归入分别责任或者按份责任的范畴。

最后,在实际侵害人侵害行为与安全保障义务人未尽保护义务行为竞合导致损害的情形中,一般认为实际侵害人是第一顺序的责任主体,安全保障义务人是第二顺序的责任主体,即安全保障义务人承担的责任类型为补充责任。[①]《民法典》第一千一百九十八条即为典型立法表达。托管人未尽监督义务,性质上与违反安全保障义务相似,故宜将托管人责任类型定位为补充责任。

▶ **法规链接**

《民法典》

第一千一百九十八条 宾馆、商场、银行、车站、机场、体育场馆、娱乐场所等经营场所、公共场所的经营者、管理者或者群众性活动的组织者,未尽到安全保障义务,造成他人损害的,应当承担侵权责任。

因第三人的行为造成他人损害的,由第三人承担侵权责任;经营者、管理者或者组织者未尽到安全保障义务的,承担相应的补充责任。经营者、管理者或者组织者承担补充责任后,可以向第三人追偿。

第二,如认为托管人承担连带责任,托管人一般须就管理人违反义务造

[①] 参见李中原:《论民法上的补充责任》,载《法学》,2010(3)。

成的投资者全部损失承担赔偿责任。如认为托管人承担补充责任，则涉及托管人的责任比例。在前述典型案例3.12和"中乾融投案"一审中，法院确定托管人承担补充责任的比例为15%，在典型案例3.14等案中，托管人补充责任比例为40%，而在典型案例3.13中，法院认定托管人对投资者的全部损失均承担补充责任。

本书认为，补充责任本质上是一个衡平条款，应以"相应补充"为原则，责任大小应由裁判者基于补充责任人的过错程度、对损害后果的原因力大小等因素衡量确定。《民法典》对补充责任的规定为"相应的补充责任"。如果不问原因，一概让托管人承担100%的补充责任，将背离补充责任的性质，尤其是在管理人"跑路"的情况下，这种做法事实上将使托管人为管理人的失职全盘买单，不符合托管人的制度定位，亦可能将风险不当传导到银行等金融机构，不利于金融稳定与安全。

第四章
私募基金保底条款的效力及后果

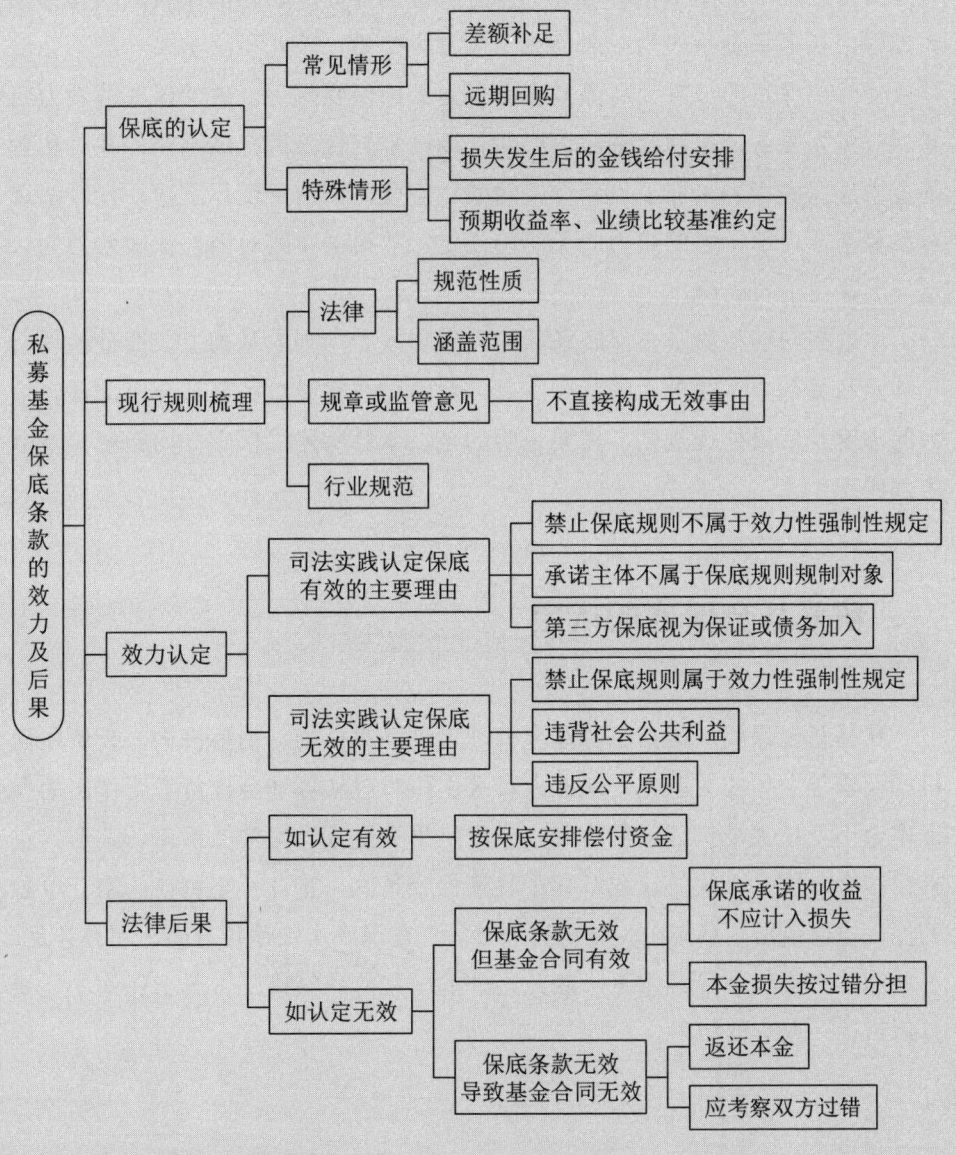

私募基金所涉保底存在两种类型，一是私募基金管理人、投资顾问机构、外部第三人等主体对私募基金投资者的内部保底；二是私募基金作为主体在对外交易过程中，交易相对方等主体对私募基金提供的外部保底。因外部保底过程中私募基金系作为一般商业主体参与交易，因此司法实践一般不会仅以接受外部保底的一方为私募基金而否定外部保底效力。内部保底的效力问题相对更为复杂，尽管金融监管层面长期以来一直强调打破刚兑，并对私募基金内部保底行为采取了日趋严格的禁止态度，但由于现行法律、行政法规对私募基金内部保底的效力尚无明确规定，故司法实践对内部保底效力的认定标准存在不同认识。

本章在归纳私募基金保底条款的认定和效力规则的基础上，通过梳理近年涉及私募基金保底效力的裁判案例，总结司法实践对私募基金内部保底效力的态度及后果处理规则。需要说明的是，本章所述"保底"均指私募基金内部保底。

一、私募基金保底的认定

私募基金保底，是指私募基金管理人、募集机构、销售机构、投资顾问机构及该等主体的关联方、从业人员等主体，对私募基金投资者所作出的保证本金不受损失，保证最低收益，或限定损失金额、比例的承诺。其形式包括在基金合同、合伙协议或章程中签订保底条款，签订补充协议，签订单独的保底协议或出具承诺函、兑付计划书等。在保底实现途径方面，差额补足、远期回购在实践中最为常见，除此之外的一些特殊安排是否属于保底，需要具体讨论，现分析如下。

（一）基金损失发生后形成的金钱给付安排

实践中，保底安排大多在私募基金募集或运作阶段、投资损失尚未产生时作出。此时保底主要指向基金投资风险的分配，表现为投资者不承担基金将来或有的收益不足或本金损失风险。管理人等主体则借由预先免除投资风险的承诺招徕投资者、扩大基金规模。

实践中还有一类情况是，当基金在投资运作阶段已经实际出现损失，或者确定将要出现损失时，出于种种原因，当事人约定管理人等主体向投资者支付固定金额或比例的款项。对于基金损失发生后形成的金钱给付安排是否属于保底，存在不同观点。不少法院认为，此种安排是在亏损实际发生后，管理人自愿弥补投资者亏损，不构成保底或刚兑（典型案例4.1、4.2）。但亦有法院认为，这类安排的本质仍是保证投资者不受损失，故属于保底（典型案例4.3）。

典型案例

4.1 谷雨当时公司与王某委托理财合同纠纷案[北京三中院（2020）京03民终5181号]

王某认购谷雨当时公司作为管理人的私募基金。基金清盘时发生较大亏损，谷雨当时公司与王某签订《还款协议》，承诺向王某归还基金投资亏损部分。

法院认为，涉案基金在清盘前已发生亏损，双方在签订《还款协议》时均知晓涉案基金发生亏损的情况。管理人签订《还款协议》系在涉案基金出现亏损的情况下，自愿对亏损承担责任，该协议应属合法有效，管理人关于《还款协议》中相关条款系保底或刚兑条款，应为无效的主张于法无据，不予支持。

4.2 崇融公司与秦某合同纠纷案[上海金融法院（2020）沪74民终328号]

秦某系涉案基金的投资者，崇融公司系管理人，赵某系崇融公司法定代表人。投资期限截至后，赵某向投资者出具《承诺函》，承诺定期偿还投资本金；崇融公司、赵某又与秦某签订《还款协议》，约定崇融公司承诺在基金到期日偿还投资本金及利息，赵某对此还款义务承担保证责任。崇融公司在诉讼中主张《承诺函》及《还款协议》所载内容涉及"保本保收益"条款，应为无效。

法院认为，"保本保收益"条款系在合同签订或履约过程中，各方对于投资是否会产生预期收益均不能确定时所作出的无论投资实际盈亏与否、均保证投资者不受损失的承诺。而涉案《基金合同》不保证基金财产一定盈利，亦不保证最低收益。基金存续期间届满后，盈亏情况已经固定，此时对投资者的损失进行补偿，系民事主体对自己民事权利的处分，不属于法律所禁止的范畴，故关于崇融公司主张《承诺函》及《还款协议》无效的主张，不予支持。

4.3 赖某与财大公司委托理财合同纠纷二审民事判决书［广东广州中院（2019）粤01民终23878号］

赖某系涉案基金的投资者，财大公司系管理人。在基金净值下跌至0.691时，财大公司与投资者签订《补充协议》，约定若到期产品净值是1.0以下，则1.0以下差额部分由财大公司负责补足给赖某。

法院认为，《补充协议》虽是在赖某购买涉案基金后签订，但仍属于当事人合意受托人保证委托人本金不受损失的保底条款，应属无效。首先，投资者与管理人之间属于委托代理关系，根据委托代理制度相关规定，有偿代理的代理人不承担因不可归责于代理人的事由所造成的被代理人损失的责任。涉案《补充协议》违反了委托代理制度的根本属性，应属无效。其次，高收益应对应高风险，但《补充协议》约定的民事权利义务配置极不对等，双方权利义务严重失衡，违背了民法的公平原则。再次，《私募监管暂行办法》第十五条规定，私募基金管理人、私募基金销售机构不得向投资者承诺投资本金不受损失或者承诺最低收益。涉案《补充协议》中的承诺本金不受损失的条款违反了前述规定，属于法律法规所禁止的保底条款。

财大公司作为专业的投资机构，向赖某承诺本金不受损失，对于《补充协议》的无效存在过错。赖某作为合格投资者，理应知晓投资机构不得向投资者承诺投资本金不受损失或承诺最低收益，对于涉案《补充协议》的无效亦存在过错。双方均属于明知或应知法律所禁止的事项而签订涉案《补充协议》，对此均负有相当的过错。法院遂根据主合同约定的20%业绩报酬比例，认定财大公司应就赖某全部本金亏损的20%承担赔偿责任。

本书认为，保底安排的商业实质是使私募基金投资者不承担本应自负的投资风险，而使风险转由管理人等主体承担。因此，判断管理人等主体与投资者形成的金钱给付安排是否属于保底，关键在于此种安排是否系对投资者本应自负的投资风险的再分配。在此基础上，可进一步分析如下。

一方面，在基金出现亏损时，管理人向投资者给付金钱的原因可能是多样的，除了纯粹承接投资者的投资风险外，也可能是管理人因违反义务造成基金损失后本就应向投资者赔偿损失。因此，不宜笼统地将管理人向投资者给付金钱的安排一概认定为保底，特别是对于管理人因违反义务须承担损害赔偿责任而形成的金钱给付安排，不应认定为保底。

另一方面，从保底的实质内核来看，只要管理人等主体向投资者负担金钱给付义务的目的在于免除投资者本应自负的投资风险，即应属于保底，相关安排的定性与其形成时间并无关系。《资管新规》第十九条第一款规定："经金融管理部门认定，存在以下行为的视为刚性兑付：……（三）资产管理产品不能如期兑付或者兑付困难时，发行或者管理该产品的金融机构自行筹集资金偿付或者委托其他机构代为偿付。"《九民会议纪要》第九十二条第二款规定："实践中，保底或者刚兑条款通常不在资产管理产品合同中明确约定，而是以'抽屉协议'或者其他方式约定，不管形式如何，均应认定无效。"该等现行调整保底行为的规则均未将保底限于基金损失发生前形成的安排。因此，在基金损失实际发生后作出的安排，也可能构成保底。故前述部分案例以相关安排形成于损失发生后而认定不构成保底，裁判逻辑值得商榷。

当然，典型案例4.1、4.2中的法院认为基金损失发生后形成的管理人向投资者负担金钱给付义务的安排不构成保底，其用意在于排除适用禁止保底的相关规定，从而支持投资者依据相关约定提出的给付请求，实现个案中的结果公平。在"打破刚兑"的监管趋势下，这种裁判路径的选择有其合理性。

若认定基金损失实际发生后达成的金钱给付安排构成保底，则裁判结果的考量应通过判断保底行为的效力及其后果加以实现，对此本章第三部分、第四部分将予以分析。

★ 实务提示

只要管理人等主体以免除投资风险为目的向投资者作出负担金钱给付义务的承诺，无论该承诺作出于投资损失产生前还是产生后，均可能被认定为构成保底。

（二）预期收益率、业绩比较基准约定

就基金合同中约定的"预期收益率""业绩比较基准"条款是否构成保底，监管部门和司法实践存在不同态度。监管层面往往对此采取较为严格的认定标准。证监会、基金业协会多项规定均明确要求慎用、禁用"预期收益率""业绩比较基准"进行宣传。基金业协会在多起纪律处分案例中仅以基金合同中存在"预期收益率""业绩比较基准"条款即认定管理人存在违规承诺收益的保底行为。[1] 其中部分管理人曾主张虽然相关交易文件载有描述预期收益率的条款，但其不存在承诺收益的主观意图和事实行为，基金销售过程中也已明确告知投资者产品风险和不保本保收益的情况，但基金业协会并未采纳该等申辩意见。[2]

▶ 法规链接

《证券期货经营机构私募资产管理业务运作管理暂行规定》

第三条 证券期货经营机构及相关销售机构不得违规销售资产管理计划，不得存在不适当宣传、误导欺诈投资者以及以任何方式向投资者承诺本金不受损失或者承诺最低收益等行为，包括但不限于以下情形：

（一）资产管理合同及销售材料中存在包含保本保收益内涵的表述，如

---

[1] 例如《纪律处分决定书（山东创道股权投资基金管理有限公司）》，载基金业协会官网，https://www.amac.org.cn/selfdisciplinemeasures/cyry/hyjg/202003/t20200302_6704.html，最后访问日期：2021年8月21日；《纪律处分决定书（广州汇腾投资管理有限公司）》，载基金业协会官网，https://www.amac.org.cn/selfdisciplinemeasures/cyry/hyjg/202003/t20200302_6705.html，最后访问日期：2021年8月21日。

[2] 参见《纪律处分决定书（福建豪山资产管理有限公司）》，载基金业协会官网，https://www.amac.org.cn/selfdisciplinemeasures/cyry/hyjg/202002/t20200224_6680.html，最后访问日期：2021年8月21日。

零风险、收益有保障、本金无忧等；

（二）资产管理计划名称中含有"保本"字样；

（三）与投资者私下签订回购协议或承诺函等文件，直接或间接承诺保本保收益；

（四）向投资者口头或者通过短信、微信等各种方式承诺保本保收益；

……

（十）向投资者宣传资产管理计划预期收益率；

……

《私募监管暂行办法》

第十五条　私募基金管理人、私募基金销售机构不得向投资者承诺投资本金不受损失或者承诺最低收益。

《加强私募监管规定》

第六条第一款　私募基金管理人、私募基金销售机构及其从业人员在私募基金募集过程中不得直接或者间接存在下列行为：

……

（三）口头、书面或者通过短信、即时通信工具等方式直接或者间接向投资者承诺保本保收益，包括投资本金不受损失、固定比例损失或者承诺最低收益等情形；

（四）夸大、片面宣传私募基金，包括使用安全、保本、零风险、收益有保障、高收益、本金无忧等可能导致投资者不能准确认识私募基金风险的表述，或者向投资者宣传预期收益率、目标收益率、基准收益率等类似表述；

……

私募基金管理人的出资人、实际控制人、关联方不得从事私募基金募集宣传推介，不得从事或者变相从事前款所列行为。

《私募募集办法》

第二十四条　募集机构及其从业人员推介私募基金时，禁止有以下行为：

……

（三）以任何方式承诺投资者资金不受损失，或者以任何方式承诺投资者最低收益，包括宣传"预期收益""预计收益""预测投资业绩"等相关内容；

（四）夸大或者片面推介基金，违规使用"安全""保证""承诺""保险""避险""有保障""高收益""无风险"等可能误导投资人进行风险判断的措辞；
……

《私募备案须知（2019）》

一、私募投资基金备案总体性要求

（十三）【禁止刚性兑付】管理人及其实际控制人、股东、关联方以及募集机构不得向投资者承诺最低收益、承诺本金不受损失，或限定损失金额和比例。

投资者获得的收益应当与投资标的实际收益相匹配，管理人不得按照类似存款计息的方法计提并支付投资者收益。管理人或募集机构使用"业绩比较基准"或"业绩报酬计提基准"等概念，应当与其合理内涵一致，不得将上述概念用于明示或者暗示基金预期收益，使投资者产生刚性兑付预期。

私募证券投资基金管理人不得通过设置增强资金、费用返还等方式调节基金收益或亏损，不得以自有资金认购的基金份额先行承担亏损的形式提供风险补偿，变相保本保收益。

但是，司法实践基本不会单独以基金合同存在"预期收益率""业绩比较基准"条款即认定构成保底，更多的是依据私募基金交易的具体安排认定其是否实质存在保底情形。

> **实务提示**
>
> 监管层面对保底承诺的认定相较司法实践更为严格，私募基金管理人或募集机构在使用"预期收益率""业绩比较基准""业绩报酬计提基准"等概念宣传基金产品盈利能力时应慎重，避免因宣传内容不当可能导致的法律责任。

二、现行有关私募基金保底条款规则的梳理

我国关于禁止私募基金保底条款的规则散见于法律、部门规章和行业规范（见表4-1）。

表 4-1　关于私募基金保底条款的主要规则 [①]

文件名称	发布主体	实施/发布时间	规制对象	内容
法律				
证券投资基金法	全国人民代表大会常务委员会	2015.04.24	私募基金管理人及其董事、监事、高级管理人员和其他从业人员	第二十条　公开募集基金的基金管理人及其董事、监事、高级管理人员和其他从业人员不得有下列行为：……（四）向基金份额持有人违规承诺收益或者承担损失；……第三十一条　对非公开募集基金的基金管理人进行规范的具体办法，由国务院金融监督管理机构依照本章的原则制定
			投资顾问机构及其从业人员	第一百零三条　基金投资顾问机构及其从业人员提供基金投资顾问服务，应当具有合理的依据，对其服务能力和经营业绩进行如实陈述，不得以任何方式承诺或者保证投资收益，不得损害服务对象的合法权益
合伙企业法		2007.06.01	合伙型私募基金中的合伙人	第三十三条第二款　合伙协议不得约定将全部利润分配给部分合伙人或者由部分合伙人承担全部亏损
				第六十条　有限合伙企业及其合伙人适用本章规定；本章未作规定的，适用本法第二章第一节至第五节关于普通合伙企业及其合伙人的规定
				第六十九条　有限合伙企业不得将全部利润分配给部分合伙人；但是，合伙协议另有约定的除外

---

① 私募基金管理公司是否属于金融机构在规范和实践层面存在较大争议。持肯定观点的依据包括：中国人民银行《金融机构大额交易和可疑交易报告管理办法》（中国人民银行令〔2018〕第 2 号）第二条规定："本办法适用于在中华人民共和国境内依法设立的下列金融机构：……（二）证券公司、期货公司、基金管理公司"；中国人民银行《金融机构编码规范》（银发〔2009〕363 号）将证券投资基金管理公司规定为证券业金融机构。持否定观点的依据包括：中国人民银行等部门《金融业企业划型标准规定》（银发〔2015〕309 号）未将基金管理公司列为金融机构；《资管新规》答记者问指出私募投资基金发行、销售机构不属于金融机构。为尽可能实现规范梳理的全面性，且考虑到司法实践和监管层面对金融机构内涵划定并不完全相同，本书采取较宽泛的划定标准，将在私募基金保底案例中常被援引的针对金融机构的禁止保底规范列入本表。

续表

文件名称	发布主体	实施/发布时间	规制对象	内容
最高人民法院会议纪要				
全国法院商事审判工作会议纪要	最高人民法院	2019.11.08	金融机构	第九十二条【保底或者刚兑条款无效】 信托公司、商业银行等金融机构作为资产管理产品的受托人与受益人订立的含有保证本息固定回报、保证本金不受损失等保底或者刚兑条款的合同，人民法院应当认定该条款无效。受益人请求受托人对其损失承担与其过错相适应的赔偿责任的，人民法院依法予以支持。实践中，保底或者刚兑条款通常不在资产管理产品合同中明确约定，而是以"抽屉协议"或者其他方式约定，不管形式如何，均应认定无效
规章或监管意见				
关于规范金融机构资产管理业务的指导意见	中国人民银行、银保监会、证监会、国家外汇管理局	2018.04.27	金融机构	第二条 资产管理业务是指银行、信托、证券、基金、期货、保险资产管理机构、金融资产投资公司等金融机构接受投资者委托，对受托的投资者财产进行投资和管理的金融服务……资产管理业务是金融机构的表外业务，金融机构开展资产管理业务时不得承诺保本保收益。出现兑付困难时，金融机构不得以任何形式垫资兑付。金融机构不得在表内开展资产管理业务。私募投资基金适用私募投资基金专门法律、行政法规，私募投资基金专门法律、行政法规中没有明确规定的适用本意见…… 第十九条第一款 经金融管理部门认定，存在以下行为的视为刚性兑付： （一）资产管理产品的发行人或者管理人违反真实公允确定净值原则，对产品进行保本保收益 （二）采取滚动发行等方式，使得资产管理产品的本金、收益、风险在不同投资者之间发生转移，实现产品保本保收益 （三）资产管理产品不能如期兑付或者兑付困难时，发行或者管理该产品的金融机构自行筹集资金偿付或者委托其他机构代为偿付 （四）金融管理部门认定的其他情形

续表

文件名称	发布主体	实施/发布时间	规制对象	内容
证券期货经营机构私募资产管理业务运作管理暂行规定	证监会	2016.07.18	私募证券投资基金管理人	第二条　本规定所称证券期货经营机构，是指证券公司、基金管理公司、期货公司及其依法设立的从事私募资产管理业务的子公司 第三条　证券期货经营机构及相关销售机构不得违规销售资产管理计划，不得存在不适当宣传、误导欺诈投资者以及以任何方式向投资者承诺本金不受损失或者承诺最低收益等行为，包括但不限于以下情形： （一）资产管理合同及销售材料中存在包含保本保收益内涵的表述，如零风险、收益有保障、本金无忧等 （二）资产管理计划名称中含有"保本"字样 （三）与投资者私下签订回购协议或承诺函等文件，直接或间接承诺保本保收益 （四）向投资者口头或者通过短信、微信等各种方式承诺保本保收益 …… （十）向投资者宣传资产管理计划预期收益率 …… 第十五条　私募证券投资基金管理人参照本规定执行……
私募投资基金监督管理暂行办法		2014.08.21	私募基金管理人、销售机构	第十五条　私募基金管理人、私募基金销售机构不得向投资者承诺投资本金不受损失或者承诺最低收益
关于加强私募投资基金监管的若干规定		2020.12.30	私募基金管理人及其从业人员、出资人、实际控制人、关联方，销售机构及其从业人员	第六条　私募基金管理人、私募基金销售机构及其从业人员在私募基金募集过程中不得直接或者间接存在下列行为： …… （三）口头、书面或者通过短信、即时通信工具等方式直接或者间接向投资者承诺保本保收益，包括投资本金不受损失、固定比例损失或者承诺最低收益等情形

续表

文件名称	发布主体	实施/发布时间	规制对象	内容
关于加强私募投资基金监管的若干规定		2020.12.30	私募基金管理人及其从业人员、出资人、实际控制人、关联方、销售机构及其从业人员	（四）夸大、片面宣传私募基金，包括使用安全、保本、零风险、收益有保障、高收益、本金无忧等可能导致投资者不能准确认识私募基金风险的表述，或者向投资者宣传预期收益率、目标收益率、基准收益率等类似表述 …… 私募基金管理人的出资人、实际控制人、关联方不得从事私募基金募集宣传推介，不得从事或者变相从事前款所列行为
行业自律规则					
私募投资基金募集行为管理办法		2016.07.15	募集机构及其从业人员	第二十四条 募集机构及其从业人员推介私募基金时，禁止以任何方式承诺投资者资金不受损失，或者以任何方式承诺投资者最低收益，包括宣传"预期收益""预计收益""预测投资业绩"等相关内容
私募基金备案须知	基金业协会	2019.12.23	私募基金管理人及其实际控制人、股东、关联方、募集机构	一、私募投资基金备案总体性要求 （十三）【禁止刚性兑付】管理人及其实际控制人、股东、关联方以及募集机构不得向投资者承诺最低收益、承诺本金不受损失，或限定损失金额和比例 投资者获得的收益应当与投资标的的实际收益相匹配，管理人不得按照类似存款计息的方法计提并支付投资者收益。管理人或募集机构使用"业绩比较基准"或"业绩报酬计提基准"等概念，应当与其合理内涵一致，不得将上述概念用于明示或者暗示基金预期收益，使投资者产生刚性兑付预期 私募证券投资基金管理人不得通过设置增强资金、费用返还等方式调节基金收益或亏损，不得以自有资金认购的基金份额先行承担亏损的形式提供风险补偿，变相保本保收益

梳理可见，我国现行有关私募基金保底条款的法律规定均非直接针对其效力，且难以涵盖实践中全部私募基金保底情形；相关规章虽对禁止私募基

金保底作出了相对明确、全面的规定，但因其规范层级问题，并不必然能够成为否认保底效力的依据；而最高法院会议纪要和行业规范性文件则均不能成为认定保底效力的直接依据。故总体来看，我国私募基金保底效力尚缺乏全面且可直接作为裁判依据的规则，这也导致了司法实践对私募基金保底效力长期以来无法形成共识。

第一，在法律层面，一方面，上表所列法律规定是否属于效力性强制性规定尚无定论，故能否直接作为认定保底效力的规范依据，司法实践存在分歧；另一方面，由上表梳理内容可见，实践中许多常见类型的保底尚无法在法律层面找到效力依据。例如，《证券投资基金法》虽规定禁止公募基金管理人及其从业人员保底，且规定对私募基金管理人的规范应依照该法第二章对公募基金管理人的原则制定，但能否由此认为该法已禁止私募基金管理人及其从业人员保底，存在疑义。尤其是，公募基金与私募基金在涉及主体范围、社会影响程度方面存在显著差异，难以得出该法亦旨在禁止私募基金管理人保底的明确结论。再如，《合伙企业法》第三十三条第二款、第六十九条虽可用于对合伙型私募基金保底进行限制，但无法作为契约型及公司型私募基金保底条款效力的判断依据。

此外，《信托法》第三十四条规定："受托人以信托财产为限向受益人承担支付信托利益的义务。"最高法院认为，该条系反映信托财产独立性的强制性规定，资管产品中的保底条款违背信托财产的独立性，违反法律强制性规定，且可能引发金融风险、不利于资源配置和金融服务实体经济，故《九民会议纪要》第九十二条明确规定信托公司、商业银行等金融机构作为资产管理产品的受托人与受益人订立的保底或者刚兑条款无效。[1] 如本书第一章所述，私募基金管理人与投资者之间成立信托关系，私募基金也受信托法律调整，故《信托法》第三十四条似也可成为否定私募基金保底条款效力的法律依据。但值得注意的是，《九民会议纪要》认定金融机构资管产品保底条款无效的理由，除《信托法》第三十四条系法律强制性规定外，还有保底条款危害金融安全、破坏金融市场秩序的法益衡量。然而，管理人本身是否属于金融机构，私募基金保底条款是否可能导致金融风险均无定论，故《信托

---

[1] 参见最高人民法院民事审判第二庭编著：《〈全国法院民商事审判工作会议纪要〉理解与适用》，482～485页，北京，人民法院出版社，2019。

法》第三十四条、《九民会议纪要》第九十二条能否当然适用于私募基金领域，不无疑问。

第二，在规章或监管意见层面，尽管上表所列多项规章明确禁止私募基金管理人、销售机构进行保底，但违反法律、行政法规的效力性强制性规定才是合同无效事由，违反规章的强制性规定本身并不构成合同无效事由。即便根据《九民会议纪要》第三十一条的规定，也仅是内容涉及金融安全、市场秩序、国家宏观政策等公序良俗的规章方可作为司法实践认定合同效力的依据。最高法院进一步阐释指出，考察违反规章是否构成违背公序良俗时的因素包括规范对象（交易行为本身或市场主体准入条件还是对监管对象的合规性要求）、交易安全保护因素（规范双方行为还是单方行为）、监管强度（有无刑事犯罪规定）和社会影响（是否可能造成系统性金融风险等严重社会后果）四个方面。①

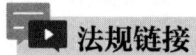 **法规链接**

《九民会议纪要》

第三十一条【违反规章的合同效力】 违反规章一般情况下不影响合同效力，但该规章的内容涉及金融安全、市场秩序、国家宏观政策等公序良俗的，应当认定合同无效。人民法院在认定规章是否涉及公序良俗时，要在考察规范对象基础上，兼顾监管强度、交易安全保护以及社会影响等方面进行慎重考量，并在裁判文书中进行充分说理。

根据该等标准判断，首先，上表所列禁止保底规章规范对象均是保底交易行为本身。其次，现有规范仅禁止私募基金管理、服务机构一方保底，未禁止投资者接受保底，但对私募基金投资者是否须予全面保护不能一概而论，在投资者系合格投资者、具备足够投资经验和风险识别能力，或应知晓保底为相关规范所禁止的情况下，对其或无特殊保护的必要。再次，上述规章中，《证券期货经营机构私募资产管理业务运作管理暂行规定》第十二条和《私募监管暂行办法》第三十八条仅笼统规定构成犯罪的，追究刑事责任，未针

---

① 参见最高人民法院民事审判第二庭编著：《〈全国法院民商事审判工作会议纪要〉理解与适用》，256～257页，北京，人民法院出版社，2019。

对保底行为作出单独的刑事责任承担规定。而且，根据《最高人民法院关于审理非法集资刑事案件具体应用法律若干问题的解释》第一条的规定，非法吸收公众存款罪客观上应满足非法性、公开性、利诱性、社会性，而保底情形至多构成非法吸收公众存款罪的"利诱性"要件，其本身并不会单独构成刑事犯罪。最后，私募基金保底行为虽较为普遍，但因私募基金的非公开性，尚不能当然得出该等违规行为会导致行业性、系统性风险的结论。

法规链接

《证券期货经营机构私募资产管理业务运作管理暂行规定》

第十二条 中国证监会及其派出机构依法对证券期货经营机构私募资产管理业务实施监督管理。对于违反本规定的，中国证监会及其派出机构可对机构采取监管谈话、出具警示函、责令改正、暂停办理相关业务等行政监管措施，对相关责任人员采取监管谈话、出具警示函、认定为不适当人选等行政监管措施；依法应予行政处罚的，依照法律法规进行行政处罚；涉嫌犯罪的，依法移送司法机关，追究其刑事责任。

《私募监管暂行办法》

第三十八条 私募基金管理人、私募基金托管人、私募基金销售机构及其他私募服务机构及其从业人员违反本办法第七条、第八条、第十一条、第十四条至第十七条、第二十四条至第二十六条规定的，以及有本办法第二十三条第一项至第七项和第九项所列行为之一的，责令改正，给予警告并处三万元以下罚款；对直接负责的主管人员和其他直接责任人员，给予警告并处三万元以下罚款；有本办法第二十三条第八项行为的，按照《证券法》和《期货交易管理条例》的有关规定处罚；构成犯罪的，依法移交司法机关追究刑事责任。

《最高人民法院关于审理非法集资刑事案件具体应用法律若干问题的解释》

第一条 违反国家金融管理法律规定，向社会公众（包括单位和个人）吸收资金的行为，同时具备下列四个条件的，除《刑法》另有规定的以外，应当认定为《刑法》第一百七十六条规定的"非法吸收公众存款或者变相吸

收公众存款":

（一）未经有关部门依法批准或者借用合法经营的形式吸收资金；

（二）通过媒体、推介会、传单、手机短信等途径向社会公开宣传；

（三）承诺在一定期限内以货币、实物、股权等方式还本付息或者给付回报；

（四）向社会公众即社会不特定对象吸收资金。

未向社会公开宣传，在亲友或者单位内部针对特定对象吸收资金的，不属于非法吸收或者变相吸收公众存款。

因此，本书认为，现有禁止保底规章并未全然达到涉及公序良俗的标准，其可否作为直接否认保底效力的依据，仍有探讨余地。

第三，在行业规范层面，上表所列两项行业规范虽较为全面地禁止了管理人及其关联方、募集机构及其从业人员进行保底，但因该等规定在层级上仅属于自律性行业规范，故无法直接或参照作为认定私募基金保底效力的依据。

三、司法实践对私募基金保底条款效力的认定

本书经梳理近年关于私募基金保底效力的案例发现，目前司法实践对私募基金保底是否有效尚未形成主流意见，认定有效或无效之案例均有，且数量都不少，理由也不尽相同。在整合案例观点的基础上，本书将司法实践认定保底效力的主要理由梳理分析如下。

（一）司法实践认定保底有效的主要理由

近年司法实践中，法院认定私募基金保底条款有效的主要理由包括：

第一，当事人援引的禁止保底相关规则不属于法律、行政法规的效力性强制性规定（典型案例4.4、4.5）。

典型案例

4.4 杨某与周某等合同纠纷案[广东广州中院(2018)粤01民终8367号]

法院认为,《私募监管暂行办法》关于私募基金管理人、私募基金销售机构不得向投资者承诺投资本金不受损失或者承诺最低收益的规定,属于部门规章的效力级别,不属于法律、行政法规的强制性规定,投资者与管理人等签订《股权投资还款协议书》,约定向投资者返还本金及按照年化10%计算的收益有效。

4.5 朱某与励琛公司证券投资基金回购合同纠纷案[上海徐汇法院(2019)沪0104民初14390号]

该案中,管理人主张《资管新规》已明确规定禁止刚性兑付,涉案《回购协议》应属无效。法院认为,该规定系管理性规范,不是效力性强制规范,管理人以此规定为由要求确认《回购协议》无效的意见不能采纳。

第二,提供保底承诺的主体不属于禁止保底规则规制的对象(典型案例4.6、4.7、4.8)。

典型案例

4.6 班某、柴某与郑某等合同纠纷案[北京二中院(2020)京02民终5038号]

该案中提供保底的主体为管理人法定代表人、股东,其以《私募监管暂行办法》主张其保底无效,法院认为涉案提供保底的人员并非管理人,不适用该等规定,遂未支持其主张。

4.7 魏某与励琛公司证券投资基金回购合同纠纷案[上海徐汇法院(2019)沪0104民初2288号]

该案中提供保底的主体为管理人,管理人以《资管新规》主张其保底无效,法院认为该规定约束的系金融机构,管理人并非金融机构,遂未支持其主张。

4.8 宁某与王某合同纠纷二审民事判决书[山东济南中院(2019)鲁01民终1775号]

该案中提供保底的主体为管理人法定代表人,法院认为其保底行为并非管理人保底,最终认定保底有效。

第三，笼统认为当事人提供保底的意思表示真实，不违反法律、行政法规禁止性规定，不损害他人利益（典型案例 4.9、4.10、4.11）。

典型案例

4.9 徐某与前海融信公司、前海金鑫公司等合同纠纷案〔上海浦东法院（2019）沪 0115 民初 64782 号〕

该案中，管理人及其关联方共同出具《承诺函》，载明承诺限期退出投资者投资款。法院认为，《承诺函》系各方当事人的真实意思表示，且于法无悖，故依法成立有效，管理人及其关联方应共同向投资者承担投资款本金还款责任。

4.10 党某与付某等合伙协议纠纷案〔北京朝阳法院（2017）京 0105 民初 66467 号〕

党某系合伙型基金的投资者、有限合伙人，永信公司系管理人、普通合伙人，双方签订《权益回购协议书》，约定若基金封闭期结束，合伙企业所投资的企业无论任何原因无法偿还党某应得的本金及收益，由永信公司回购党某持有的合伙企业权益及收益，回购价格＝认购金额＋认购金额 × 基金认购合同约定的预期年化收益率 × 存续年限。

法院认为，《权益回购协议书》系各方当事人的真实意思表示，内容不违反法律、行政法规的强制性规定，应属合法有效。但需指出的是，永信公司与党某约定以进行投资活动为目的设立有限合伙企业，在明确约定有限合伙人对合伙企业债务以其出资额为限承担有限责任的同时，又约定普通合伙人要对有限合伙人持有的权益进行回购，实质是对有限合伙人保本保收益，这有悖于《私募监管暂行办法》中关于私募基金管理人、私募基金销售机构不得向投资者承诺投资本金不受损失或者承诺最低收益的规定。此外，管理人被核准的经营范围中明确禁止其向投资者承诺投资本金不受损失或者承诺最低收益。企业经营中应杜绝有违规章、行政管理性规定的行为。

4.11 国通公司与中珠公司证券投资基金交易纠纷案〔湖北高院（2018）鄂民初 117 号〕

国通公司认购雪球公司设立的众邦 1 号私募基金，基金投向为中珠医疗公司非公开发行的股票。国通公司与中珠医疗公司的控股股东中珠公司签订《差补担保协议》，约定在投资基金终止并全部清算分配完毕后，若投资基金分配给国通公司的现金金额不足以覆盖投资本金及8%的年化资金成本，中珠公司就其不足部分向投资者提供差额补偿。

法院认为，中珠公司自愿承担差额补足责任的实质是对国通公司作的保底承诺，是其基于自身利益和目标公司经营发展考虑吸引其他投资者参与公司经营的激励措施，属于当事人意思自治范畴，也不损害其他投资者合法权益，《差补担保协议》合法有效。

值得注意的是，在基金合同当事人以外的第三方提供保底的场合下，部分法院的裁判思路是将第三方保底定性为对管理人偿付义务的保证（典型案例4.12、4.13、4.14）或债务加入（典型案例4.15、4.16），并以此为基础判断第三方是否已达到承担保底责任的条件。类似规则在《担保制度解释》第三十六条中亦有体现。

法规链接

《担保制度解释》

第三十六条　第三人向债权人提供差额补足、流动性支持等类似承诺文件作为增信措施，具有提供担保的意思表示，债权人请求第三人承担保证责任的，人民法院应当依照保证的有关规定处理。

第三人向债权人提供的承诺文件，具有加入债务或者与债务人共同承担债务等意思表示的，人民法院应当认定为《民法典》第五百五十二条规定的债务加入。

前两款中第三人提供的承诺文件难以确定是保证还是债务加入的，人民法院应当将其认定为保证。

第三人向债权人提供的承诺文件不符合前三款规定的情形，债权人请求第三人承担保证责任或者连带责任的，人民法院不予支持，但是不影响其依据承诺文件请求第三人履行约定的义务或者承担相应的民事责任。

> 📌 **典型案例**

4.12 吴某与华宇公司保证合同纠纷案［北京海淀法院（2019）京 0108 民初 26998 号］

吴某认购管理人为未来公司的私募基金。未来公司的控股股东华宇公司向吴某出具《承诺函》，承诺若未来公司在基金存续期届满后不能按约定的预期收益率向吴某返还本金及收益，则华宇公司承担返还责任。

法院认为，依据《最高人民法院关于适用〈中华人民共和国担保法〉若干问题的解释》第二十二条第一款规定，第三人单方以书面形式向债权人出具担保书，债权人接受且未提出异议的，保证合同成立。本案华宇公司作出的承诺不违反法律、行政法规的效力性强制性规定，合法有效。由该承诺函的文意可见，华宇公司承担保证责任的前提是未来公司未能按期偿付债务，而非未来公司不能以其财产清偿债务，故华宇公司承担的应系连带保证责任，其应当按照承诺函约定还款。

4.13 张某与博动公司、陈某、刘某保证合同纠纷案［上海浦东法院（2019）沪 0115 民初 99689 号］

张某认购管理人为颉利公司的基金，基金合同约定募集资金投资于博动公司 30% 股权，用于拍摄电影和举办演唱会。后张某了解到博动公司挪用投资款。此后，博动公司向张某出具承诺函，承诺向张某支付基金投资款。博动公司及其股东陈某、刘某又进一步向张某承诺，若 2 个月内颉利公司未兑付本金的，张某有权要求三者支付投资本金、收益和利息损失，并额外给予逾期利息一倍的补偿金。

法院认为，尽管张某在持有的基金份额范围内承担基金亏损或者终止的有限责任，但无论在投资期限到来之前还是之后，目标公司及其股东多次向张某承诺，对涉案基金的投资本金、投资收益、逾期利息损失等承担无限连带保证责任，且另外支付逾期利息的一倍的补偿金，故双方形成了保证合同关系。现基金合同约定的投资期限已届满，颉利公司未按约向张某兑付全部投资款本金、投资收益和逾期利息损失，张某要求博动公司、陈某、刘某向其履行承诺，符合法律规定，依法予以支持。

4.14 陈某与新鼎明公司合同纠纷案[浙江杭州滨江法院（2019）浙0108民初2372号]

陈某认购管理人为海宁新鼎明公司的私募基金。海宁新鼎明公司的全资股东——杭州新鼎明公司出具《承诺函》，承诺在投资项目到期时，如A类份额投资者未能获得本金及年化10%的收益，且B类份额资金未能补足A类份额投资者实际从投资项目中收到的本金及收益于本金及年化10%的差额时，其将对该差额进行补足。

法院认为，该《承诺函》类似于一般保证，杭州新鼎明公司享有先诉抗辩权，故陈某在本案中要求其直接承担补足责任的依据不足，暂无法予以支持。陈某以海宁新鼎明公司为被申请人就基金合同相关纠纷已提起仲裁，如经仲裁裁决并强制执行，债务履行依然不足的，陈某可再依《承诺函》起诉。

4.15 禤某与穆某、陈某合同纠纷案[广东广州从化法院（2019）粤0117民初2286号]

禤某认购管理人为国龙公司的私募基金。穆某、陈某作为国龙公司的股东，向禤某承诺分期回购禤某的基金份额。

法院认为，穆某、陈某自愿向投资者出具回购本金支付利息的承诺书，应视为其对国龙公司债务的自愿负担，对禤某主张的由穆某、陈某返还其投资本金的主张予以支持。

4.16 陈某与艾科路公司金融委托理财合同纠纷案[浙江绍兴上虞法院（2019）浙0604民初1030号]

陈某认购普漫斯公司为管理人的基金，基金募集资金投向艾科路公司。后因基金未能及时兑付，艾科路公司向陈某出具兑付计划说明，承诺分期还款。

法院认为，艾科路公司出具兑付计划说明，性质上为债务加入，该兑付计划说明系当事人真实意思表示，不违反法律规定，合法有效，艾科路公司应按约履行。

应当看到的是，以保证或债务加入的思路处理第三方保底，可能存在法理上和逻辑上的问题。若第三方保底构成保证或债务加入，则其效力和范围均需基于主债务效力和范围进行考虑，即须先行认定管理人是否存在偿付义务,而管理人该等偿付义务的性质如为保底,亦须进行效力评价。故此种情况下越过管理人的主债务效力而直接认定第三方保底的效力,逻辑上存在欠缺。下述典型案例 4.17 中,基金服务机构员工向投资者承诺,其对管理人应支付给投资者的投资本金和收益承担连带担保责任,法院即考虑了担保合同效力的从属性,在明确涉案基金合同不存在保底条款,管理人对投资者不负有支付本金和收益的债务的基础上,未认定基金服务机构员工承诺构成保证,而是构成单方允诺,此种裁判思路值得重视。

典型案例

4.17 张某与蒋某保证合同纠纷案[江苏镇江丹徒法院(2020)苏 1112 民初 175 号]

蒋某向张某介绍购买管理人为朴素公司的私募基金,蒋某向张某出具担保书,载明对朴素公司应支付张某的 130 万元承担连带责任。

法院认为,蒋某出具担保书的行为构成单方允诺,其应在朴素公司给付投资者款项不足 130 万元时承担责任。但涉案基金尚在清理之中,朴素公司最终给付张某款项的期限未到、金额不明,现张某要求蒋某承担给付责任,依据不足,不予支持。一方面,保证是保证人和债权人对于债务人不履行债务而作出约定,而本案中张某与朴素公司之间系信托关系,朴素公司并不构成张某 130 万元款项的当然债务人。另一方面,若担保书构成连带责任保证,那么意味着蒋某向张某承担担保书中的 130 万元后有权向朴素公司追偿,这显然与基金合同关于不保证收益、不存在保本付息的约定不符。

(二)司法实践认定保底无效的主要理由

保底条款与私募基金高风险投资的本质相违背,容易成为部分管理人诱使投资者从事高风险投资行为的手段,这一方面使私募基金的发行带有欺骗性,极易引发法律纠纷,另一方面亦可能诱发不正当竞争,扰乱市场秩序。[1] 故近年司法实践中,越来越多的法院开始认定保底条款无效,但其具体理由

---

[1] 参见吴应宁:《完善我国私募基金监管体系探讨——基于对〈证券投资基金法(修订草案)〉的分析》,载《理论界》,2013(2)。

各有差异,主要理由包括以下几方面。

第一,保底条款违反禁止保底相关规定(典型案例 4.3、4.18、4.19)。

 **典型案例**

4.18 深蓝启明公司与汽车配件公司合作合同纠纷案[上海二中院(2018)沪 02 民终 5946 号]

法院认为,本案管理人与投资者签署协议,保证投资者年化收益率 7% 的保底收益。该保底收益条款违反《证券投资基金法》第一百零三条"基金投资顾问机构及其从业人员提供基金投资顾问服务,不得以任何方式承诺或者保证投资收益"的规定,扰乱社会经济秩序,属于损害社会公共利益的行为,依据《合同法》第五十二条第四项规定,应属无效。

4.19 贺某与康智源公司、豫丰公司委托理财合同纠纷案[河南郑州金水法院(2019)豫 0105 民初 15312 号]

法院认为,根据《证券投资基金法》的规定,非公开募集基金的基金管理人员应当参照公开募集基金管理人的规定,不得向基金份额持有人违规承诺收益或者承担损失。本案管理人在与投资者签订的《基金专户补充协议书》中明确约定"与投资者损益与共""保证甲方选择项目基金的收益"等条款,应视为违规承诺收益及承担损失。该条款违反了法律的强制性规定,并对投资者选择该基金产生重要影响,根据《合同法》第五十二条第五项规定,应当认定《基金专户补充协议书》系无效合同,管理人应向投资者返还收取的投资本金,并按照中国人民银行同期同类基准贷款利率自收取款项之日起承担资金占用期间的损失。

第二,保底条款违背社会公共利益(典型案例 4.20)。

 **典型案例**

4.20 张某与国投资本公司合同纠纷案[广州深圳福田法院(2018)粤 0304 民初 43053 号]

法院认为,管理人在《基金合同》中承诺按业绩比较基准付息,到期还本付息,在《回购函》中承诺按《基金合同》约定,回购投资者持有份额100万元,到期分配税前本金及收益和1045370元。上述约定系承诺保证投资者本息固定回报的合同条款,构成保底条款。上述保底条款规避和转嫁了金融投资风险,使双方民事权利义务明显失衡,违背了基本经济规律及合同法等价有偿和公平的原则,对金融、经济秩序产生负面影响,损害了社会公共利益。依照《民法总则》一百五十三条第二款"违背公序良俗的民事法律行为无效"及《合同法》第五十二条第四项之规定,上述《基金合同》《回购函》所涉保底条款无效。

在本案订有保底条款的《基金合同》《回购函》中,保底条款与合同其他内容条款不具有可分性,存在紧密牵连关系。虽然管理人抗辩其在《基金合同》中标注了风险提示条款,不承诺固定投资收益,但就本案基金合同缔约目的而言,本案投资者除期待投资本金的安全外,尚期待合同约定的9%的固定收益回报率。若没有上述保底条款的存在,投资者通常不会签订涉案《基金合同》,在保底条款被确认无效后,投资者的缔约目的几乎丧失;若使合同其他部分继续有效并履行,不仅违背投资者的缔约目的,而且无履约意义,将导致极不公平合理之结果。故涉案保底条款应属涉案《基金合同》《回购协议》之目的条款及核心条款,风险提示条款不足以影响保底条款在《基金合同》中的目的性及核心性,保底条款无效则涉案《基金合同》及《回购函》整体自始无效。

第三,保底条款违反公平原则(典型案例 4.3、4.21、4.22)。

典型案例

4.21 黄某与翻银公司、童祝梅证券投资基金交易纠纷案[广东佛山南海法院(2018)粤 0605 民初 11108 号]

法院认为,投资者与管理人签订涉案基金合同,又通过承诺函将基金合同的投资产品变更为年化收益率为 13% 的固定收益类产品,双方的实际合同目的并非进行私募基金购销,而是保底理财投资,双方已不存在共担盈亏风险的证券基金投资性质。因此,基金合同的保底条款有违民法公平原则及市场交易规则,与证券期货等金融市场投资风险无法避免的市场基本规律相悖,应属无效约定。由于保底条款是双方建立合同关系的核心条款，客观上若无该保底条款，双方不会建立合同关系；在保底条款被确认无效后，双方合同目的已然丧失，基金合同亦无履行之意义，故在保底条款无效的情况下，基金合同亦无效。管理人应返还投资本金，并赔偿该款自投资之日起按中国人民银行同期贷款利率计算的利息。

4.22 杨某与国投资本公司、国投保理公司金融委托理财合同纠纷案［广东深圳福田法院（2018）粤 0304 民初 41610 号］

法院认为，涉案基金合同约定"收益分配按半年付息，到期还本付息"等内容，应视为投资者与管理人约定了保底条款，而投资者委托管理人所进行的基金投资，其投资风险无法避免，绝对的只盈不亏的情形不可能存在，保底条款违反了民法的公平原则、市场基本规律，属于无效条款。而保底条款属于委托理财合同核心条款，不能成为相对独立的合同无效部分，故保底条款无效导致委托理财合同整体无效。

司法实践中以第一、二种理由论证保底条款无效的情况相对更为常见。

对于否定保底条款效力的实践情况，我们进一步梳理分析以下问题：

第一，如前所述，我国私募基金保底效力尚缺乏全面且可直接作为裁判依据的规则，故在司法实践中，法院为从"违反禁止保底相关规定"角度否认保底效力，往往采取两种说理方式：一，同时援引可直接适用于个案的禁止保底规章规定和不可直接适用于个案的禁止保底法律规定，以涉案保底行为违反涉公共利益之规章，不符合法律规定精神为由，论证涉案保底条款因属法律法规所禁止而无效（典型案例 4.3、4.23）。二，以《证券投资基金法》禁止公募基金保底，并规定私募基金规则应依据该法原则制定为由，认定私募基金保底违法（典型案例 4.19）。但如前所述，这种论证思路可能忽视了私募基金与公募基金在社会影响方面的显著差异。

典型案例

4.23 嘉和源公司、丁某与江某委托理财合同纠纷案［江苏南京中院（2020）苏 01 民终 6867 号］

法院认为，涉案协议约定，管理人保证投资者本金不受损失以及投资获得年利率9%的收益,前述条款属于管理人保证投资者固定收益的保底或者刚兑条款,应认定为无效。

首先,管理人与投资者之间属于委托理财合同关系。有偿代理的代理人只承担因自己的过错造成被代理人损失的责任,而不承担因不可归责于代理人的事由所造成的被代理人损失的责任,涉案各保底条款违反了委托代理制度的根本属性。

其次,投资者通过保底协议的设定,无须承担相应的投资风险,而管理人则须承担本应由投资者承担的自身投资风险所带来的损失,该约定导致双方权利义务配置不对等,违反权利义务对等的原则。

再次,《证券法》第一百四十四条禁止证券公司保底,《九民会议纪要》禁止金融机构保底。虽然管理人并非证券公司,但亦属于具有资质的投资机构,在管理人作为投资机构管理多个理财产品的情况下,如果认定涉案保底条款有效,势必将影响投资机构的存续性及其管理的其他理财产品的投资本金、利润,进一步将影响该投资机构理财产品其他投资者的本金、利润的回收,造成实质不公。

最后,《私募监管暂行办法》第十五条规定,私募基金管理人、私募基金销售机构不得向投资者承诺投资本金不受损失或者承诺最低收益。本案保底承诺行为显然违反了前述规定。虽然违反规范性文件一般情况下不影响合同效力,但该规范性文件的内容涉及金融安全、市场秩序、国家宏观政策等公序良俗的,应当认定合同无效。《私募监管暂行办法》的前述规定是《证券投资基金法》在私募投资基金领域的贯彻适用。从监管强度分析,私募基金财产独立于投资人、管理人财产是私募基金的基本原则,管理人以私募基金财产为限向投资人承担义务,是私募基金领域的基本规范与行业共识,构成国家公共秩序的组成部分。从违规后果和社会影响分析,当基金合同中约定刚性兑付,使得投资风险仍停留在金融体系内部,将本应由投资者自行承担的资产损失风险转嫁至作为受托人的金融机构承担,可能导致个别金融机构因不能刚性兑付而引发系统性风险,且刚性兑付不利于资源配置和直接融资服务实体经济,弱化了市场纪律。

综上所述,涉案保底协议违反市场基本规律和资本市场规则,严重破坏资本市场合理格局,不利于金融市场的风险防范,有损社会公共利益,属于法律法规所禁止的保底条款，应属无效。

《民法总则》第一百五十七条规定："民事法律行为无效、被撤销或者确定不发生效力后，行为人因该行为取得的财产，应当予以返还；不能返还或者没有必要返还的，应当折价补偿。有过错的一方应当赔偿对方由此所受到的损失；各方都有过错的，应当各自承担相应的责任。法律另有规定的，依照其规定。"本案中，涉案保底协议无效，应根据双方在签订协议及促成投资过程中的过错进行判断：首先，管理人理应知悉法律、行政法规的禁止性规定，亦应清楚违反相关禁止性规定的法律后果，其签订涉案保底协议主观过错明显；其次，管理人为招揽基金投资者、促进基金销售，采取招揽、劝诱投资者的方式，其主观上的利益追求系各协议得以签订的重要原因，亦系促成投资者投资的重要原因；最后，投资者理应知悉资本市场的投资风险，且涉案基金合同签订过程中管理人多次作出风险提示，进行风险问卷调查，告知基金产品的高风险性，投资者亦在风险问卷调查中声明其已了解相关风险。然而，投资者仍签订涉案保底协议，企图完全规避资本市场投资风险，显然亦存在一定主观过错。综合双方的过错程度，酌情认定由管理人向投资者赔偿尚未收回投资本金的70%，由投资者自行承担30%。

第二，司法实践中以"违背社会公共利益"为由认定保底无效时，大多简单、笼统地认定保底将对金融、经济秩序产生负面影响，但未就产生何种负面影响，如何产生影响予以论证。事实上，若严格按照《九民会议纪要》第三十一条及最高法院理解与适用阐述的标准加以考察，现有实践的认定和论证可能均不够充分。

但应强调指出的是，在近年来金融监管层面愈发严格地强调打破刚兑的背景下，若司法认定保底有效，实质上会导致该等金融监管要求无法真正落地，难以形成监管协同。故尽管现有裁判在说理上存在瑕疵或不足，但可预见仍将有相当数量的法院支持保底无效的观点。

第三，司法实践对基金合同关系之外第三方的保底多认定有效，但管理人关联方因与管理人存在紧密联系，司法实践对其保底是否有效仍有较大争议。部分法院以无相关禁止规定为由认定其保底有效（典型案例4.6、4.24）；但也有法院认为，管理人关联方系管理人利益共同体，由管理人关联方提供保底是为规避相关禁止管理人保底的规定,并综合依据相关保底违反禁止管理人保底规定和该保底违背社会公共利益,认定管理人关联方保底无效(典型案例4.25、4.26、4.27)。

> **典型案例**

4.24 刘某与领辉公司合同纠纷案[浙江宁波中院(2020)浙02民终2364号]

投资者领辉公司与管理人法定代表人刘某签订《亏损补偿协议》,约定该协议签订之日后9个月内,若投资者份额净值不足425万元,不足部分,由刘某赔偿。

法院认为,合同是否有效的判断依据是合同约定的条款是否违反法律法规的强制性规定,对作为请求权基础的法律法规强制性规定的理解,应以法律法规的明确规定为限,没有明确规定的不宜作为判断合同效力的依据。本案中,刘某主张《亏损补偿协议》本质上属于保底条款,违反《证券法》第一百三十五条、《证券投资基金法》第一百零三条、《私募监管暂行办法》第十五条、《私募投资基金募集行为管理办法》的规定。但上述规定约束的主体均非个人,故刘某个人签订的《亏损补偿协议》并不违反法律法规的强制性规定,该协议有效。

4.25 马某与王某合同纠纷案[福建厦门中院(2021)闽02民终1269号]

基金管理人的法定代表人王某向马某作出补足净值低于0.8部分的承诺。法院认为,王某虽以个人名义承诺保底收益,但王某作为基金管理人的法定代表人及从业人员,违反《证券投资基金法》《私募监管暂行办法》等关于基金管理人及从业人员不得向投资者违规承诺收益或承担损失的禁止性规定,故王某所作承诺应属无效。因王某所作承诺无效,对于基金投资损失应根据双方过错进行分担。根据本案实际情况及双方过错大小与损失之间的因果关系,酌定王某承担损失的80%,马某自行承担该损失的20%。

4.26 熊某等与罗某合同纠纷二审案[广东广州中院(2019)粤01民终16045号]

投资者罗某与基金管理人主要股东熊某、张某、陈某签订补充协议,约定若涉案基金清算时资产单位净值小于1元时,则熊某、张某、陈某或其指定的第三方需在差价范围内作出补足。

法院认为，根据《证券投资基金法》第一百零三条及《私募监管暂行办法》第十五条，管理人向投资者做出的保底承诺违反法律、行政法规的强制性规定，属于无效合同。本案中，保底承诺的做出方虽系管理人股东，而非管理人，但二者实际上系利益共同体，且从补充协议的约定来看，双方在签订该协议时亦均已知悉相关保底承诺方为管理人主要股东的事实。因此，涉案补充协议实为双方为规避法律、行政法规的监管而作出的约定，内容违反市场基本规律和资本市场规则，严重破坏资本市场的合理格局，不利于金融市场的风险防范，有损社会公共利益，应认定为无效合同。

本案投资者损失的承担，应根据双方过错进行判断：首先，熊某、张某、陈某作为管理人主要股东，理应知悉法律、行政法规的禁止性规定，亦应知悉违反相关禁止性规定的法律后果，其签订案涉补充协议主观过错明显；其次，根据基金合同、补充协议以及缴款时间顺序，熊某、张某、陈某明显系为促进基金销售而签订案涉补充协议，其主观上的利益追求系协议得以签订的重要原因，亦系促成罗某投资的重要原因；再次，罗某作为合格私募基金投资者，应知悉资本市场的投资风险，然其仍签订案涉补充协议，企图完全规避资本市场的投资风险，显然亦存在一定的主观过错。综合双方的过错程度，酌情认定由熊某、张某、陈某共同赔偿未收回投资本金的70%，以及自起诉之日起计算的资金占用利息。

4.27 祝某与世行大通公司等委托理财合同纠纷案 [江西南昌东湖法院（2020）赣0102民初771号]

法院认为，管理人控股股东世行大通公司向投资者祝某出具回购及本金、利息等差额补偿的保底承诺，其真实意图系为规避《私募监管暂行办法》第十五条关于管理人禁止保底的规定，该保底条款免除了投资者应承担的投资风险，致使当事人民事权利义务严重失衡。本案投资者与管理人之间属于委托代理关系，而《差额补偿及回购承诺》违反了委托代理制度的根本属性，违背了委托理财法律关系和私募基金"利益共享、风险共担"的基本原则，亦违背了金融市场的基本规律和交易原则。《私募监管暂行办法》虽属部门规章，但规章内容涉及金融安全、市场秩序等公序良俗，故应认定保底承诺无效。

> ⭐ **实务提示**
>
> 司法实践对管理人及其关联方提供的私募基金内部保底的效力存在较大争议,认定有效及无效均有相应理由,当事人在开展交易时应当充分注意合同效力风险。

四、私募基金保底的法律后果

(一)认定保底有效时的法律后果

在私募基金保底有效的情况下,法院基本均判决按照保底安排进行资金偿付。

但在[北京朝阳法院(2017)京0105民初66467号]案中,法院对合伙型基金管理人提供保底的责任承担提出了较为特殊的处理方式。该案合伙协议约定管理人以回购方式提供保底。法院认为,投资者所投资金实际应作为投资者认缴出资归入合伙企业,该资金最终也应回笼到合伙企业后,再由管理人发还分配,故管理人有关回购承诺,应认为是以执行事务合伙人身份给合伙企业设定的义务,这符合权利义务对等原则,合伙企业应受此条款约束。法院据此认定,管理人与合伙企业就投资者本金及收益偿还均有给付义务,债务金额等同,但各自承担责任的基础与依据不同,二者系不真正连带责任。

本书认为,该判决令管理人和基金本身同时承担保底偿付责任,虽保护了个案中的特定投资者,但不符合该案当事人对保底主体的约定,亦违背了基金财产独立性原则,更可能损害该基金项下其他投资者利益,值得商榷。

(二)认定保底无效时的法律后果

讨论保底条款无效的后果,首先需要讨论保底条款无效是否导致基金合同无效。司法实践对此一直存在争议,最高法院早年曾在一起委托理财合同纠纷案件中认为,保底条款属涉案委托理财协议之核心条款,不能成为相对独立的合同无效部分,故保底条款无效应导致委托理财协议整体无效(典型案例4.28)。当前私募基金司法实践中,仍有一些法院采取与该案相似的说理,认定保底条款无效则基金合同亦无效(典型案例4.19、4.21)。下面分两种情况进行讨论。

典型案例

4.28 亚洲证券公司与同舟公司委托理财合同纠纷案[最高法院(2009)民二终字第1号]

涉案委托理财协议约定,青基会向同舟公司支付资金,开办资金账号,并将该账户交易操作权交给同舟公司进行有价证券投资,同舟公司保证青基会投资收益率不低于10%。

法院认为,涉案委托理财协议所约定的年10%的固定回报率属于保底条款。尽管该保底条款是资金委托管理协议双方以意思自治的形式对受托行为所设定的一种激励和制约机制,但该条款致使双方民事权利义务严重失衡,既不符民法上委托代理的法律制度构成,亦违背民法的公平原则,故该保底条款无效。在本案订有保底条款的委托理财合同中,保底条款与合同其他内容条款不具有可分性,其并非可以独立分离出来的合同部分,而是与合同其他部分存在紧密的牵连关系。就本案中委托理财协议之缔约目的而言,青基会除期待委托资产本金的安全外,尚期待高达10%的固定收益回报率。因此可以说,若没有保底条款的存在,当事人双方尤其是投资者通常不会签订委托理财合同;在保底条款被确认无效后,投资者的缔约目的几乎丧失;若使合同其他部分继续有效并履行,不仅违背投资者的缔约目的,而且几乎无履约意义,将导致极不公平合理之结果。有鉴于此,保底条款应属涉案委托理财协议之目的条款或核心条款,不能成为相对独立的合同无效部分,保底条款无效应导致委托理财协议整体无效。

1. 认定保底条款无效但基金合同有效时的法律后果

在保底条款无效但基金合同有效的情况下,司法实践多将投资者确定无法收回的本金认定为保底条款无效时的损失，亦有法院同时将未能收回本金的利息一并纳入损失范围，继而综合提供保底一方和投资者的过错情况确定损失的分担。如在典型案例4.23、4.26中，法院均判决投资者和保底方各承担30%和70%的损失。其中，当事人过错的考量因素包括保底承诺方的专业性、保底承诺在促进涉案基金销售中的作用、投资者的风险认知能力、基金合同有无风险提示、投资者有无出具知悉风险的书面声明等。在投资者系合格投资者的情况下，法院更可能认定其具备较高的风险认知能力，并判令其承担相对非合格投资者更多的损失。此外，还有法院在考察过错的同时，参照管理人业绩报酬比例确定损失分担比例，如在典型案例4.3中，法院根据基金合同约定的业绩报酬比例，判决管理人就投资者本金亏损的20%承担赔偿责任。

本书认为，保底条款无效后的损失赔偿范围应基于合同无效后损失赔偿范围规则处理，即此时产生的系缔约过失责任，赔偿范围为直接损失和间接损失，但不包括履行利益。[①] 故保底条款无效时，保底承诺的收益部分不应计入损失，而投资者无法收回的本金及该部分本金所产生之利息，可作为直接损失纳入赔偿范围。在此基础上，法院根据双方过错情况在当事人之间分担损失，这一方面使得当事人所承担责任与其对保底无效的过错相匹配，另一方面也避免损失赔偿成为变相保底，此种处理思路具有合理性。

2. 保底条款无效导致基金合同无效时的法律后果

相较保底条款无效而基金合同有效的后果而言，在保底条款无效且导致基金合同整体无效的情况下，法院往往对管理人课以更重的赔偿责任。法院一般按照合同无效时当事人应返还因合同取得的全部财产的规定，判决管理人返还收取的全部投资款，且多数法院判决管理人一并按照央行同期贷款利率或LPR支付资金占用损失（典型案例4.19、4.21），但亦有法院结合双方过错情况，判令管理人仅返还投资本金（典型案例4.29）。

本书认为，上述案件判令管理人向投资者返还全部本金，实际结果可能与保底无异，这与法院否定保底条款乃至基金合同效力的目的可能存在矛盾，

---

① 参见于蒙（最高人民法院民一庭）：《合同无效损失赔偿范围的界定》，载中华人民共和国最高人民法院民事审判第一庭编：《民事审判指导与参考》总第40辑，128页，北京，法律出版社，2010。

亦与监管目的相悖。根据《民法典》第一百五十七条的规定，处理合同无效后的后果应当考察双方当事人的过错。根据《九民会议纪要》第九十二条的规定，在认定金融机构资管产品保底或刚兑条款无效后，受托人的赔偿责任应与其过错相适应。因此，在保底条款无效导致基金合同无效的情形中，确定管理人的赔偿责任大小，不仅应考察管理人对合同无效和损失形成的过错，还应考察投资者的过错。

法规链接

《民法典》

第一百五十七条　民事法律行为无效、被撤销或者确定不发生效力后，行为人因该行为取得的财产，应当予以返还；不能返还或者没有必要返还的，应当折价补偿。有过错的一方应当赔偿对方由此所受到的损失；各方都有过错的，应当各自承担相应的责任。法律另有规定的，依照其规定。

《九民会议纪要》

第九十二条【保底或者刚兑条款无效】　信托公司、商业银行等金融机构作为资产管理产品的受托人与受益人订立的含有保证本息固定回报、保证本金不受损失等保底或者刚兑条款的合同，人民法院应当认定该条款无效。受益人请求受托人对其损失承担与其过错相适应的赔偿责任的，人民法院依法予以支持。

实践中，保底或者刚兑条款通常不在资产管理产品合同中明确约定，而是以"抽屉协议"或者其他方式约定，不管形式如何，均应认定无效。

典型案例

4.29 亚洲证券公司与同舟公司委托理财合同纠纷二审民事判决书［北京朝阳法院（2018）京 0105 民初 90123 号］

涉案回购协议约定，管理人同意按照投资本金和不低于年 10% 的投资收益率受让投资者持有的基金份额，并约定自基金成立之日一年内每单位估值日净值等于或超过 1.4 或基金成立之日满一年后每单位估值日净值等于或者超过 1.7 时，投资者以年 30% 的投资收益率回购基金份额。

法院认为，上述条款在保证了投资本息最低回报的同时亦对超出部分的收益进行了约定，应属"保证本息最低回报条款"，即委托理财合同中的保底条款。该保底条款免除了投资者应承担的投资风险，致使当事人民事权利义务失衡，违背了委托理财法律关系和私募基金"利益共享，风险共担"的基本原则，亦违反了金融市场的基本规律和交易原则，应属无效。保底条款属委托理财合同的目的条款及核心条款，不能成为相对独立的合同无效部分，故保底条款无效导致双方委托理财合同关系无效。

涉案委托理财合同关系无效后，管理人应返还投资者尚未收回的投资本金。同时，管理人作为具有投资管理和资产管理等经营资质的基金管理人应具有较强的法律意识，按照经营业务范围从事经营活动，而投资者亦应了解与私募基金相关的法律法规及政策性规定，增强投资风险防范意识，避免为追求高回报而盲目投资的情况。故双方均存在过错，应各自承担相应责任，投资者要求管理人支付投资收益、违约金及律师费，法院不予支持。

★ 实务提示

保底条款被认定为无效的情形下，当事人对保底无效的过错情况将影响最终损失分担，投资者和保底承诺方均可从对方过错角度出发提出减轻自身责任的意见。

第五章
私募基金对外投资涉及的对赌协议争议

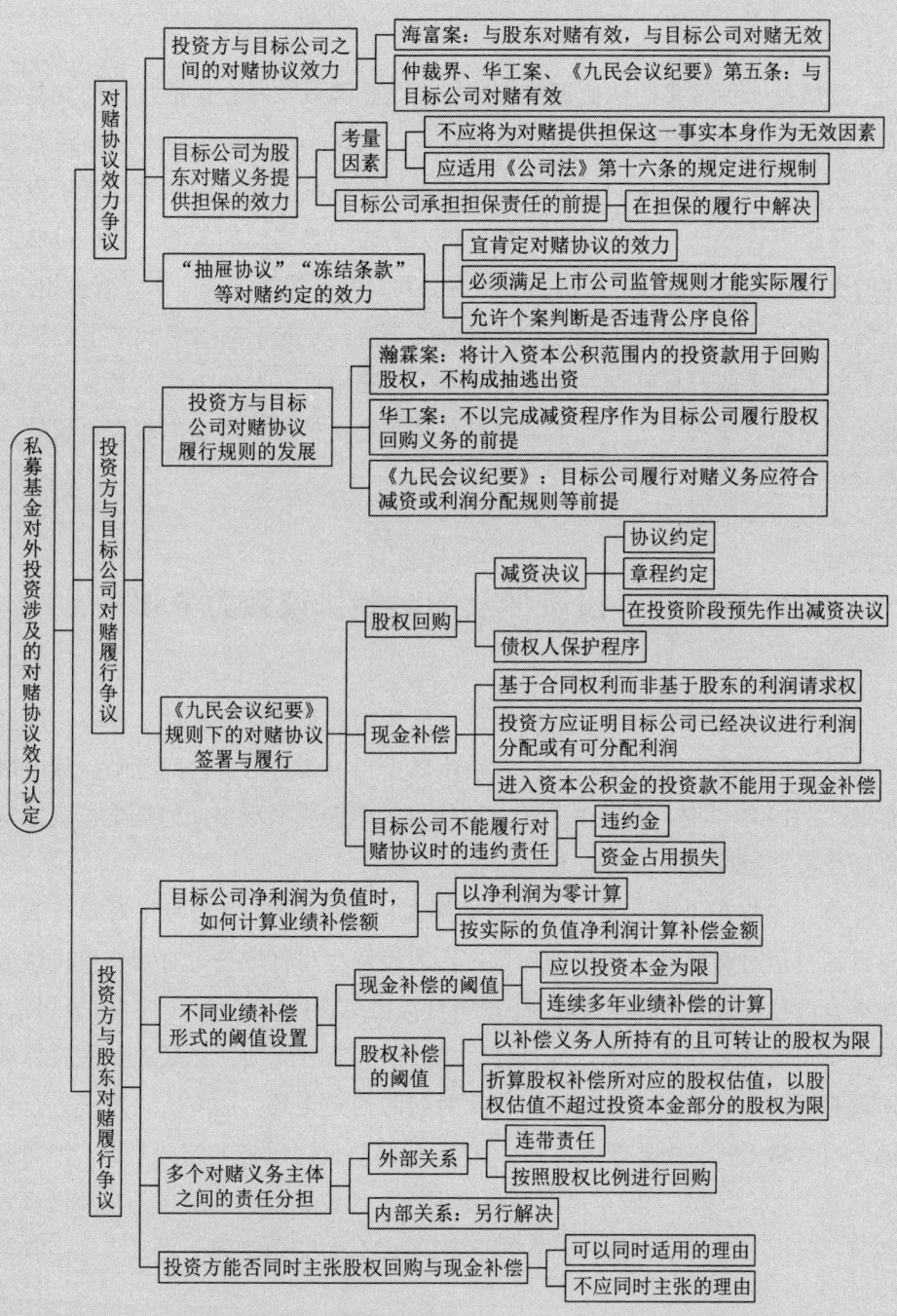

对赌是一种常见的估值调整机制，也是私募股权基金投资常用的交易模式。私募基金作为目标公司的财务投资人，通常不直接参与目标公司经营管理，因此对于目标公司的运营情况缺乏了解和控制。通过对赌协议赋予投资方调整投资价格的权利，可以平衡投资方与管理者之间的关系。基于对赌主体的不同，大致可以分为投资方与目标公司对赌，投资方与股东（或创始人、实际控制人等）对赌两大类；从对赌方式来看，常见的对赌形式主要包括业绩补偿（现金或股权补偿）和股权回购。对赌协议引发的争议是私募基金行业最常见的纠纷类型之一，本章将对私募基金对外投资涉及的对赌协议效力及履行争议进行探讨。

一、私募基金对外投资涉及的对赌协议效力争议

对于股东之间的对赌，司法实践一般认为其不违反强制性法律规定，且不会损害目标公司及其债权人的利益，属于当事人意思自治的范畴，故应属有效。2019年以前，实务中关于对赌协议的争议主要集中如何认定投资方与目标公司之间对赌协议的效力。

最高法院在"海富案"（典型案例5.1）中明确了"与股东对赌有效、与目标公司对赌无效"的裁判观点，认为投资方与目标公司对赌使得投资方脱离公司经营情况获得固定收益，损害目标公司和债权人利益，违反《公司法》第二十条的规定，故投资方与目标公司对赌的条款无效。此后多数法院延续该裁判观点，认定投资方与目标公司对赌的约定无效。法院认定投资方与目标公司对赌无效的主要理由包括：（1）对赌协议违反资本维持原则，涉嫌股东抽逃出资；（2）大股东借由对赌滥用股东地位和权利，损害公司及债权人利益，违反《公司法》第二十条的规定；（3）对赌条款属于保底或固定收益

条款，违反投资风险共担的原则。①

对赌协议违反资本维持原则主要是两种情形：一，股权回购型对赌协议中通常约定若对赌条件未能成就，则目标公司或其他股东需回购投资方持有的股权，该情形不属于《公司法》第七十四条、第一百四十二条规定的公司可以回购股权的情形，若允许目标公司回购，将导致目标公司资本减少；二，《公司法》第一百六十六条规定，公司在弥补亏损前不得分配利润，而在现金补偿型对赌协议中，通常约定在目标公司未达到当年业绩目标的情况下，投资方可以要求目标公司向其提供现金补偿，此时可能违反《公司法》规定的利润分配规则，将事实上导致目标公司资本减少。

需明确的是，法院认为投资方与目标公司对赌因违反《公司法》第二十条"滥用股东权利"或第三十五条"股东抽逃出资"的规定而无效，实际系基于《合同法》第五十二条第（五）项的无效情形之规定，认定对赌约定违反法律法规的强制性规定，故而无效。因此在判断对赌协议的效力时，仍须回归《民法典》及原《合同法》关于合同效力的规定中。

相较于法院在"海富案"之后相对统一的裁判观点，仲裁界则更倾向于尊重当事人意思自治和商业交易逻辑，在"海富案"判决作出后，仍有仲裁案件认定投资方与目标公司之间的对赌协议有效。② 该等案件中认定投资方与目标公司对赌亦有效的主要考虑在于业绩补偿具有独立性，并未损害目标公司和债权人利益，对赌过程中也不存在需要法律特殊保护的利益方，业绩补偿并不会显失公平。③

---

① 参见陶修明：《投资对赌协议纠纷裁判处理的定性和定量分析》，载《北京仲裁》（第111辑），43～58页。
② "海富案反映了当时法院在对赌协议效力问题上的态度，即投资者与目标公司的股东对赌原则上会被认定为有效，但是与目标公司对赌可能被归于无效。中国虽然不属于判例法法系，但最高院的该项判决对于各地法院处理类似案件具有重要的指导意义。然而，基于业界对于该问题的深入研判，在仲裁实践中，越来越多的仲裁裁决基于契约自由与当事人意思自治原则，倾向于认可投资者与目标公司之间对赌协议有效。在某种意义上，在过去几年的争议解决实践中，在对赌协议效力认定方面，法院判决与仲裁裁决呈现出两相分离的态势。有鉴于此，有些投资者特意选择仲裁作为争议解决机制，排除法院管辖，以免司法判决对当事人事前达成的交易安排不予认可。"参见北京仲裁委员会《中国投资争议解决年度观察（2020）》，https://www.bjac.org.cn/news/view?id=3859，最后访问日期2021年2月19日。另外，公开可检索到的认定与目标公司对赌有效的仲裁案件，如（2014）中国贸仲京裁字第0056号仲裁案、（2014）中国贸仲京裁字第0779号。
③ 参见宋毅、王苗苗《对赌协议的效力认定》，载《人民司法·应用》，2018（16）。

> **法规链接**

《公司法》

第二十条 公司股东应当遵守法律、行政法规和公司章程，依法行使股东权利，不得滥用股东权利损害公司或者其他股东的利益；不得滥用公司法人独立地位和股东有限责任损害公司债权人的利益。

公司股东滥用股东权利给公司或者其他股东造成损失的，应当依法承担赔偿责任。

公司股东滥用公司法人独立地位和股东有限责任，逃避债务，严重损害公司债权人利益的，应当对公司债务承担连带责任。

第三十五条 公司成立后，股东不得抽逃出资。

第七十四条 有下列情形之一的，对股东会该项决议投反对票的股东可以请求公司按照合理的价格收购其股权：

（一）公司连续五年不向股东分配利润，而公司该五年连续盈利，并且符合本法规定的分配利润条件的；

（二）公司合并、分立、转让主要财产的；

（三）公司章程规定的营业期限届满或者章程规定的其他解散事由出现，股东会会议通过决议修改章程使公司存续的。

自股东会会议决议通过之日起六十日内，股东与公司不能达成股权收购协议的，股东可以自股东会会议决议通过之日起九十日内向人民法院提起诉讼。

第一百四十二条第一款 公司不得收购本公司股份。但是，有下列情形之一的除外：

（一）减少公司注册资本；

（二）与持有本公司股份的其他公司合并；

（三）将股份用于员工持股计划或者股权激励；

（四）股东因对股东大会作出的公司合并、分立决议持异议，要求公司收购其股份；

（五）将股份用于转换上市公司发行的可转换为股票的公司债券；

（六）上市公司为维护公司价值及股东权益所必需。

第一百六十六条　公司分配当年税后利润时，应当提取利润的百分之十列入公司法定公积金。公司法定公积金累计额为公司注册资本的百分之五十以上的，可以不再提取。

公司的法定公积金不足以弥补以前年度亏损的，在依照前款规定提取法定公积金之前，应当先用当年利润弥补亏损。

公司从税后利润中提取法定公积金后，经股东会或者股东大会决议，还可以从税后利润中提取任意公积金。

公司弥补亏损和提取公积金后所余税后利润，有限责任公司依照本法第三十四条的规定分配；股份有限公司按照股东持有的股份比例分配，但股份有限公司章程规定不按持股比例分配的除外。

股东会、股东大会或者董事会违反前款规定，在公司弥补亏损和提取法定公积金之前向股东分配利润的，股东必须将违反规定分配的利润退还公司。

公司持有的本公司股份不得分配利润。

《合同法》（已失效）

第五十二条　有下列情形之一的，合同无效：

（一）一方以欺诈、胁迫的手段订立合同，损害国家利益；

（二）恶意串通，损害国家、集体或者第三人利益；

（三）以合法形式掩盖非法目的；

（四）损害社会公共利益；

（五）违反法律、行政法规的强制性规定。

典型案例

5.1 世恒公司、迪亚公司与海富公司、陆某增资纠纷案［最高法院（2012）民提字第11号］

海富公司作为增资方，与目标公司世恒公司及其股东迪亚公司、陆某签订《增资协议书》，约定在世恒公司未达成业绩对赌目标时，海富公司可要求世恒公司和迪亚公司按照约定公式履行补偿义务，并要求迪亚公司回购其所持目标公司股权。因世恒公司未实现业绩目标，投资方海富公司起诉要求目标公司世恒公司、迪亚公司和陆某支付协议补偿款1998.2095万元。

法院认为，《增资协议书》约定，如果世恒公司实际净利润低于3000万元，则海富公司有权从世恒公司处获得补偿，并约定了计算公式。这一约定使得海富公司的投资可以取得相对固定的收益，该收益脱离了世恒公司的经营业绩，损害了公司利益和公司债权人利益，违反《公司法》第二十条和《中华人民共和国中外合资经营企业法》第八条的规定，故《增资协议书》中的这部分条款无效。但是，在《增资协议书》中，迪亚公司对于海富公司的补偿承诺并不损害公司及公司债权人的利益，不违反法律法规的禁止性规定，是当事人的真实意思表示，是有效的。迪亚公司对海富公司承诺了世恒公司2008年的净利润目标并约定了补偿金额的计算方法。在世恒公司2008年的利润未达到约定目标的情况下，迪亚公司应当依约应海富公司的请求对其进行补偿。因《增资协议书》并无由陆某对海富公司进行补偿的约定，海富公司要求陆某补偿没有依据。

2019年4月的江苏高院"华工案"（典型案例5.2）改变了投资方与目标公司对赌无效的观点，《九民会议纪要》第五条进一步明确，目标公司如仅以存在股权回购或金钱补偿约定为由，主张对赌协议无效的，法院不予支持。由此，最高法院彻底改变了"海富案"确立的裁判规则，肯定了投资方与目标公司对赌的效力，真正的争议被后置到对赌协议的履行问题上。受此指导，各地法院裁判思路亦趋于一致，故本章不再对投资方与目标公司直接对赌的效力问题展开具体讨论。

▶ 法规链接

《九民会议纪要》

第五条【与目标公司"对赌"】 投资方与目标公司订立的"对赌协议"在不存在法定无效事由的情况下，目标公司仅以存在股权回购或者金钱补偿约定为由，主张"对赌协议"无效的，人民法院不予支持，但投资方主张实际履行的，人民法院应当审查是否符合公司法关于"股东不得抽逃出资"及股份回购的强制性规定，判决是否支持其诉讼请求。

投资方请求目标公司回购股权的，人民法院应当依据《公司法》第三十五条关于"股东不得抽逃出资"或者第一百四十二条关于股份回购的强制性规定进行审查。经审查，目标公司未完成减资程序的，人民法院应当驳回其诉讼请求。

投资方请求目标公司承担金钱补偿义务的，人民法院应当依据《公司法》第三十五条关于"股东不得抽逃出资"和第一百六十六条关于利润分配的强制性规定进行审查。经审查，目标公司没有利润或者虽有利润但不足以补偿投资方的，人民法院应当驳回或者部分支持其诉讼请求。今后目标公司有利润时，投资方还可以依据该事实另行提起诉讼。

典型案例

5.2 华工公司与扬锻公司、潘某等请求公司收购股份纠纷案［江苏高院（2019）苏民再 62 号］

投资方华工公司与目标公司扬锻公司及原股东潘某等签订《增资扩股协议》并就增资事宜达成《补充协议》，其中约定若目标公司未按约定完成上市或主营业务、实控人等发生重大变化，则华工公司有权要求扬锻公司回购其所持目标公司股份，并约定了回购价款计算方式。华工公司起诉要求扬锻公司、潘某等共同回购华工公司所持股份并支付股权回购款本金 2200 万元及利息、罚息。

法院认为，案涉对赌协议效力应认定有效。《公司法》并不禁止有限责任公司回购本公司股份，有限责任公司回购本公司股份不当然违反《公司法》的强制性规定。有限责任公司在履行法定程序后回购本公司股份，亦不会损害公司股东及债权人利益，亦不会构成对公司资本维持原则的违反。在有限责任公司作为对赌协议约定的股份回购主体的情形下，投资者作为对赌协议相对方所负担的义务不仅限于投入资金成本，还包括激励完善公司治理结构以及以公司上市为目标的资本运作等。投资人在进入目标公司后，亦应依《公司法》的规定，对目标公司经营亏损等问题按照合同约定或者持股比例承担相应责任。案涉对赌协议中关于股份回购的条款内容，是当事人特别设立的保护投资人利益的条款，属于缔约过程中当事人对投资合作商业风险的安排，系各方当事人的真实意思表示。华工公司、扬锻公司及扬锻公司全体股东关于华工公司上述投资收益的约定，不违反国家法律、行政法规的禁止性规定，不存在《合同法》第五十二条规定的合同无效的情形，亦不属于合同法所规定的格式合同或者格式条款，不存在显失公平的问题。

同时，法院认为，案涉对赌协议具备履行可能性。华工公司在向扬锻公司注资后，扬锻公司资产得以增长而且事实上持续对股东分红，目前杨锻公司正常运营，参考华工公司在扬锻公司所占股权比例及扬锻公司历年分红情况，案涉对赌协议约定的股份回购款项的支付不会导致扬锻公司资产的减损，亦不会损害扬锻公司对其他债权人的清偿能力。华工公司作为投资方同时具备股东及债权人的双重身份，如允许扬锻公司及原股东违反对赌协议的约定拒绝履行回购义务，则损害华工公司作为债权人的合法权益，有违诚信原则。

最终，法院判决扬锻公司向华工公司支付股权回购款本金及利息，并由潘某等对支付义务承担连带清偿责任。

接下来，本章主要讨论关于对赌协议效力的另两种情形：一，由目标公司为股权回购等提供担保的间接对赌的效力；二，目标公司为了实现上市或挂牌，按照监管政策终止对赌协议的同时，与投资方通过"抽屉协议""冻结条款"等方式约定对赌协议附条件生效或持续有效的效力。

（一）目标公司为股东对赌义务提供担保的效力

关于目标公司为对赌协议下股东回购义务、业绩补偿义务提供担保的效力，过往实践中存在不同裁判观点。在"瀚霖案"（典型案例5.3）、"通联案"（典型案例5.4）中，最高法院认为目标公司为对赌提供担保这一事实本身不是无效因素，在目标公司履行了内部决议程序或投资方为善意相对人的情况下，担保有效。但最高法院和其他法院也有裁判认为，目标公司为对赌提供担保可能构成股东抽逃出资，损害目标公司、其他股东及债权人利益，故担保无效（典型案例5.5、5.6）。上海二中院发布的《2015—2019年涉"对赌"纠纷案件审判白皮书》中认为，对于目标公司提供担保，一方面，要从公司提供担保的角度进行效力判断；另一方面，目标公司履行担保责任的效果与履行对赌义务效果一致,故应结合《公司法》关于"股东不得抽逃出资"及股份回购的强制性规定进行效力审查。①

典型案例

5.3 强某与曹某、瀚霖公司股权转让纠纷案[最高法院(2016)最高法民再128号]

投资方冷杉投资中心、强某等与目标公司瀚霖公司、目标公司原股东曹某签订《增资协议书》及补充协议,约定由投资方向目标公司增资,曹某在补充协议中承诺争取目标公司瀚霖公司于2013年6月30日前完成上市,如未完成,则投资方有权要求曹某回购股权,并由目标公司承担连带担保责任。因瀚霖公司未能按约定上市,强某起诉请求曹某支付股权转让款及违约金,瀚霖公司承担连带清偿责任。

法院认为,案涉《补充协议书》所约定担保条款合法有效,瀚霖公司应当依法承担担保责任,理由如下:其一,强某已对瀚霖公司提供担保经过股东会决议尽到审慎注意和形式审查义务。其二,强某投资全部用于公司经营发展,瀚霖公司全体股东因而受益,故应当承担担保责任。案涉担保条款虽系曹某代表瀚霖公司与强某签订,但是3000万元款项并未供曹某个人投资或消费使用,亦并非完全出于曹某个人需要,而是全部投入瀚霖公司资金账户,供瀚霖公司经营发展使用,有利于瀚霖公司提升持续盈利能力。这不仅符合公司新股东强某的个人利益,也符合公司全体股东的利益,瀚霖公司本身是最终的受益者。即使确如瀚霖公司所述并未对担保事项进行股东会决议,但是该担保行为有利于瀚霖公司的自身经营发展需要,并未损害公司及公司中小股东权益,不违反《公司法》第十六条之立法目的。因此,认定瀚霖公司承担担保责任,符合一般公平原则。

5.4 通联公司与新方向公司、久远公司与公司有关的纠纷案[最高法院(2017)最高法民再258号]

投资方通联公司与目标公司久远公司、目标公司股东新方向公司签订《增资扩股协议》,约定通联公司向目标公司久远公司进行增资,若未按约定达

---

① 见《上海二中院涉"对赌"案件审判白皮书(2015—2019年)》,https://mp.weixin.qq.com/s/yFj_u1HhBOl_T9rDrfd8bQ,最后访问日期:2021年11月7日。

成上市目标等,则由股东新方向公司进行回购,久远公司对此承担连带责任。因未实现约定目标,通联公司向法院起诉,请求新方向公司支付股权转让款及利息,并由久远公司承担连带责任。

法院认为,《增资扩股协议》约定久远公司对新方向公司负有的股权回购义务承担履约连带责任,并未明确为连带担保责任。但双方当事人将"连带责任"理解为"连带担保责任",并未加重久远公司的责任负担,且从通联公司诉请久远公司的责任后果看,是对新方向公司承担的股权回购价款本息承担连带责任,仍然属于金钱债务范畴,也与久远公司实际承担的法律责任后果一致。虽然久远公司在《增资扩股协议》中承诺对新方向公司进行股权回购义务承担连带责任,但并未向通联公司提供相关的股东会决议,亦未得到股东会决议追认,而通联公司未能尽到基本的形式审查义务,从而认定久远公司法定代表人向生建代表公司在《增资扩股协议》上签字、盖章行为,对通联公司不发生法律效力。通联公司、久远公司对《增资扩股协议》中约定的"连带责任"条款无效,双方均存在过错,久远公司对新方向公司承担的股权回购款及利息,就不能清偿部分承担二分之一的赔偿责任。

5.5 日报新媒体公司与夏某、黄某等公司增资纠纷案 [广东广州中院 (2019) 粤 01 民终 5895 号]

投资方日报新媒体公司与目标公司万将网络公司、原股东夏某、黄某签订《增资扩股协议》及补充协议,在对赌目标未达成的情况下,投资方日报新媒体公司有权选择原股东回购股权,目标公司万将网络公司承担连带担保责任。因对赌目标未达成,投资方日报新媒体公司起诉请求原股东夏某回购股权,并支付逾期违约金,目标公司万将网络公司承担连带责任。

法院认为,关于目标公司万将网络科技公司对夏某的股权回购义务承担连带担保责任的约定,实质为日报新媒体公司与目标公司进行对赌。这种情况下,日报新媒体公司作为目标公司的股东同时成为目标公司的债权人,使得投资方的投资可以从目标公司取得相对固定的收益,该收益脱离了目标公司的经营业绩,既会损害目标公司以及公司其他股东的利益,也会损害公司外部债权人的利益,故该部分约定应为无效。最终,法院判决驳回日报新媒体公司关于万将网络公司承担连带责任的请求。

5.6 昌宏公司与曾某、段某股权转让纠纷二审民事判决书〔广东深圳中院（2018）粤03民终10926号〕

《投资协议书》及《股权回购协议书》约定，在对赌目标未实现的情况下，投资方昌宏公司有权要求目标公司阳光富源公司大股东回购股份，目标公司阳关富源公司对此承担连带责任。

法院认为，《股权回购协议书》涉及阳光富源公司的担保责任部分，因该约定损害了公司利益和公司债权人利益，应为无效，但该部分的无效并不影响其他约定的效力，段某、曾某仍应按照约定履行其回购义务和连带保证责任。

1. 目标公司为对赌提供担保的效力审查因素

本书认为，最高法院在"瀚霖案""通联案"中确立的裁判观点更为合理，理由在于：

第一，不应将目标公司为对赌提供担保这一事实本身作为无效因素。首先，如最高法院在"瀚霖案"中所述，对赌义务人并非将投资方的投资用于自用或消费，而是投入目标公司供经营使用，目标公司为此提供担保并未损害公司及公司中小股东权益。其次，法律并不禁止公司为股东提供担保，如目标公司合法作出公司决议同意担保，自然应承担担保责任。而且，在目标公司有足够偿债能力或股东可以自行履行回购义务、补偿义务的情况下，不当然损害目标公司和其他债权人利益。最后，参照《九民会议纪要》将投资方与目标公司对赌的协议效力及履行进行两分的处理方式，对于目标公司提供担保可能违反资本维持原则导致的争议，不应通过否定担保效力加以解决，而应判断是否因此导致履行不能，也即在担保可能违反资本维持原则的情况下，目标公司应否承担担保责任。但在效力认定上，只要符合公司对外担保的法定要求，目标公司为对赌提供的担保应为有效。

第二，目标公司为对赌提供担保与一般的公司对外担保无异，应适用《公司法》第十六条的规定进行规制。特别是实践中，投资方与目标公司法定代表人对赌较为常见，容易出现法定代表人越权担保、损害公司利益的情况，更应严格适用《九民会议纪要》第十七条、第十八条以及《担保制度解释》第七条等规定。

具体来说，一方面，如对赌方为目标公司股东或实际控制人，投资方应当在订立合同时对股东（大）会决议进行审查，对关联担保的表决应由出席会议的其他股东所持表决权的过半数通过，签字人员也应符合公司章程的规定；如对赌方为其他非关联方，投资方应审查目标公司的董事会决议或者股东会决议，审查同意决议的人数及签字人员是否符合公司章程的规定。另一方面，如投资方未尽审查义务，则在目标公司为对赌提供担保事实上属于越权代表或无权代理之时，投资方无权请求公司承担担保责任。如投资方已对公司决议进行了必要的形式审查，即使股东（大）会或董事会决议系法定代表人伪造或者变造，或者存在决议程序违法、签章（名）不实、担保金额超过法定限额等情形，目标公司亦不得对抗投资方，除非有证据证明投资方明知决议系伪造或者变造。

但应注意的是，根据《担保制度解释》第九条的规定，如果提供担保的主体是上市公司、上市公司已公开披露的控股子公司、在国务院批准的其他全国性证券交易场所交易的公司，投资方还必须审查公司公开披露的关于担保事项已经董事会或者股东大会决议通过的信息，否则不得主张公司承担担保责任或者赔偿责任。

法规链接

《公司法》

第十六条 公司向其他企业投资或者为他人提供担保，依照公司章程的规定，由董事会或者股东会、股东大会决议；公司章程对投资或者担保的总额及单项投资或者担保的数额有限额规定的，不得超过规定的限额。

公司为公司股东或者实际控制人提供担保的，必须经股东会或者股东大会决议。

前款规定的股东或者受前款规定的实际控制人支配的股东，不得参加前款规定事项的表决。该项表决由出席会议的其他股东所持表决权的过半数通过。

《九民会议纪要》

第十七条【违反《公司法》第十六条构成越权代表】 为防止法定代表人随意代表公司为他人提供担保给公司造成损失，损害中小股东利益，《公司法》第十六条对法定代表人的代表权进行了限制。根据该条规定，担保行为不是法定代表人所能单独决定的事项，而必须以公司股东（大）会、董事会等公司机关的决议作为授权的基础和来源。法定代表人未经授权擅自为他人提供担保的，构成越权代表，人民法院应当根据《合同法》第五十条关于法定代表人越权代表的规定，区分订立合同时债权人是否善意分别认定合同效力：债权人善意的，合同有效；反之，合同无效。

第十八条【善意的认定】 前条所称的善意，是指债权人不知道或者不应当知道法定代表人超越权限订立担保合同。《公司法》第十六条对关联担保和非关联担保的决议机关作出了区别规定，相应地，在善意的判断标准上也应当有所区别。一种情形是，为公司股东或者实际控制人提供关联担保，《公司法》第十六条明确规定必须由股东（大）会决议，未经股东（大）会决议，构成越权代表。在此情况下，债权人主张担保合同有效，应当提供证据证明其在订立合同时对股东（大）会决议进行了审查，决议的表决程序符合《公司法》第十六条的规定，即在排除被担保股东表决权的情况下，该项表决由出席会议的其他股东所持表决权的过半数通过，签字人员也符合公司章程的规定。另一种情形是，公司为公司股东或者实际控制人以外的人提供非关联担保，根据《公司法》第十六条的规定，此时由公司章程规定是由董事会决议还是股东（大）会决议。无论章程是否对决议机关作出规定，也无论章程规定决议机关为董事会还是股东（大）会，根据《民法总则》第六十一条第三款关于"法人章程或者法人权力机构对法定代表人代表权的限制，不得对抗善意相对人"的规定，只要债权人能够证明其在订立担保合同时对董事会决议或者股东（大）会决议进行了审查，同意决议的人数及签字人员符合公司章程的规定，就应当认定其构成善意，但公司能够证明债权人明知公司章程对决议机关有明确规定的除外。

债权人对公司机关决议内容的审查一般限于形式审查，只要求尽到必要的注意义务即可，标准不宜太过严苛。公司以机关决议系法定代表人伪造或者变造、决议程序违法、签章（名）不实、担保金额超过法定限额等事由抗辩债权人非善意的，人民法院一般不予支持。但是，公司有证据证明债权人明知决议系伪造或者变造的除外。

《担保制度解释》

第七条 公司的法定代表人违反公司法关于公司对外担保决议程序的规定，超越权限代表公司与相对人订立担保合同，人民法院应当依照《民法典》第六十一条和第五百零四条等规定处理：

（一）相对人善意的，担保合同对公司发生效力；相对人请求公司承担担保责任的，人民法院应予支持。

（二）相对人非善意的，担保合同对公司不发生效力；相对人请求公司承担赔偿责任的，参照适用本解释第十七条的有关规定。法定代表人超越权限提供担保造成公司损失，公司请求法定代表人承担赔偿责任的，人民法院应予支持。

第一款所称善意，是指相对人在订立担保合同时不知道且不应当知道法定代表人超越权限。相对人有证据证明已对公司决议进行了合理审查，人民法院应当认定其构成善意，但是公司有证据证明相对人知道或者应当知道决议系伪造、变造的除外。

第八条 有下列情形之一，公司以其未依照公司法关于公司对外担保的规定作出决议为由主张不承担担保责任的，人民法院不予支持：

（一）金融机构开立保函或者担保公司提供担保；

（二）公司为其全资子公司开展经营活动提供担保；

（三）担保合同系由单独或者共同持有公司三分之二以上对担保事项有表决权的股东签字同意。

上市公司对外提供担保，不适用前款第二项、第三项的规定。

第九条 相对人根据上市公司公开披露的关于担保事项已经董事会或者股东大会决议通过的信息，与上市公司订立担保合同，相对人主张担保合同对上市公司发生效力，并由上市公司承担担保责任的，人民法院应予支持。

相对人未根据上市公司公开披露的关于担保事项已经董事会或者股东大会决议通过的信息，与上市公司订立担保合同，上市公司主张担保合同对其不发生效力，且不承担担保责任或者赔偿责任的，人民法院应予支持。

相对人与上市公司已公开披露的控股子公司订立的担保合同，或者相对人与股票在国务院批准的其他全国性证券交易场所交易的公司订立的担保合同，适用前两款规定。

2. 目标公司承担担保责任的前提

前述法院之所以否定目标公司为对赌提供担保的合法性，主要理由之一是目标公司承担担保责任，可能构成变相抽逃出资，违反资本维持原则。该种担心也有其合理考虑。《公司法解释（三）》第十二条规定利用关联交易将出资转出，构成抽逃出资。在投资方与股东对赌的情况下，考虑到股东与目标公司之间的关联关系，不排除股东转移自有资产、做空偿债能力，以目标公司承担担保责任的方式将债务实质转嫁给目标公司。目标公司承担担保责任后，虽然对股东享有追偿权，但可能因股东没有偿债能力而难以实现，最终导致公司偿债能力下降，损害其他债权人利益。

> **法规链接**

《公司法解释（三）》

第十二条　公司成立后，公司、股东或者公司债权人以相关股东的行为符合下列情形之一且损害公司权益为由，请求认定该股东抽逃出资的，人民法院应予支持：

（一）制作虚假财务会计报表虚增利润进行分配；

（二）通过虚构债权债务关系将其出资转出；

（三）利用关联交易将出资转出；

（四）其他未经法定程序将出资抽回的行为。

如前所述，本书认为，虽然存在目标公司因承担担保责任导致公司资本减少的风险，但不应因此否定目标公司为对赌提供担保的效力，宜将这一问题放在担保的履行中加以解决。对此，有必要讨论的是，《九民会议纪要》第五条"与目标公司对赌"的规定是否适用于目标公司为对赌提供担保的情形。

第一，在目标公司担保股权回购型对赌中，目标公司是对回购方支付回购款的金钱给付义务提供担保，目标公司自身并不回购股权，而《九民会议纪要》第五条第二款规定的减资程序针对的是目标公司回购自身股权的情形，故此种担保责任的承担不应以目标公司履行减资程序为前提（典型案例 5.7）。

> **典型案例**
>
> 5.7 国瑞公司与中航公司、武林公司等合伙协议纠纷案［安徽高院（2019）皖民初 11 号］
>
> 国瑞公司与中金祺德公司签订合伙协议，共同成立有限合伙企业经新投资中心，国瑞公司为该合伙企业的有限合伙人，由经新投资中心作为投资方向目标公司中航公司投资 2 亿元。经新投资中心与中航公司、武林公司等签订投资协议及多份补充协议，约定经新投资中心可在约定期限届满前要求目标公司的原股东回购股权，目标公司中航公司承担连带责任。国瑞公司作为经新投资中心的有限合伙人，以自己名义提起合伙企业代表诉讼，请求武林公司等原股东共同回购经新中心投资所持股权并支付股权收购款及收益款，中航公司承担连带担保责任。
>
> 法院认为，案涉协议系投资方与被投资公司股东或实际控制人之间以被投资公司上市或达到一定的基准盈利目标为对赌条件，并不涉及公司及其他债权人的利益，不违反法律、行政法规的强制性规定，应为有效协议。其中，由于目标公司中航公司所承担的是保证责任而非股权回购责任，故中航公司的责任承担无须以其完成减资为前提。最终，法院判决支持国瑞公司提出的上述诉讼请求。

第二，在目标公司对现金补偿义务承担担保责任的情形中，因投资方自身也是目标公司股东，故目标公司承担担保责任的效果与目标公司直接向投资方进行现金补偿并无实质区别。在此情形下，是否应按照《九民会议纪要》第五条第二款规定，将目标公司有充足利润作为其承担担保责任的前提，值得讨论。

一方面，如认为目标公司承担担保责任须以其有充足可分配利润为前提，则可能面临如下质疑：

其一，《九民会议纪要》第五条第三款规定的适用情形为"投资方请求目标公司承担金钱补偿义务"，未直接规定该条适用于目标公司承担担保责任的情形。

其二，对于目标公司可能因承担担保责任而损害中小股东、债权人利益的情形，现有《公司法》及《民法典》的规定已经赋予其合法救济途径。首先，对于小股东而言，其可能的救济路径包括：（1）在目标公司作出担保决议时，应严格要求大股东回避表决。如大股东违法、违反章程自行作出决议，小股东可根据《公司法》第二十二条等规定诉请确认担保决议无效/不成立或撤销担保决议。（2）如因大股东滥用股东权利损害公司或小股东利益，或利用关联关系损害目标公司利益，小股东可依《公司法》第二十条、第二十一条、第一百五十一条等规定提起诉讼，要求大股东对公司或股东承担赔偿责任。（3）如大股东构成抽逃出资，小股东可依据《公司法解释（三）》第十四条第一款规定，要求其向公司返还出资本息，考虑到目标公司的董监高通常由创始团队人员担任，还可要求协助抽逃出资的董监高承担连带责任。其次，对于公司的其他债权人而言，如目标公司为其股东提供担保构成抽逃出资，则与小股东救济路径相似，可依据前述《公司法解释（三）》第十四条第二款的规定，要求股东承担补充赔偿责任，并要求董监高对此承担连带责任。最后，如对赌双方构成恶意串通，则依据《民法典》第一百五十四条的规定，该担保无效；另依据《担保制度解释》第十七条"债权人有过错而担保人无过错的，担保人不承担赔偿责任"之规定，目标公司不承担责任。但是，该抗辩一般只是在投资方要求目标公司承担担保责任时，由目标公司自行抗辩，债权人或小股东很可能无从知晓、加入案件，也难以此作为抗辩理由。

其三，从实际效果来看，对于投资方而言，如再为目标公司承担担保责任设置前提，对赌协议的履行将更加困难，其权利难获保障；对于亟待融资的目标公司而言，也会变相加剧企业融资难的局面。

法规链接

《公司法》

第二十条　公司股东应当遵守法律、行政法规和公司章程，依法行使股东权利，不得滥用股东权利损害公司或者其他股东的利益；不得滥用公司法人独立地位和股东有限责任损害公司债权人的利益。

公司股东滥用股东权利给公司或者其他股东造成损失的，应当依法承担赔偿责任。

公司股东滥用公司法人独立地位和股东有限责任，逃避债务，严重损害公司债权人利益的，应当对公司债务承担连带责任。

第二十一条　公司的控股股东、实际控制人、董事、监事、高级管理人员不得利用其关联关系损害公司利益。

违反前款规定，给公司造成损失的，应当承担赔偿责任。

第二十二条　公司股东会或者股东大会、董事会的决议内容违反法律、行政法规的无效。

股东会或者股东大会、董事会的会议召集程序、表决方式违反法律、行政法规或者公司章程，或者决议内容违反公司章程的，股东可以自决议作出之日起六十日内，请求人民法院撤销。

股东依照前款规定提起诉讼的，人民法院可以应公司的请求，要求股东提供相应担保。

公司根据股东会或者股东大会、董事会决议已办理变更登记的，人民法院宣告该决议无效或者撤销该决议后，公司应当向公司登记机关申请撤销变更登记。

第一百四十九条　董事、监事、高级管理人员执行公司职务时违反法律、行政法规或者公司章程的规定，给公司造成损失的，应当承担赔偿责任。

第一百五十一条　董事、高级管理人员有本法第一百四十九条规定的情形的，有限责任公司的股东、股份有限公司连续一百八十日以上单独或者合计持有公司百分之一以上股份的股东，可以书面请求监事会或者不设监事会的有限责任公司的监事向人民法院提起诉讼；监事有本法第一百四十九条规定的情形的，前述股东可以书面请求董事会或者不设董事会的有限责任公司的执行董事向人民法院提起诉讼。

监事会、不设监事会的有限责任公司的监事，或者董事会、执行董事收到前款规定的股东书面请求后拒绝提起诉讼，或者自收到请求之日起三十日内未提起诉讼，或者情况紧急、不立即提起诉讼将会使公司利益受到难以弥补的损害的，前款规定的股东有权为了公司的利益以自己的名义直接向人民法院提起诉讼。

他人侵犯公司合法权益，给公司造成损失的，本条第一款规定的股东可以依照前两款的规定向人民法院提起诉讼。

《民法典》

第一百五十四条　行为人与相对人恶意串通，损害他人合法权益的民事法律行为无效。

《公司法解释（三）》

第十四条第一款　股东抽逃出资，公司或者其他股东请求其向公司返还出资本息、协助抽逃出资的其他股东、董事、高级管理人员或者实际控制人对此承担连带责任的，人民法院应予支持。

《担保制度解释》

第十七条　主合同有效而第三人提供的担保合同无效，人民法院应当区分不同情形确定担保人的赔偿责任：

（一）债权人与担保人均有过错的，担保人承担的赔偿责任不应超过债务人不能清偿部分的二分之一；

（二）担保人有过错而债权人无过错的，担保人对债务人不能清偿的部分承担赔偿责任；

（三）债权人有过错而担保人无过错的，担保人不承担赔偿责任。

主合同无效导致第三人提供的担保合同无效，担保人无过错的，不承担赔偿责任；担保人有过错的，其承担的赔偿责任不应超过债务人不能清偿部分的三分之一。

另一方面，如认定目标公司承担担保责任不以有充足可分配利润为前提，则可能被质疑：其一，在对赌方没有偿债能力的情况下，目标公司承担担保责任与履行回购或补偿义务的效果无异，均可能违反资本维持原则，损害债权人和小股东的利益。其二，在投资方与目标公司对赌的情况下，投资方兼具目标公司股东及债权人的双重身份，因此《九民会议纪要》将减资程序等规定为目标公司履行对赌义务的前提；在目标公司提供担保的情形中，投资方仍具有双重身份，按照《九民会议纪要》的规范目的，此时亦应适用《公司法》的规定，否则将与纪要的规范目的相悖；且可能导致实践中的对赌协议均通过约定目标公司承担担保责任的方式，规避法律规定对目标公司承担对赌义务的限制。其三，《公司法》及《民法典》所规定的股东、债权人的救济路径，只适用于违规担保的情形，而对于目标公司所提供的符合法律规定的担保，亦有可能贬损目标公司偿债能力，从而损害债权人利益，此时债权人缺少法定救济路径。

考虑到实践中目标公司多是在约定的对赌方（一般为原股东）无力履行对赌义务的情况下承担担保责任，其嗣后通过向对赌方行使追偿权实现回款的可能性很小，目标公司承担担保责任与直接承担对赌义务的实际效果基本相同。故本书认为，为了避免对赌协议通过约定目标公司承担担保责任规避《九民会议纪要》第五条的规定，损害其他目标公司、债权人及其他股东的利益，原则上宜将目标公司有充足利润作为目标公司承担担保责任的前提。

实务提示

目标公司为对赌提供担保与一般的公司对外担保无异，应适用《公司法》第十六条的规定进行规制；但对于此种情形下目标公司是否以有充足可分配利润为前提，存在不同观点。

（二）"抽屉协议""冻结条款"等对赌约定的效力

对赌交易中的目标公司多为成长性企业，经常以申请上市或新三板挂牌作为目标。对于拟上市企业，以往监管机构一律要求在申报阶段清理对赌协议。目前监管层虽然在原则上仍要求清理，但在符合规定情形时，可以不予清理。在 IPO 阶段，依据《首发业务若干问题解答》（2020 修订）问题 5 的回复意见，除满足特定条件外，原则上要求发行人在申报前清理对赌协议等类似安排，科创板、创业板亦适用上述规定，两板块的审核问答中也作出了相同规定。公司向新三板申请挂牌时，依据《全国中小企业股份转让系统股票挂牌审查业务规则适用指引第 1 号》（股转系统公告〔2020〕794 号）"1—3 对赌等特殊投资条款"的规定，应当清理存在规定情形的对赌协议。出于谨慎考虑，实践中仍以申报前清理对赌协议为常态。

法规链接

《首发业务若干问题解答》（2020 修订）

问题 5：部分投资机构在投资发行人时约定对赌协议等类似安排的，发行人及中介机构应当如何把握？

答：投资机构在投资发行人时约定对赌协议等类似安排的，原则上要求发行人在申报前清理，但同时满足以下要求的可以不清理：一是发行人不作为对赌协议当事人；二是对赌协议不存在可能导致公司控制权变化的约定；三是对赌协议不与市值挂钩；四是对赌协议不存在严重影响发行人持续经营能力或者其他严重影响投资者权益的情形。保荐机构及发行人律师应当就对赌协议是否符合上述要求发表明确核查意见。发行人应当在招股说明书中披露对赌协议的具体内容、对发行人可能存在的影响等，并进行风险提示。

面对上述监管要求，为保留对赌条款以保障投资方利益，实践中出现了不同的应对措施，总体上包括两类：一是，对赌协议当事人签订终止对赌条款的补充协议以供 IPO 申报，同时签订包含对赌条款的"抽屉协议"，约定对赌条款在目标公司上市后持续有效；二是，对赌协议当事人达成"冻结条款"，即在上市或挂牌报批期间，对赌条款不生效，如申报失败或目标公司撤回申请，此时对赌条款"解冻"，该冻结条款本质上就是附生效条件的对赌约定。①

一般认为，对于约定在目标公司上市或新三板挂牌不成或撤回申请时才生效的对赌协议，与一般的对赌协议并无不同，依据《九民会议纪要》第五条规定，如不存在法定无效事由，应属有效（典型案例 5.8、5.9、5.10）。

典型案例

5.8 中南投资企业与廖某合同纠纷案［湖南高院（2014）湘高法民二初字第 4 号］

投资方中南投资企业与目标公司科美达公司、股东廖某签订《增资协议》及《补充协议》，约定了业绩对赌、股权回购等条款。出于上市监管要求，各方签订了《终止协议》，终止所有关于业绩对赌、股份回购等影响科美达

---

① 例如，拓斯达（300607）上市申报过程中，投资方同意解除与目标公司的对赌条款，但同时约定："若本次在深圳证券交易所创业板公开发行股票并上市申请被有权部门（中国证监会／深圳证券交易所）不予核准／注册，或公司自行撤回本次申请，则自不予核准／注册或撤回申请之日起，对赌协议恢复效力。"三只松鼠（300783）上市申报过程中，投资方与目标公司约定："各方进一步认可，若按照前述期限提交上市申请材料后，若发行人的上市获得审核通过，则投资人权利永远终止。若发行人的上市未获审核通过，除非各方经协商确定继续再次提交上市申请材料，否则投资人将自动恢复其在投资文件项下享有的任何优先权利。"

公司股权稳定性的约定或安排，后各方又签订了《关于对〈终止协议〉的补充协议》，约定如果科美达公司上市未获批准，则已解除的关于业绩对赌、股份回购等约定或安排条款立即重新恢复效力，效力与解除前的效力相同。后科美达公司未成功上市，投资方请求股东廖某回购所持股权，廖某抗辩《补充协议》约定的股权回购事宜已因《终止协议》约定所终止。

法院认为，从中南投资企业完成投资的过程看，关于股权回购之约定从本质上而言，均属于"对赌条款"性质。关于股权回购条款的约定，是各方当事人的真实意思表示，亦是中南投资企业投资科美达公司的条件之一。该条款既促成了科美达公司增资行为依法顺利完成，也没有改变科美达公司增资后的注册资本，亦没有损害科美达公司债权人和股东的权益，不违反法律法规的禁止性规定，应属合法有效。各方虽然后续签订了《终止协议》，但又再次签订《关于对〈终止协议〉的补充协议》，因此《终止协议》被《关于对〈终止协议〉的补充协议》所变更，股权回购事项又回到了《补充协议》的约定，故法院未支持股东廖某所提抗辩。

5.9 郭某与普思投资公司与公司有关的纠纷案[北京三中院（2018）京03民终3463号]

投资方普思投资公司与目标公司九好集团及原股东郭某等签订《增资协议》《补充协议》《补充协议（二）》，其中约定若目标公司九好集团未在约定时间内完成上市，投资方普思投资公司有权要求九好集团、原股东郭某等回购股权。后各方签订《补充协议（三）》，约定关于九好集团的业绩承诺和股权调整条款、上市时间和股权回购条款等均自动失效。同日，各方签订《合作协议》，其中约定无论任何原因，如果九好集团未能成功上市，《增资协议》约定的删除及废止的条款中涉及投资方的条款仍然继续执行，郭某承担无限连带责任。因九好集团未上市，投资方发出《股权回购通知》，要求九好集团、郭某回购股权并支付回购价款。后投资方普思投资公司起诉请求郭某回购股权并支付股权转让款及违约金，郭某抗辩称《合作协议》系对《补充协议（三）》的变更，因涉及案外人利益应属无效。

法院认为，《合作协议》系双方当事人真实意思表示，且不违反法律法规的强制性规定，应属合法有效。普思投资公司有权依据《合作协议》要求郭丛军履行《增资协议》《补充协议》及《补充协议二》对应的义务。

5.10 胡某与成都中铁、王某、陈某股权转让纠纷案〔天津高院（2019）津民终2号〕

成都中铁与目标公司海王星公司及其原股东陈某、王某等签订《增资协议》及《补充协议一》，约定由成都中铁认购海王星公司的新增500万股，但若目标公司未按约定完成上市，投资方成都中铁可行使赎回权。后各方签订《补充协议二》，终止《补充协议一》中投资方行使赎回权的约定。此后各方签订《补充协议三》，重新约定了赎回权条款，该条款与《补充协议一》的约定一致。《补充协议三》同时约定，如出现赎回事项，而目标公司已经向证监会申报上市材料，则赎回权暂时失效，一旦公司所申报上市材料被中止审查或终止审查，或公司上市被否，则赎回权自动恢复有效。因目标公司未完成上市，成都中铁起诉要求原股东王某、陈某等支付回购款及利息。

法院认为，《补充协议三》签订时间晚于《补充协议二》，其内容系对《补充协议二》的变更，将《补充协议二》中约定终止履行的赎回权条款变更为恢复履行。各方当事人均在《补充协议三》上签章，《补充协议三》成立并发生法律效力。相关约定为海王星公司股东间关于股权转让的商业判断和安排，是各商主体通过协商达成的一致意思表示，约定内容不违反法律行政法规的强制性规定，亦不损害公司、公司其他股东及公司债权人的合法权益，应为合法有效。

但是，对于约定对赌条款的"抽屉协议"，对赌方在面对投资方追索时，可能提出对赌协议无效的抗辩，其理由可能包括：其一，虽然上市公司对赌本身并不构成对赌无效的事由，但对赌约定可能影响上市公司的偿债能力和治理结构，在投资方与股东对赌的情况下，存在因股东履行股权回购义务导致实际控制人发生变更的可能，而股权清晰是对上市公司监管的基本要求，影响到内幕交易、关联交易、高管任职回避等的监管审查，影响金融市场秩序，对赌方可能以对赌协议违反公序良俗为由主张无效。其二，《公司法》第一百二十六条及《股票发行与交易管理暂行条例》第八条均规定股份有限公司应"同股同权"，但在对赌协议中，除了一般性的业绩补偿或股权回购的对赌方式约定外，可能会附加保障对赌实现的约定，如优先权、一票否决权、反稀释条款等约定。该等约定可能会使得投资方取得优先于其他股东的权利，违反上述"同股同权"的规定。故对赌协议因违反法律法规的强制性规定而无效。需说明的是，相关交易所规则正在逐步突破"同股同权"的限制。依据深交所《创业板股票上市规则》以及上交所《科创板股票上市规则》的规定，经出席股东大会的股东所持三分之二以上表决权通过，首发前可以设置表决权差异安排。因此对于拟在创业板、科创板上市的公司，在履行了法定表决程序后，可以约定"同股不同权"。

▶ 法规链接

《公司法》

第一百二十六条　股份的发行，实行公平、公正的原则，同种类的每一股份应当具有同等权利。

同次发行的同种类股票，每股的发行条件和价格应当相同；任何单位或者个人所认购的股份，每股应当支付相同价额。

《股票发行与交易管理暂行条例》

第八条　设立股份有限公司申请公开发行股票，应当符合下列条件：

……

（二）其发行的普通股限于一种，同股同权；

……

《深圳证券交易所创业板股票上市规则》（2020年12月修订）

4.4.1　发行人首次公开发行上市前设置表决权差异安排的，应当经出席股东大会的股东所持表决权的三分之二以上通过。

发行人在首次公开发行上市前不具有表决权差异安排的，不得在首次公开发行上市后以任何方式设置此类安排。

《上海证券交易所科创板股票上市规则》（2020年12月修订）

2.1.4　发行人具有表决权差异安排的，市值及财务指标应当至少符合下列标准中的一项：

……本规则所称表决权差异安排，是指发行人依照《公司法》第一百三十一条的规定，在一般规定的普通股份之外，发行拥有特别表决权的股份（以下简称特别表决权股份）。每一特别表决权股份拥有的表决权数量大于每一普通股份拥有的表决权数量，其他股东权利与普通股份相同。

4.5.2 发行人首次公开发行并上市前设置表决权差异安排的，应当经出席股东大会的股东所持三分之二以上的表决权通过。

对此，本书认为，一方面，仅仅是上市公司或其股东与投资方达成对赌协议，并不必然影响公司治理，损害上市公司其他债权人和中小投资者利益，参照《九民会议纪要》的思路，一般宜肯定上市公司作为对赌方的对赌协议效力，但只有在满足上市公司股份转让、股份回购、关联交易、减资、分红等规则规定的条件和程序后，对赌协议方能实际履行。另一方面，为维护金融市场秩序，保护公司债权人、中小投资者等相关方的合法权益，亦应允许法官根据个案具体情况判断对赌协议是否因违背社会公共利益而无效。

> **实务提示**
>
> 为了实现目标公司上市而订立的"冻结条款""抽屉协议"等通常被认定有效，但若该等约定可能导致目标公司损害不特定中小股东的利益、影响金融秩序等，存在因违反公共利益而被认定无效的风险。

二、私募基金对外投资涉及的投资方与目标公司对赌履行争议

《九民会议纪要》原则上肯定投资方与目标公司对赌的协议效力，进而将规制的重心后置到对赌协议的履行阶段。即便对赌协议有效，也不当然意味着投资方诉请可被支持，仍需考察目标公司履行对赌义务是否有违资本维持和债权人利益保护原则。

（一）投资方与目标公司对赌协议履行规则的发展

投资方与目标公司对赌的履行问题来自合同自由与资本维持、债权人保护之间的冲突。一方面，如仅在合同法的体系框架内考察，因投资方依据对赌协议请求目标公司支付现金补偿或股权回购款均指向金钱债务，不涉及履

行不能问题。但另一方面，因对赌义务主体为目标公司，如直接依据对赌协议约定支持投资方的履行请求，可能会损害公司其他股东及外部债权人的利益，因此又不能仅因符合对赌协议约定条件，就支持投资方的诉请。对于如何解决上述冲突，司法实践做过不同尝试。

1. 将计入资本公积范围内的投资款用于回购股权，不构成抽逃出资——"山东瀚霖案"

"山东瀚霖案"（典型案例5.11）中，投资方依据对赌协议请求目标公司回购股份，山东高院一方面采取"海富案"的裁判观点，认为基于资本维持原则，目标公司未经减资程序不得回购自己的股份，因此对赌协议无效；另一方面，其区分了计为注册资本和计入资本公积的投资款，将"资本维持原则"中的"资本"限缩解释为"注册资本金"，不含计入资本公积的投资款，最终判令目标公司在资本公积的范围内返还投资款。

在《九民会议纪要》将对赌协议的效力和履行进行了明确区分之后，反观该案判决可以发现，山东高院判断应否支持投资方诉请的真正基础在于对赌协议是否具备可履行性。该案认为，向投资方返还计入资本公积部分的投资款不违反资本维持原则，因此可以履行，故就这一部分支持了投资方的诉请；而对于计入注册资本的投资款，则可能构成"抽逃出资"，属于"法律上的履行不能"，因此就这一部分判决驳回诉请。对此本书认为，山东高院对于目标公司返还计入资本公积部分的投资款为何不构成抽逃出资、不需经过减资程序，并未给出充分说理，且最高法院有案例明确抽逃出资中的"出资"并不限于计入注册资本的部分，还包括已经计入公司资产的其他投资（典型案例5.12）。山东高院认定计入资本公积的出资不构成抽逃出资中的"出资"，与上述最高法院的裁判观点存在冲突。因此，这一尝试路径值得商榷。

典型案例

5.11 天津硅谷与曹某、瀚霖公司合伙协议纠纷案[山东高院（2014）鲁商初字第25号]

投资方天津硅谷与目标公司瀚霖公司及实际控制人曹某签订《增资协议》，其中约定，投资方向瀚霖公司溢价增资4900万元，且在特定情形下投资方天津硅谷可要求目标公司回购股份，同时约定了现金补偿条款。因瀚霖公司未按约定上市，投资方天津硅谷起诉要求瀚霖公司及曹某以5960余万元价格回购其持有的瀚霖公司700万元的出资额，并支付利息。

法院认为，涉案的《增资协议》中关于瀚霖公司回购股份的条款约定因违反《公司法》关于股份回购的强制性规定无效，其他条款并不违反《公司法》规定，应为有效。因瀚霖公司未完成约定条件，故《增资协议》约定曹某购买股权条件已经成就，投资方天津硅谷据此诉请曹某购买其股权并承担相应的赔偿责任符合合同约定；其诉请瀚霖公司回购其所持1.41%股权（《增资协议》约定的价值为700万元）违反《公司法》的规定，但瀚霖公司与曹某应共同偿还作为公积金部分4200万元及其资金成本及利息损失。

5.12 万某与宏瑞公司等股东权纠纷案［最高法院（2014）民提字第00054号］

宏瑞公司共有博尔晟公司、双河电站两个法人股东，唐某、张某两个自然人股东，宏瑞公司增资后变更注册资本为1200万元，各股东持股比例不变。因公司建设的需要，唐某、张某拟增资扩股，与万某协商，由万某出资510万元，占公司30%股权。万某以个人名义贷款530万元，由股东张某及双河电站以资产作抵押担保，唐某作为宏瑞公司的授权代理人也在借款合同上签字。万某将所借510万元打入了宏瑞公司账户，宏瑞公司会计凭证记载为"实收资本"。公司章程载明万某认缴出资510万元，占公司注册资本的30%。后唐某向万某出具借条，并向万某账户支付了510万元。因万某要求宏瑞公司将其确认为股东未果，万某起诉请求确认其系宏瑞公司股东，出资510万元注册资本金，持有公司53%的股权。万某在诉讼中主张，将510万元出资款项当作借款归还系抽逃公司资本金的行为，该行为因违反法律规定而无效。

法院认为，抽逃出资并不限于抽逃注册资本中已经实缴的出资，在公司增资的情况下，股东抽逃尚未经工商部门登记、但已经成为公司法人财产的出资同样属于抽逃出资的范畴，亦在公司法禁止之列。

2. 不以完成减资程序作为目标公司履行股权回购义务的前提——"华工案"

"华工案"中，江苏高院在肯定与目标公司对赌效力的基础上，进一步分析了对赌协议的履行问题。该案认为，《公司法》并未禁止目标公司回购股东对资本公积享有的份额，减资程序本身并非回购义务的履行障碍，因此无论是针对列入注册资本的注资部分还是列入资本公积金的注资部分的对赌约定，均具备法律和事实上的履行可能。江苏高院从融资利率、历年分红及投资人持股情况等角度，充分论证了公司履行回购义务不会损害债权人利益，在此基础上认定如目标公司长期拖延不履行减资程序，法院可以直接判令其支付回购款，并最终支持了投资方的诉请。

不同于此后《九民会议纪要》的规定，江苏高院没有将完成减资程序作为支持投资方回购请求的前提，但其充分论述了目标公司履行回购义务不会损害债权人利益，以打消本案判决损害债权人利益的质疑。

3. 目标公司履行对赌义务应以符合减资或利润分配规则等为前提——《九民会议纪要》

回应司法实践的各种观点，最高法院在《九民会议纪要》中明确，对赌案件的处理应同时适用《合同法》和《公司法》的规定，针对"先减资还是先回购"这一问题，最高法院明确指出"必须先减资，必须优先保护债权人的利益"。[①] 基于此，《九民会议纪要》第五条规定，投资方请求目标公司回购股权的，应先完成减资程序；投资方请求目标公司承担金钱补偿义务的，应以目标公司有利润且利润足以补偿投资方为前提。此规定一出，虽然消弭了对赌协议的效力之争，但一方面，在触发回购条件后，目标公司不太可能配合进行减资；另一方面，投资方因不掌握目标公司的财务情况，难以证明目标公司有无可供分配的利润，因此投资方请求目标公司履行对赌义务之路并没有变得更畅通。对此，最高法院阐释该条规定的立法意图时明确，《九民会议纪要》的目的只是为当事人提供预期、提供规则。[②]

（二）《九民会议纪要》规则下的对赌协议签署与履行

基于上述，在规则已经明确的情况下，摆在投资方面前更现实的问题在于：第一，对于正在履行中的对赌协议，是否仍有实现履行诉请的可能路径？

---

① 参见最高人民法院民事审判第二庭编著：《全国法院民商事审判工作会议纪要理解与适用》，117页，北京，人民法院出版社，2019。
② 参见最高人民法院民事审判第二庭编著：《全国法院民商事审判工作会议纪要理解与适用》，118页，北京，人民法院出版社，2019。

第二，基于《九民会议纪要》的规定，应如何签订对赌协议来确保自身权益？以下围绕《九民会议纪要》对股权回购、现金补偿两种模式下不同履行要求的分类，分别予以讨论。

1. 投资方诉请目标公司履行回购义务的相关问题

《公司法》涉及减资的规定包括：（1）第三十七条、第四十三条第二款、第一百零三条第二款"减资的股东会/股东大会决议"；（2）第一百七十七条"债权人保护程序"及（3）第一百七十九条第二款"减资登记"。其中，目标公司因履行对赌协议下的回购义务而应完成的减资程序至少包括作出减资决议和完成债权人保护程序。

▶ **法规链接**

《公司法》

第三十七条 股东会行使下列职权：

……

（六）审议批准公司的利润分配方案和弥补亏损方案；

（七）对公司增加或者减少注册资本作出决议；

……

对前款所列事项股东以书面形式一致表示同意的，可以不召开股东会会议，直接作出决定，并由全体股东在决定文件上签名、盖章。

第四十三条第二款 股东会会议作出修改公司章程、增加或者减少注册资本的决议，以及公司合并、分立、解散或者变更公司形式的决议，必须经代表三分之二以上表决权的股东通过。

第一百零三条第二款 股东大会作出决议，必须经出席会议的股东所持表决权过半数通过。但是，股东会会议作出修改公司章程、增加或者减少注册资本的决议，以及公司合并、分立、解散或者变更公司形式的决议，必须经代表三分之二以上表决权的股东通过。

第一百七十七条 公司需要减少注册资本时，必须编制资产负债表及财产清单。

公司应当自作出减少注册资本决议之日起十日内通知债权人，并于三十日内在报纸上公告。债权人自接到通知书之日起三十日内，未接到通知书的自公告之日起四十五日内，有权要求公司清偿债务或者提供相应的担保。

第一百七十九条第二款　公司增加或者减少注册资本，应当依法向公司登记机关办理变更登记。

（1）关于减资决议

触发回购条件之后，投资方要求目标公司召开股东会，自行作出减资决议，无异于与虎谋皮；且依据《公司法》第四十三条、第一百零三条的规定，减资决议应经过三分之二以上表决权的股东通过，一旦大股东不同意减资，投资方很难实现回购诉请。因此投资方为了保障自身权益，应在签订投资协议时，预先把减资决议的问题安排好。总体来看，投资方可以从协议/章程约定和事先决议两方面进行考虑。

第一，投资方可考虑在对赌协议中约定触发回购义务条款后，目标公司必须召开股东会，且其他股东必须投赞成票，同时在对赌协议中约定高额违约金，以督促其他股东在未来条件成就时，配合作出减资决议。如在条件成就时，其他股东不予配合，投资方可要求其承担支付违约金等违约责任。但需要提示的是，召开股东会/股东大会不具有可诉性，投资方可能难以直接依据上述约定起诉要求召开股东会，并作出减资决议，但可通过违约金条款给予压力或获得赔偿。

第二，投资方可考虑在目标公司章程中约定：在触发对赌条件时，投资方可以单方召集股东会并就减资事项享有超过三分之二的表决权[①]，以确保在条件成就时能够作出减资决议。

第三，投资方可考虑在投资阶段预先作出减资决议，可尝试的方式包括：首先，预先作出减资决议，并将触发回购条件且投资方书面致函目标公司要求履行回购义务作为减资决议生效的前提。其次，如果不能达成这种安排，也可考虑退而求其次，在对赌协议中约定触发回购条件且投资方要求目标公司履行回购义务时，目标公司应进行减资，并要求全体股东在对赌协议上签字。投资方可依据《公司法》第三十七条第二款之规定，尝试主张该对赌协议本身构成减资决议。但从目前工商变更的实践操作来看，如目标公司直接

---

① 《公司法》第四十二条规定，有限责任公司章程可以另行约定表决权行使比例。如目标公司为有限公司，可以另行约定减资决议的表决权。

将对赌协议作为减资决议向工商部门申请办理变更登记，因协议与一般公司决议形式不同，可能不被接受。故从实操来说，不建议投资方采取这种方式。另外，在上述两种情况下，投资方均应特别注意股东签字、盖章的真实性以及表决程序等，以免决议效力受到挑战。

值得进一步讨论的是，《九民会议纪要》所规定的减资实际为针对投资方退出的定向减资，对于此时仍只需要适用"资本多数决"即可决议减资，还是需要全体股东一致同意，司法实践存在争议。既有法院认为《公司法》并未禁止针对特定股东的减资，亦未要求此种情形下需经全体股东一致同意，故在章程没有其他约定的情况下，无论定向减资或等比例减资，只需经过三分之二以上表决权股东同意即可完成［山东青岛中院（2015）青民二商终字第795号、浙江杭州余杭法院（2017）浙0110民初9063号］；也有法院认为定向减资涉嫌股东抽逃出资，应属无效（典型案例5.13），或认为定向减资突破公司设立时的股权分配情况，应经全体股东一致同意，否则减资决议无效（典型案例5.14）。因此，如投资方与目标公司对赌，在前述减资程序的安排上，应尽量争取全体股东的一致同意，最好让全体股东均在对赌协议上签字/盖章，或将对赌协议约定列入章程。

对于现有对赌协议未约定回购时其他股东配合进行减资的投资方而言：一方面，如前述，召开股东会/股东大会不具有可诉性，一旦发生争议，很难取得减资决议；另一方面，《九民会议纪要》施行之后的案例中，投资方未经减资程序而诉请目标公司回购的，最高法院均予驳回［最高法院（2020）最高法民申1191号、（2020）最高法民申2957号、（2020）最高法民终575号等］。目前来看，该类对赌协议下，投资方很难实现回购诉请。

法规链接

《九民会议纪要》

第二十九条【请求召开股东（大）会不可诉】 公司召开股东（大）会本质上属于公司内部治理范围。股东请求判令公司召开股东（大）会的，人民法院应当告知其按照《公司法》第四十条或者第一百零一条规定的程序自行召开。股东坚持起诉的，人民法院应当裁定不予受理；已经受理的，裁定驳回起诉。

《公司法》

第三十七条第二款　对前款所列事项股东以书面形式一致表示同意的，可以不召开股东会会议，直接作出决定，并由全体股东在决定文件上签名、盖章。

典型案例

5.13 华某与圣甲虫公司公司决议纠纷案　[上海一中院（2018）沪01民终11780号]

圣甲虫公司系有限责任公司，该公司章程约定股东按照出资比例行使表决权，公司增减注册资本须经全体股东三分之二以上表决权的股东通过。圣甲虫公司于2018年向华某发函要求召开临时股东会会议，并附上《关于提议召开临时股东会会议的函件》，其中载明某案外公司与圣甲虫公司及其股东签署《投资协议》，某案外公司通过溢价增资的方式向圣甲虫公司投资1500万元，持有圣甲虫公司10%股权。现由于某案外公司投资策略调整，特提议将某公司对圣甲虫公司投资500万元对应的注册资本进行减资并退还某案外公司500万元。基于此，圣甲虫公司作出如下股东会决议：（1）同意圣甲虫公司减资；（2）同意圣甲虫公司向某公司返还投资款500万元；（3）同意修改章程；（4）授权某案外人办理工商变更手续。以上事项表决结果：同意股东为5名，占总股数75.5286%，不同意股东（华某）为1名，占总股数24.4714%。华某认为公司定向减资涉及的股权比例变化应当经全体股东同意，基于此，其向法院起诉请求确认圣甲虫公司的上述股东会决议第（1）、（3）、（4）项不成立，第（2）项无效。

法院认为，由于公司是企业法人，具有独立的法人财产。股东向公司投入资金，成为公司的股东并由此享有权利和承担义务。股东将投资款注入公司之后，其出资已经转化成为公司的资产，必须通过股权方式来行使权利而不能直接请求将投资款予以返还。随着股东投入公司的资金用于公司经营行为，股东持有的公司股权对应的价值将会发生变化，因此在股东减资时不能直接主张减资部分股权对应的原始投资款归自己所有。根据公司资本维持原则的要求，公司在存续过程中，应维持与其资本额相当的实有资产，为使得公司的资本与公司资产基本相当，切实维护交易安全和保护债权人利益，公司成立后，股东不得随意抽回出资。尤其在公司亏损的情况下，如果允许公司向股东返还减资部分股权对应的原始投资款，实际是未经清算程序通过定向减资的方式变相向个别股东分配公司剩余资产，不仅有损公司其他股东的利益和公司的财产权，还严重损害公司债权人的利益，应属无效。

5.14 陈某和与联通公司决议效力确认纠纷案［江苏无锡中院（2017）苏02民终1313号］

联通公司股东陈某出资585.48万元，刘某出资195.16万元，六某出资5464.48万元，宝昌公司出资975.8万元，张某出资975.8万元，通乾公司出资8721.76万元，昌荣公司出资2597.52万元。在2015年、2016年间，联通公司多次决议进行公司减资，并于2016年5月23日作出股东会决议：联通公司注册资本从11516万元减至6245.12万元。股东减资情况为：张某减少出资387.56万元，宝昌公司减少出资387.56万元，通乾公司减少出资3464.08万元，昌荣公司减少出资1031.68万元。减资后股东的出资情况为：陈某出资585.48万元，刘某出资195.16万元，六某出资5464.48万元。基于此，股东变更为陈某、刘某、六某三方。陈某经查询工商登记信息知晓联通公司发生减资，起诉要求确认股东会决议无效。

法院认为，根据《公司法》规定，股东会会议作出减少注册资本的决议，必须经代表三分之二以上表决权的股东通过。该规定中"减少注册资本"仅指公司减少注册资本，而并非涵括减资在股东之间的分配。由于减资存在同比减资和不同比减资两种情况，不同比减资会直接突破公司设立时的股权分配情况，如果只要经三分之二以上表决权的股东通过就可以作出不同比减资的决议，实际上是以多数决的形式改变公司设立时经发起人一致决所形成的股权架构，故对于不同比减资，应由全体股东一致同意，除非全体股东另有约定。因此，联通公司关于减资的股东会决议无效。

（2）关于债权人保护程序

《公司法》第一百七十七条规定，公司作出减资决议后应通知债权人并进行公告，债权人有权要求公司清偿债务或提供担保。对于支持投资方的回购诉请是否以完成上述程序为前提，最高法院认为，在公司股东与债权人存在冲突的情况下，首先应该保护公司债权人的利益，而不是股东的利益，其手段就是履行减少公司注册资本程序，可见其对将减资程序作为支持投资方回购诉请的前提这一观点持肯定态度；① 如前述案例，最高法院也未支持投资方在没有完成减资的情况下请求回购。但也有观点认为，应对目标公司履行对赌回购义务前置的减资程序进行限缩解释，② 不将债权人保护程序作为目标公司履行回购义务的前提，而只要求目标公司作出减资决议即可。该种观点的主要理由在于，一方面，《公司法解释（三）》第十二条已经明确规定抽逃出资的股东在抽逃出资本息范围内对债权人承担补充赔偿责任，如目标公司未完成债权人保护程序即回购投资方股权，债权人可以据此要求投资方承担补充赔偿责任，其有明确的救济路径；另一方面，在目标公司经营状况良好、偿债能力较强的情况下，即便目标公司未通知债权人或提前清偿、提供担保等，也不必然损害债权人利益。

对此，本书认为，在《九民会议纪要》以保护债权人利益为优先价值考量的情况下，难以排除债权人保护程序的适用。投资方在起诉或申请仲裁时，可以考虑作如下主张：第一，如目标公司已经作出减资决议但尚未完成债权人保护程序，则投资方在诉请目标公司回购的同时，可一并诉请目标公司履行减资程序。在有减资决议的前提下，法院直接判令目标公司履行减资程序并非介入公司自治。第二，参照"华工案"的裁判思路，通过证明目标公司履行回购义务不损害债权人利益，争取法院支持回购诉请，但是，在《九民会议纪要》明确规定"先减资再回购"的情况下，该情形是否构成"先减资再回购"的例外，不无疑问，尚值得进一步观察。

▶ 法规链接

《公司法》

第一百七十七条　公司需要减少注册资本时，必须编制资产负债表及财产清单。

公司应当自作出减少注册资本决议之日起十日内通知债权人，并于三十日内在报纸上公告。债权人自接到通知书之日起三十日内，未接到通知书的自公告之日起四十五日内，有权要求公司清偿债务或者提供相应的担保。

---

① 参见最高人民法院民事审判第二庭编著：《全国法院民商事审判工作会议纪要理解与适用》，117页，北京，人民法院出版社，2019。
② 参见贺剑：《对赌协议何以履行不能——一个公司法与民法的交叉研究》，载《法学家》，2021（1）。

《公司法解释（三）》

第十二条　公司成立后，公司、股东或者公司债权人以相关股东的行为符合下列情形之一且损害公司权益为由，请求认定该股东抽逃出资的，人民法院应予支持：

（一）制作虚假财务会计报表虚增利润进行分配；

（二）通过虚构债权债务关系将其出资转出；

（三）利用关联交易将出资转出；

（四）其他未经法定程序将出资抽回的行为。

2. 投资方诉请目标公司进行金钱补偿的相关问题

投资方作为股东，受到《公司法》的规制，其从目标公司取得的现金补偿只能从可分配利润中支付，否则就可能构成抽逃或抽回出资。因此，《九民会议纪要》规定，只有在目标公司有可分配利润（该利润既包括当年利润，也包括之前的剩余未分配利润[①]）时，投资方才能要求目标公司进行现金补偿。需要澄清的是，金钱补偿并非目标公司向股东分配利润，投资方基于对赌协议要求金钱补偿，系基于其所享有的合同权利，而非作为股东的利润分配请求权。《九民会议纪要》以目标公司有可分配利润作为金钱补偿的前提，是对于承担补偿义务的财产范围的限定，而不宜理解为对金钱补偿性质的规定。

基于上述规定，投资方在诉请目标公司进行现金补偿时，应证明目标公司已经决议进行利润分配，或有符合《公司法》第一百六十六条的可分配利润，否则其请求难被支持（典型案例5.15）。但对于投资方而言，实践中要达成上述任一条件均可能面临困难：一方面，目标公司为了逃避现金补偿义务，可能拒不召开股东会、不作分配决议；另一方面，目标公司还可能在提取法定公积金之外，决议提取高额任意公积金，以此规避利润分配，而投资方作为小股东，不实际参与经营管理，通常难以了解公司的财务状况，除了通过发起股东知情权诉讼，要求查阅、复制有限的财务资料之外，投资方收集证据的途径有限。基于此，建议在对赌协议中明确约定投资方的知情权范围、

---

① 参见最高人民法院民事审判第二庭编著：《全国法院民商事审判工作会议纪要理解与适用》，118页，北京，人民法院出版社，2019。

行使方式等，投资方也可以通过委派财务人员等方式，及时掌握目标公司的财务情况及动态。

与现金补偿相关的一个问题是，除了利润之外，进入资本公积金的投资款能否用于现金补偿。有观点认为，现行法明确禁止的资本公积的用途只是"弥补亏损"，而未禁止以资本公积向股东分配利润，因此将资本公积返还给股东或者用于分配并不违反强制性规定。对此，最高法院予以否定，其认为依据《公司法》第一百六十八条的规定，在投资方作为目标公司股东的情况下，不能从资本公积中拿走现金。[1]

法规链接

《公司法》

第一百六十六条　公司分配当年税后利润时，应当提取利润的百分之十列入公司法定公积金。公司法定公积金累计额为公司注册资本的百分之五十以上的，可以不再提取。

公司的法定公积金不足以弥补以前年度亏损的，在依照前款规定提取法定公积金之前，应当先用当年利润弥补亏损。

公司从税后利润中提取法定公积金后，经股东会或者股东大会决议，还可以从税后利润中提取任意公积金。

公司弥补亏损和提取公积金后所余税后利润，有限责任公司依照本法第三十四条的规定分配；股份有限公司按照股东持有的股份比例分配，但股份有限公司章程规定不按持股比例分配的除外。

……

第一百六十八条　公司的公积金用于弥补公司的亏损、扩大公司生产经营或者转为增加公司资本。但是，资本公积金不得用于弥补公司的亏损。

法定公积金转为资本时，所留存的该项公积金不得少于转增前公司注册资本的百分之二十五。

---

[1] 参见最高人民法院民事审判第二庭编著：《全国法院民商事审判工作会议纪要理解与适用》，119页，北京，人民法院出版社，2019。

 **典型案例**

5.15 郭某与京庆公司公司增资纠纷案[最高法院(2019)最高法民申6709号]

投资方郭某、王某与目标公司京庆公司及原股东共同签订《增资合同书》及《增资合同书之补充合同》。据上述合同约定，若京庆公司没有实现承诺的经营目标，郭某有权要求原股东或目标公司进行现金或股权补偿。

法院认为，股东大会作出普通决议应当由出席股东大会的股东所持表决权过半数通过，普通决议事项中包含利润分配方案，且《公司法》第一百六十六条规定要求公司在弥补亏损和提取法定公积金后仍有利润的情况下才能分配利润。而本案《增资合同书之补充合同》中约定的利润分配条款，既未经股东大会决议通过，也不符合《公司法》的规定，投资方郭某不能基于此请求目标公司对其进行股权或现金补偿。

3. 目标公司不能履行对赌义务时的违约责任

对赌协议可能约定在触发对赌条件后，目标公司应在一定期限内履行回购或补偿义务，如逾期未履行的，应承担相应违约责任。投资方可依据此类约定在诉请回购或补偿时，一并要求对赌方承担逾期付款的违约责任；即便对赌协议对此未作约定，投资方一般也可以主张资金占用损失。对此，对赌方通常的抗辩是违约金过高并要求调减。因此前实践中一般直接否定投资方与目标公司对赌的协议效力，所以违约金调减的抗辩更多出现在投资方与股东对赌交易中。法院对违约金调减的主张大体有两种处理思路，一种是认为投资方的损失限于资金占用损失，因此应以民间借贷司法解释所保护的利率为上限；另一种则认为对赌乃是投资行为，不应简单以民间借贷利率为限。

在因目标公司未履行减资程序而驳回投资方诉请的案例中，对于是否支持目标公司承担违约金存在分歧。有法院在未支持回购诉请的情况下，认定目标公司未完成业绩承诺，已经构成违约，故应承担违约责任[河南周口中院（2019）豫16民初206号]；也有法院认为如要求目标公司承担回购义务或基于回购义务而产生的违约金，相当于目标公司股东变相抽逃出资，因此未支持投资方针对目标公司的违约金诉请（典型案例5.16）。

> 📌 **典型案例**

5.16 爵美公司等与红土投资公司等股权转让纠纷案[北京高院（2020）京民终549号]

投资方深圳创新公司与目标公司玖美公司及其原股东签署《增资协议书》及补充协议等对赌协议，约定如因目标公司未能按约上市，深圳创新公司可要求玖美公司及原股东履行回购义务。后深圳创新公司与玖美公司的全资子公司爵美公司签署《股权回购担保协议》，约定爵美公司就玖美公司及原股东的回购义务提供连带保证担保。因目标公司未能如约上市，且玖美公司及原股东未履行回购义务，投资方诉请原股东高某及目标公司玖美公司回购其所持股权，并由爵美公司承担保证责任。

法院认为，本案玖美公司未完成减资，不符合公司回购股份的条件，若要求玖美公司承担回购义务或支付基于回购义务而产生的违约金，则相当于让玖美公司股东变相抽逃或部分抽逃出资，有违法律强制性规定。

在《九民会议纪要》允许投资方在符合条件时再行起诉的情况下，可能产生另一个争议问题，如因目标公司未履行减资程序或无可分配利润导致投资方诉请被驳回，投资方在嗣后符合条件再行起诉时，是否可主张对赌方承担诉请被驳回后到再次起诉之间可能产生的损失？

对此，目标公司可能抗辩在法定程序尚未履行完毕之前，对赌义务的履行条件尚未成就，因此其不构成违约。但本书认为，一方面，在已经符合约定对赌条件的情况下，目标公司因自身履行障碍导致无法履行义务，这对于造成投资方的损失具有可归责性；[①]另一方面，资本维持原则是为了防止目标公司因资本减少而损害债权人利益，却并不必然免除或减少目标公司因未履行对赌协议约定义务而给投资方造成的损失。因此，目标公司对于实际履行对赌义务前投资方因此产生的损失应承担相应赔偿责任。就违约赔偿的范围而言，如对赌协议约定了违约金，则应以按照回购利率计算的本金为基础，按照协议约定、起算时间、违约金利率来计算违约金；如对赌协议未明确约定，则宜从

---

① 如对违约责任采严格责任说，则在对赌协议明确约定逾期不回购或不进行补偿的违约责任的情况下，不考虑对赌方的可归责性，其亦应承担违约责任。

可能触发对赌条件之日或投资方通知对赌方履行对赌义务之日起算，投资方的损失限于回购款的资金占用损失，可能按照 LPR 或可证明的融资利率计算。

在目标公司完成减资程序或符合利润分配要求的情况下，投资方主张目标公司承担回购或补偿义务时可能面临的其他履行问题，和投资方与股东对赌的情形基本相同，不再单独讨论，可参照本章第三部分"私募基金对外投资涉及的投资方与股东对赌履行争议"的内容。

> **实务提示**
>
> 投资方请求目标公司回购股权的，目标公司应完成的减资程序至少包括作出减资决议和完成债权人保护程序。投资方请求目标公司承担金钱补偿义务的，以目标公司有足以补偿投资方的可分配利润为前提。若目标公司因不满足上述履行前提不能履行对赌义务，可能承担违约责任。

三、私募基金对外投资涉及的投资方与股东对赌履行争议

一直以来，司法实践对于投资方与股东之间对赌的协议的效力都持肯定态度，判断是否支持投资方诉请，主要是从是否触发对赌义务、有无履行障碍等角度进行论证。实践中两种常见对赌形式即股权回购和业绩补偿中，主要争议问题也有所不同。考虑到与股东对赌的履行问题较为细碎，而部分问题是由于对赌协议本身约定不同所致，具有个案性，本书仅就如下四个具有普遍性、争议相对较大的问题进行讨论：第一，目标公司净利润为负值时，如何计算业绩补偿额；第二，是否应给业绩补偿额设置阈值，该阈值如何确定；第三，在对赌协议约定多个回购/补偿义务主体的情况下，各方如何分担责任；第四，能否同时主张股权回购与现金补偿。

（一）目标公司净利润为负值时，如何计算业绩补偿额

在业绩补偿计算公式中经常以净利润、营业收入等作为计算基数，且该等基数与最终的补偿金额或补偿股比之间常为负相关的关系，也即在触发业

绩补偿条件后，公司盈利越多，业绩补偿额越小；反之，业绩补偿额越大。由此可能导致在公司亏损的时候，投资方依对赌协议所得补偿额比公司有盈利时更高，且亏损越多，补偿金额越高。对此，实践中有观点质疑投资方在公司亏损时依据该等对赌协议要求补偿的公平性和合理性。

基于此，司法实践中产生了两种处理方式：一种认为，一方面，基于诚信原则、公平原则和投资的基本原理（即股东不应从公司亏损中获益），不应支持按照亏损的净利润计算现金补偿金额；另一方面，目标公司亏损时给投资方造成的损失与净利润归零时造成的损失相当（均无可分配的利润），且实际净利润为负值时，应当视为目标公司没有实际完成的业绩金额，因此在公司亏损时以净利润为零来计算［安徽高院（2020）皖民终520号、江苏常州中院（2017）苏04民终3295号、浙江杭州中院（2014）浙杭商终字第2488号］。另一种则认为，应尊重当事人意思自治，按照当事人约定，在目标公司亏损时按照实际的负值净利润计算补偿金额。

对此，本书原则上倾向于第二种处理方式，若补偿金额计算公式明确相关参数为实际净利润，则在目标公司亏损的情况下，亦应按照实际负值净利润计算业绩补偿金额。首先，对赌本身是估值调整机制，目的是确保投资方免遭因信息不对称、高估股权价值产生的损失，双方约定的业绩目标正是投资方在投资时对目标公司进行估价的依据，在目标公司不达标的情况下，由对赌方按照约定支付业绩补偿额，才能真正实现估值调整的目的。其次，对赌双方通常均为专业的商主体，如自愿约定的业绩补偿公式未排除净利润为负值的情况，则触发对赌条件时，应依据双方真实意思按照负值计算业绩补偿额。最后，将净利润调整为零计算的案例中，法院可能是为了防止计算出的现金补偿额高于投资本金，对此可以直接通过以投资本金为上限加以解决，而无须背离当事人约定直接介入基数的选择。

★ 实务提示

业绩补偿额与目标公司的净利润相关时，若净利润为负值，为了避免投资方从目标公司亏损中获益，在计算业绩补偿额时，净利润可能被视为零，建议对赌协议中对净利润为负值的情形进行约定，以避免争议。

（二）不同业绩补偿形式的阈值设置

业绩补偿作为估值调整方式，其目的是在目标公司未达到业绩目标的情况下，投资方通过获取业绩补偿来调整股权对价，以保障其合理权益，但业绩补偿的范围须受到限制，即应为补偿范围设置上限阈值，否则可能出现目标公司亏损越多，投资方越受益的不合理情况。依据补偿标的的不同，可以将业绩补偿区分为现金补偿和股权补偿两种形式，两者在上限设置上的考虑有所区别：

1. 关于现金补偿的阈值

基于现金补偿计算公式的约定，如完全按照对赌协议约定公式计算现金补偿金额，可能出现补偿金额超出投资方投资本金的情况。例如，如各方未在对赌协议中约定排除净利润为负的情形，导致计算出的补偿金额超出投资本金；再如，因现金补偿额逐年累计，导致总额超出投资本金。对此，实践中有法院支持投资方超出投资本金的补偿诉请（典型案例5.17）。但本书认为，基于基本投资原理，现金补偿金额应以投资方的投资本金为限。现金补偿本质是估值调整机制，其作用在于借此调整投资方为持有股权所支付的对价，而股权价值最低为零、不可能为负值；经估值调整后的股权也是一样，若允许现金补偿金额大于投资本金，则投资方不仅以零对价取得目标公司股权，而且对赌方还需额外向其支付资金，相当于股权价值为负值，这并不符合正常的投资逻辑。

> **典型案例**

5.17 黎某与卓景公司等公司增资纠纷案[浙江高院(2015)浙商终字第84号]

投资方卓景公司与目标公司金茂公司、原股东黎某签订《增资协议》及《补充协议》，其中约定了业绩对赌条款，若目标公司未达成业绩目标，原股东黎某应向投资方卓景公司进行现金补偿。签订协议后，卓景公司共支付投资款12880万元，因金茂公司未达成业绩目标，按照对赌协议约定的计算方式，黎某应支付的现金补偿款共计17942.0365万元。据此，投资方卓景公司诉至法院，请求黎某支付业绩补偿款及相应利息。

法院认为，补偿金额与企业估值、企业经营预期等相关，取决于当事人的风险预测和风险偏好，应属于意思自治和可自我控制的范围，且黎某虽不能直接从增资中获取利益，但其为金茂公司大股东，金茂公司获取大量增资与其有实际利益关联。业绩补偿金系黎某对于金茂公司业绩未达标情况下的给付义务，其内容并不等同于违约金。该业绩补偿金的计算结果系由商事主体基于自身风险预测和风险偏好决定，应遵从当事人的意思自治，故对该业绩补偿金不予调整。

在计算现金补偿额时，还有一个值得注意的问题，有的对赌协议中会约定连续多年业绩补偿，此时应如何计算业绩补偿额。首先，与单次补偿相同，连年补偿的金额合计也不应超过投资本金的总额。其次，关于是否应对每一年的业绩补偿分别计算，若投资协议明确约定每一年实际业绩未达到承诺业绩时均应予以补偿，则根据意思自治原则，应按照合同约定分别计算补偿金额并累加补偿（典型案例5.18）。但在协议约定不明的情况下，能否支持当事人累加计算的请求，可能存在争议。有观点认为，在对赌期间目标公司的估值可能反复波动，若允许投资方就对赌期间的任一年业绩都要求补偿，则相当于对目标公司的估值进行重复调整，会产生重复补偿问题，故在对赌协议未明确约定的情况下，只支持计算所得补偿金额最多的那一年的业绩补偿。① 但也有法院未考虑该等因素，支持投资方叠加计算业绩对赌期间各年的业绩补偿金额 [江苏苏州吴江法院（2016）苏 0509 民初 15480 号]。

对此，本书认为，在对赌协议明确约定按年持续计算时，应按照协议约定叠加计算，但不得超过投资方投资本金；在对赌协议未作明确约定的情况下，不宜叠加计算，而应在前一年补偿金额的基础上进行调整。例如，依据补偿计算公式第一年补偿金额为 500 万元，若第二年目标公司估值继续下跌，导致应补偿金额高于 500 万元，则就超出部分，对赌方应予以补偿；若第二年补偿金额低于 500 万元，说明公司估值相较前一年上涨，因投资方已就该等估值下跌的部分全额获偿，对赌方无须再次补偿。在业绩对赌期间，各年补偿金额均依次计算，但最高补偿金额仍以投资方的投资本金为限。按照上述方式处理，实际效果与仅支持补偿金额最多的那一年的业绩补偿的做法是相同的。

---

① 参见陶修明：《投资对赌协议纠纷裁判处理的定性和定量分析》，载《北京仲裁》（第 111 辑），43～58 页。

典型案例

5.18 刘某与张某合同纠纷案[北京西城法院（2017）京0102民初21308号]

投资方刘某与张某、目标公司兜哒玩具公司签订《投资协议》，约定如果目标公司2016年、2017年、2018年中任何一年度业绩未达到承诺水平或甲方最终同意的业绩水平，则就每一实际业绩未达到承诺业绩指标的年度，股东张某均应对刘某予以补偿；刘某有权选择现金补偿或股权补偿，同时约定了补偿额的计算方式。因兜哒玩具公司未完成业绩承诺，刘某诉请张某进行业绩补偿。

法院认为，根据投资协议约定，如果目标公司2016年、2017年、2018年中任何一年度业绩未达到承诺水平或投资方最终同意的业绩水平，则就每一实际业绩未达到承诺业绩指标的年度，原股东均应对投资方予以补偿。2017年、2018年目标公司的实现业绩为0元，故2017年、2018年度现金补偿金额分别为300万元和300万元。

实务提示

为了避免投资方从目标公司的亏损中获益，宜将投资本金作为现金补偿金额的上限。

2. 关于股权补偿的阈值

相较于现金补偿相对明确的投资逻辑，股权补偿的问题相对更加复杂。不同于现金补偿，在目标公司亏损的情况下，股权很可能贬值甚至是大幅度贬值，投资方取得超过其所持股权数额的股权补偿并不当然造成其从目标公司的亏损中获利，如仍参照现金补偿的思路，以投资方持有的股权作为股权补偿的上限，投资方因业绩补偿所获的股权价值可能无法实现对估值进行合理调整的目的。例如，投资方通过股权转让获得目标公司2%股权（此时对应股权价值为1000万元），后因目标公司业绩不达标，对赌方依约应补偿的股权为4%，此时该等股权对应的价值仅为300万元，远低于投资方的投资本金，若以投资方所持股权为限进行限制，不仅缺乏依据，亦不合理。

对此，实践中有的法院的处理较为简单，并没有考虑阈值问题，而是直接依据公式计算并支持投资方请求。本书认为仍然有必要为股权补偿设置上限,否则当净利润为负值时,在特定的计算公式下,可能出现应补偿股权比例超过100%,或超出补偿义务人所持的目标公司股权的不合理后果。基于此,可以考虑两种股权补偿的阈值设置思路:一,以补偿义务人所持有的且可转让的股权为限。考虑到即便超出补偿义务人持股范围支持投资方诉请,最终也无法实际履行,如此设限不会损害投资方权益。如对赌协议同时约定了股权补偿和现金补偿,还可以考虑在股权补偿不能实现的范围内支持现金补偿,以维护投资方权益(典型案例5.19)。二,折算股权补偿所对应的股权估值,以股权估值不超过投资本金部分的股权为限。但考虑到公司估值不同于股权价值,其主要依赖于市场判断而非财务指标,因此较难得出公允价值,进入诉讼或仲裁后,亦难以通过鉴定解决,当事人在估值认定上可能产生较大争议。

典型案例

5.19 信雅达公司与刁某、王某合同纠纷案[浙江杭州中院(2018)浙01民初1407号]

信雅达公司与刁某、王某、科漾公司签订《盈利预期补偿协议》及补充协议,其中约定了业绩承诺及补偿方式,信雅达公司有权要求刁某、王某、科漾公司进行补偿。补偿方优先以股份方式进行利润补偿,不足部分以现金补偿的方式进行利润补偿,补偿方之间承担连带责任。补偿条件成就后,因刁某、王某及科漾公司未向信雅达公司进行利润补偿,信雅达公司起诉。

法院认为,原股东应按照对赌协议的约定对投资方进行利润补偿;原股东认为利润补偿应以投资方在目标公司中的持股比例可得分红作为补偿上限的主张无合同依据。此外,由于该案中部分股权被质押,原股东无法交付按照协议约定计算所得应补偿的股权份数,就剩余未得到补偿的股份数,补偿方还应按照协议为约定,进行现金补偿。

实务提示

考虑到股权补偿的可履行性及公平原则,股权补偿亦宜设置上限阈值,较为合理的处理方式可能是以补偿义务人所持有的可转让股权为限。

（三）多个对赌义务主体之间的责任分担

为了尽可能保障自身权益，投资方常在对赌协议中约定多个对赌义务主体，在条件成就时共同承担对赌义务。如对赌协议未明确约定，就各对赌义务主体之间的责任形式可能存在争议。对此，有法院认为，各主体应承担连带责任，其理由在于，在对赌协议未作约定的情况下，意思表示为各主体所负为同一债务，按照债权债务处理内外有别的基本原则，就债权人而言，各主体应当承担连带给付责任；至于债务人内部如何分配债务以及股权回购之后如何登记和分配，应由原股东自行协商确定，属于债务人内部关系，与债权人无关［上海二中院（2020）沪02民终2334号、北京顺义法院（2019）京0113民初21763号］。上海二中院在涉及"对赌"案件审判白皮书中明确，"一般情况下，'对赌协议'就各义务主体内部所应承担的责任不作约定，就外部关系而言，在未作特别约定的情形下，各对赌义务人需向权利人承担连带责任"。① 但同时亦有法院认为，在约定不明的情况下，基于权利义务对等原则、公平原则，参照《公司法》对于股东优先购买权系按照股权比例承担的规定，应按照股权比例进行回购［江苏常州新北法院（2018）苏0411民初5635号］。

相较于按份责任下各对赌义务人只承担各自份额内的责任，如责任形式为连带责任，各对赌义务人不分主次和先后共同对同一债务承担连带责任，可能更符合投资方最大程度保障自身权利的真实意思。对于对赌义务主体之间内部的责任分担，可由其另行解决。

但值得注意的是，如认定各主体之间为连带责任，可能存在如下问题：一，连带债务只能由法律规定或当事人约定，在对赌协议未约定责任形式的情况下，直接认定各主体之间承担连带责任，依据不足。在前述案例中，法院多是结合对赌协议上下文进行体系解释，并最终认定当事人约定的责任形式为连带责任。二，如对赌方式为股权回购，如不明确对赌义务主体内部份额，在执行阶段难以变更股权登记。虽然回购主体可以另行解决这一争议，但是很可能引发新的诉讼，不利于一次性解决纠纷。因此，若在对赌协议中约定

---

① 参见 https://mp.weixin.qq.com/s/mGE4pYhVdDJUAU54yCL89A，最后访问日期：2021年3月31日。

多个对赌义务主体,投资方应注意明确责任形式,以免后续发生争议。

▶ 法规链接

《民法典》

第五百一十八条第二款 连带债权或者连带债务,由法律规定或当事人约定。

▣ 实务提示

如对赌协议未明确约定各补偿或回购义务主体之间的责任形式,法院既有可能认定各主体之间为连带责任,亦有可能认定其按照各自的持股比例承担按份责任。为免产生争议,建议各方在对赌协议中明确约定责任形式。

(四)投资方能否同时主张现金补偿和股权回购

实践中,对赌协议中可能会针对不同的业绩目标同时约定业绩补偿和股权回购,在特定情况下,业绩补偿条款和股权回购条款可能会被同时触发。此时对于投资人能否同时主张现金补偿和股权回购存在争议。[①]

一种观点认为,两者可以同时适用,其主要理由包括:第一,现金补偿和股权回购的约定系当事人意思自治范围,可以依据双方约定支持投资方诉请;第二,现金补偿和股权回购非同一法律关系,可以同时支持(典型案例 5.20)。

▣ 典型案例

5.20 谢某与中信公司合同纠纷案[北京高院(2020)京民终 308 号]

中信公司等作为投资方与目标公司凤凰国旅及现有股东谢某等签署《投资协议》,约定中信公司受让凤凰国旅 3.6036% 的股权并进行增资。后各方签订《补充协议》,约定业绩承诺和补偿条款,并约定触发约定事项时,投资方有权要求实际控制人回购其所持股权。因目标公司未达约定业绩,中信

---

① 业绩补偿包括现金补偿和股权补偿两种形式,但投资方不可能同时主张股权补偿和股权回购,因此仅就能否同时主张现金补偿和股权回购的问题进行讨论。

公司向谢某发函要求其作出现金补偿及回购股权。后中信公司向法院起诉，请求谢某支付股权转让款，并支付现金补偿款。

法院认为，关于业绩补偿条款与股权回购价款是否可以同时适用，首先，《补充协议》中既约定了业绩补偿条款也约定了股权回购条款，两个条款均是独立的并行条款。上述条款是各方当事人的真实意思表示，亦未违反我国法律法规的强制性规定，故应当尊重当事人的意思自治。其次，中信公司要求谢某给付业绩补偿款及股权回购款的依据是目标公司未达到经营目标业绩，导致实际估值与签订对赌协议时的预设估值有差距，与中信公司是否保持股东身份没有因果关系。再次，《补充协议》是投融资双方对目标公司未来的估值进行调整的协议。投资人在投资当时，对于投资收益的期望本身也就包含了每年度业绩收入带来的收益和最终退出时股权产生的溢价两个部分，投资人以高溢价认购公司股份，其中对于目标公司的估值也是以上述两种收益作为基础的。因此，股东或者实际控制人的业绩补偿及股权回购义务是和投资方高溢价认购目标公司股权义务相对应的，符合合同相对人权利义务相一致的原则，亦不会违反公平原则。最终，法院同时支持了中信公司请求谢某支付股权转让款，并支付现金补偿款两项诉请。

另一种观点则不支持投资方同时主张股权回购款和业绩补偿款，主要理由包括：第一，现金补偿和股权回购均具有违约责任的性质，股权回购款的计算已经充分考虑了违约行为所造成损失的情况下，不再支持现金补偿［山东高院（2016）鲁民终1620号、上海浦东法院（2018）沪0115民初45869号］；第二，现金补偿与股权回购虽然都是合同权利，但性质上并不相容，[1] 现金补偿以投资方具有股东身份为前提，股权回购则导致投资方丧失股东身份，同时主张存在矛盾［北京一中院（2017）京01民初814号］。

本书认为，若股权回购与现金补偿系基于不同对赌目标所作出的约定，可以同时主张，但是除非对赌协议另有约定，计算股权回购款时应扣减现金补偿金额。

第一，现金补偿是估值调整的方式，基于此产生的补偿款本身构成合同对

---

[1] 参见陶修明：《投资对赌协议纠纷裁判处理的定性和定量分析》，载《北京仲裁》（第111辑），43～58页。

价的一部分，而非分红或违约金。（1）业绩补偿款并非股东分红，股东分红需要满足《公司法》规定的利润分配条件，并进行决议分配，这与以投资本金为基础、基于合同约定而计算得出的业绩补偿款明显不同。且前述案例中，投资方均系与股东对赌，在此情况下，补偿义务主体为股东而非目标公司，目标公司无论是否分红均非履行现金补偿义务。进一步说明的是，在投资方与目标公司对赌的情况下，现金补偿的性质也非分红。虽然《九民会议纪要》规定与目标公司对赌时，目标公司进行现金补偿的前提为有可分配利润，但补偿款的来源不影响其定性，只是在投资方主张补偿时，目标公司可能因无利润可供分配而构成法律或事实上的履行不能。（2）业绩补偿款也不宜被认定为违约金。一方面，业绩承诺不等于分红承诺，投资方并不因相对方违反业绩承诺而取得分红损失的赔偿请求权；另一方面，股权贬值并非股权瑕疵，相对方不因股权贬值而承担瑕疵担保责任，投资方亦不因此而取得违约赔偿请求权。①

第二，只要在触发补偿条款时，投资方具有股东身份，则可基于对赌协议的约定请求业绩补偿，后续股东身份的变化不应影响其所享有的权利。因此，上述法院以股权回购导致投资方丧失股东身份而不支持同时主张现金补偿的理由有待商榷。

第三，除非对赌协议另有约定，股权回购款中应扣减已经支付或即将判令支付的现金补偿款。主要理由在于，首先，在投资方已经取得了现金补偿的情况下，其投资本金已被调减，并非最开始投资的全部本金，不能按照原有全部投资本金计算回购款。其次，对赌中的股权回购是在签订协议时先预设未来回购的股权价格，即按照投资款本金再加部分利息（收益），如不在计算回购款时扣减现金补偿金额，相当于投资方超出对赌协议预设的回购金额获益，存在超额获益的可能，有失公平。

★ 实务提示

投资方能否同时主张现金补偿和股权回购存在争议，在支持同时主张的情况下，除非对赌协议另有约定，为免投资方超额获益，计算股权回购款时宜扣减已支付的现金补偿金额。

---

① 参见贺剑：《对赌协议中的违约金调整与利息管制》，载《人民司法》，2020（16）。

第六章
私募基金对外投资涉及的名股实债争议

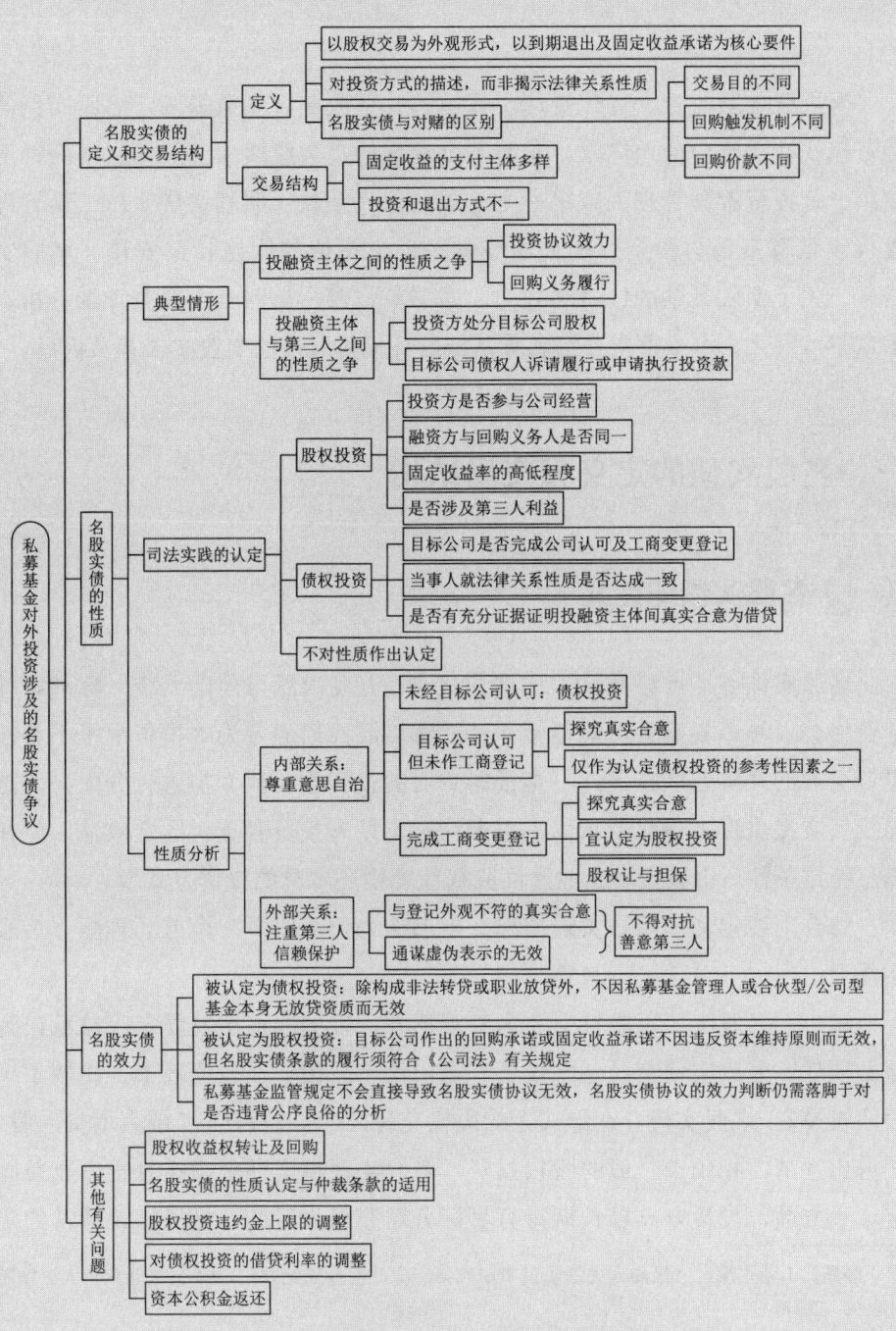

为规避金融监管、优化资产负债结构、适应多方利益需求，名股实债的融资模式在实践中应用广泛。私募基金领域的"名股实债"具体包括两种形式：一是投资者与管理人或第三方达成的保底条款（明基实贷）；二是管理人代表私募基金与投资标的公司或其关联方达成的固定收益安排（名股实债）。关于保底条款的性质和效力，本书第一章、第四章中已有详细分析，本章不再赘述。本章重点介绍私募基金对外投资涉及的名股实债相关问题。

一、名股实债的定义和交易结构

（一）名股实债的定义

名股实债并非严格意义上的法律概念，[①] 其内涵与外延无统一标准。基金业协会《私募备案管理规范第 4 号》将名股实债界定为"投资回报不与被投资企业的经营业绩挂钩，不是根据企业的投资收益或亏损进行分配，而是向投资者提供保本保收益承诺，根据约定定期向投资者支付固定收益，并在满足特定条件后由被投资企业赎回股权或者偿还本息的投资方式"。

结合上述定义和司法实践情况，本书认为可从以下三个方面理解"名股实债"：

第一，名股实债以股权交易为外观形式，以到期退出及固定收益承诺为核心要件。名股实债交易包含投资和退出两个阶段。在投资环节，相较于一般债权投资，名股实债存在形式上的股权交易，或为股权转让，或为增资入股。在退出环节，相较于一般的股权投资，名股实债投资期限确定且投资收益固定。一方面，投资方非以长期持有目标公司股权为目的，投资协议通常约定

---

① 参见贺小荣主编：《最高人民法院民事审判第二庭法官会议纪要》，64 页，北京，人民法院出版社，2018。

目标公司或其股东负有定期回购投资方股权的义务；另一方面，目标公司或其股东需通过固定溢价率回购、"定期分红＋回购时差额补足"等方式保障投资方在退出时获取固定收益。

第二，名股实债是对投资方式的描述，其本身并未揭示所涉法律关系的性质。司法实践中有观点认为，"股"即股权投资及形成的股权转让/增资关系，"债"即债权投资及形成的借款关系，故将名股实债理解为"名为股权投资，实为债权投资"，"名为入股，实为借贷"。例如，回购义务人经常以案涉交易系名股实债为由主张有关回购条款无效，实质是以金融监管部门对放贷资质的限制否定所谓"借款关系"的效力［北京高院（2019）京民终164号］；也有法院直接在裁判理由部分明确，"名股实债即名为股权投资实为债权投资"［江西高院（2019）赣民终677号］。本书认为，名股实债通常是对商事交易实践中投资方到期退出并获取固定收益这一投资方式的概括性描述，而个案中的具体交易结构千差万别，当事人之间究竟成立何种类型的法律关系，仍需根据具体合同内容进行判断。因此，不宜简单以"名股实债"这一用语来掩盖法律关系定性问题的复杂性。有鉴于此，本章中的名股实债均指向投资方到期按固定收益退出目标公司的投资方式，不包含对相关交易安排的定性。

第三，名股实债区别于对赌。名股实债和对赌的混淆在司法实践中时有发生。例如，《私募备案管理规范第4号》将"回购、第三方收购、对赌、定期分红"等列举为名股实债的常见形式。最高法院也曾在"通联公司、汉台区政府与农发公司股权转让纠纷案"中将《投资协议》中的"名股实债条款"作为"对赌条款"予以分析，该案《投资协议》明确约定了10年投资期限，且提前回购限于目标公司关闭、解散、破产，增资款被挪用，投资方收益无法按时足额收回等可能对投资方权益产生重大不利影响的情形，并未与目标公司经营业绩相挂钩，与典型对赌条款有别（典型案例6.1）。根据《九民会议纪要》，对赌协议是指"投资方与融资方在达成股权性融资协议时，为解决交易双方对目标公司未来发展的不确定性、信息不对称以及代理成本而设计的包含了股权回购、金钱补偿等对未来目标公司的估值进行调整的协议"。据此，对赌以股权性融资为前提，本身不存在是"股"还是"债"的性质争议。虽然二者通常均以目标公司或其股东溢价回购投资方股权为表现形式，但对赌实为一种与名股实债不同的投资方式，而非名股实债的下位概念。

▶ 法规链接

《私募备案管理规范第4号》

本规范所称名股实债，是指投资回报不与被投资企业的经营业绩挂钩，不是根据企业的投资收益或亏损进行分配，而是向投资者提供保本保收益承诺，根据约定定期向投资者支付固定收益，并在满足特定条件后由被投资企业赎回股权或者偿还本息的投资方式，常见形式包括回购、第三方收购、对赌、定期分红等。

《九民会议纪要》

实践中俗称的"对赌协议"，又称估值调整协议，是指投资方与融资方在达成股权性融资协议时，为解决交易双方对目标公司未来发展的不确定性、信息不对称以及代理成本而设计的包含了股权回购、金钱补偿等对未来目标公司的估值进行调整的协议。从订立"对赌协议"的主体来看，有投资方与目标公司的股东或者实际控制人"对赌"、投资方与目标公司"对赌"、投资方与目标公司的股东、目标公司"对赌"等形式。人民法院在审理"对赌协议"纠纷案件时，不仅应当适用合同法的相关规定，还应当适用公司法的相关规定；既要坚持鼓励投资方对实体企业特别是科技创新企业投资原则，从而在一定程度上缓解企业融资难问题，又要贯彻资本维持原则和保护债权人合法权益原则，依法平衡投资方、公司债权人、公司之间的利益。对于投资方与目标公司的股东或者实际控制人订立的"对赌协议"，如无其他无效事由，认定有效并支持实际履行，实践中并无争议。但投资方与目标公司订立的"对赌协议"是否有效以及能否实际履行，存在争议。

▶ 典型案例

6.1 农发公司与通联公司、汉台区政府股权转让纠纷案[最高法院（2020）最高法民申2759号]

农发公司与通联公司、汉台区政府、汉川公司签订《投资协议》，约定农发公司以现金1.87亿元对汉川公司进行增资，投资年收益率为1.2%，农发公司对汉川公司的投资期限为10年，在投资期限内及投资到期后，农发公司有权要求汉台区政府或通联公司收购其持有的汉川公司股权。协议第5.2条约定，汉台区政府在每个交割日前应当支付的股权转让对价按每次退出标的股权对应的实缴出资额计算，2018年12月31日前支付2337.5万元、2019年12月31日前支付2337.5万元……2025年9月12日前支付2237.5万元。协议第5.6条约定，汉川公司发生如下情形时，农发公司有权立即要求汉台区政府收购其持有的汉川公司股权，收购价格不低于上述第5.2条规定的价格：（1）汉川公司遇有关闭、解散、清算或破产情形；（2）发生增资款被挪用情形；（3）未在约定期限内完成抵质押登记；（4）农发公司投资收益连续两个季度或累计三个季度无法按时足额收回；（5）其他可能对农发公司权益产生重大不利影响的情形。

法院认为，私募股权投资实践中，双方约定由融资方给予投资方特定比例的利润补偿、按照约定条件回购股权，投资方不参与公司具体经营管理的情况非常普遍，即所谓的"对赌条款"。利润补偿和股权回购约定是股权投资方式灵活性和合同自由的体现，而非"名股实债"，对于此类"对赌条款"，只要不存在法定无效事由，不违反《公司法》关于利润分配、资本管制的强制性规定，即为有效。

本书认为，名股实债与对赌的区别主要体现在以下三方面：（1）交易目的不同。笼统而言，名股实债模式下，投资方目的是向目标公司提供资金，并在一定期限后获取固定收益；而在对赌模式下，投资方主要目的仍为获取目标公司的股权增值。（2）回购触发机制不同。名股实债模式下，回购条件的触发一般与经营业绩无关，无论目标公司经营情况如何，回购义务人都需要按时回购投资方股权，以确保投资方可以顺利退出。例如，某基金管理人（代表其管理的私募基金，下同）与目标公司股东签订的《股权回购合同》约定，目标公司股东承诺其在约定回购日无条件回购基金管理人持有的目标公司100%股权，回购日系指基金管理人支付股权转让价款之日起满60个自然日（典型案例6.17）。对赌模式下，回购是否发生取决于经营业绩，当目标公司完成预期业绩目标时，不会触发回购条款。例如，某合伙型基金与目标公司及其股东签订的《增资协议补充协议》约定，如果目标公司任意一年实际实现的净利润不足承诺利润的 70%，合伙型基金有权选择要求目标公司股东受让其持有的全部或部分目标公司股权［北京高院（2019）京民终 164 号］。（3）回购价款不同。名股实债模式下，回购价款即投资款加上按照固定溢价率计算的收益；对赌模式下，回购价款往往是股权价值与按照固定收益率计算所得数额中较高者，即仅以"投资款＋固定收益"为回购底价。例如，某合伙型基金与目标公司及其股东签订的《投资协议补充协议》约定，合伙型基金于增资款支付至目标公司指定账户满两年的次日起可以选择以下述两种方式中金额较高者作为退出投资的对价：①增资款 ×（1＋50%）；②退出时目标公司估值与合伙型基金所持股权比例的乘积［北京高院（2020）京民终 15 号］。

> **实务提示**
>
> 名股实债通常是对投资方式的描述，本身并未揭示所涉法律关系的性质，当事人之间构成股权投资还是债权投资关系，需结合具体约定及履行情况综合判断。名股实债与对赌系两种相互独立的投资方式，对赌以股权性融资为前提，本身不存在是"股"还是"债"的性质争议。

（二）名股实债的交易结构

名股实债是对实践中通过成为目标公司名义股东从而获取固定收益的一类投资方式的总称，[①] 具体交易结构多种多样，主要表现为两方面。

第一，固定收益的支付主体多样。一方面，名股实债交易的融资方通常系目标公司或其股东，但也存在第三方为取得目标公司股权而进行融资的情形。例如，投资方出资受让目标公司股权后，再按"投资本金＋固定溢价款"转让给事先指定的远期股权受让人，实现后者从投资方借款以收购股权的交易目的［最高法院（2019）最高法民终 688 号］。另一方面，即使在目标公司融资的情况下，负有到期回购义务的可能为目标公司，亦有可能为其股东或实际控制人等关联方。

---

① 参见贺小荣主编：《最高人民法院民事审判第二庭法官会议纪要》，21 页，北京，人民法院出版社，2018。

第二，投资和退出方式不一。在投资环节，投资方主要通过受让原股东股权或向目标公司增资的方式直接取得目标公司股权，也存在投资方通过多层资管产品嵌套，间接投资于目标公司的情况。例如，A（契约型基金）通过认购B（合伙型基金）合伙份额间接持有目标公司股权，各方约定投资期限届满后，A有权要求目标公司实控人回购其持有的合伙份额或B持有的目标公司股权［北京三中院（2018）京03民初8号］。

在退出环节，投资方收回投资款及固定收益的方式主要有三种。一是由目标公司或其股东按协议约定的固定溢价率回购投资方持有的目标公司股权；二是引入第三方收购投资方持有的目标公司股权，目标公司或其股东就转让价款与"投资款+约定收益"之间的差额进行现金补足；三是在目标公司定期按约定固定溢价率分红的基础上，由目标公司或其股东在投资期限届满后以与投资款相当的价格回购股权［黑龙江哈尔滨中院（2020）黑01民终2582号］，或就第三方收购价款与投资款差额的部分承担补足义务［北京二中院（2019）京02民初601号］。

二、名股实债的性质

（一）名股实债性质之争的典型情形

名股实债交易虽然在形式上表现为股权转让/增资入股及到期回购，但因约定了固定收益率，可能被当事人主张构成债权投资。在私募基金投资领域，名股实债的性质争议通常发生于投融资双方之间，但亦有可能发生于投融资主体与目标公司债权人、标的股权受让方等第三人之间；主张构成债权投资的一方既有可能为回购义务人，亦有可能为投资方或第三人。司法实践中名股实债的性质之争主要包括如下情形。①

1. 投融资主体之间的名股实债性质争议

第一，在纠纷涉及投资协议的效力时，当事人对名股实债性质作出不同

---

① 因私募基金领域纯粹"名股实债"的案例有限，本章援引了部分信托领域的案例，或私募基金领域涉及"对赌""股权收益权转让""应收账款转让及回购"交易模式的案例。

主张。例如，为否定回购协议的效力，回购义务人主张案涉交易属债权投资，违反金融监管规定［上海金融法院（2019）沪74民初592号、北京二中院（2016）京02民初202号］。

第二，在纠纷涉及回购义务的履行时，当事人对名股实债性质作出不同主张。首先，在履行主体方面，如果是投资方直接向目标公司增资，为论证应由目标公司承担资金偿还义务，目标公司股东主张案涉交易属债权投资，借款关系发生在投资方及目标公司之间［典型案例6.32、北京高院（2019）京民终214号］。其次，在履行程序方面，为直接收回投资本息，投资方主张案涉交易属债权投资；为抗辩资金偿还条件不成就，目标公司或其股东则可能主张案涉交易属股权投资，应按《公司法》有关规定履行回购程序［典型案例6.22、青海西宁中院（2019）青01民终1922号］。最后，在履行可能性方面，目标公司进入破产程序后，为将尚未收回的投资本息确认为破产债权从而实现部分受偿，投资方主张案涉交易属债权投资，投资方与目标公司之间实为借款关系（典型案例6.7）。

2. 投融资主体与第三人之间的名股实债性质争议

第一，在投资方处分目标公司股权的情况下，当事人对名股实债性质作出不同主张。例如，为否定投资方向第三人转让股权的效力，目标公司股东主张案涉交易属债权投资，因投资方未实际取得目标公司股权，其无权处分股权［重庆高院（2018）渝民初113号］。

第二，在目标公司债权人诉请履行或申请执行投资款的情况下，当事人对名股实债性质作出不同主张。一是，为否定对外借款的效力，目标公司主张案涉交易属债权投资，其以投资款对外发放贷款构成高利转贷［甘肃定西中院（2019）甘11民终896号］。二是，目标公司债权人要求投资方在认缴/抽逃出资范围内对目标公司债务的承担责任时，投资方以案涉交易属债权投资为由进行抗辩（典型案例6.6、6.23）。三是，目标公司债权人申请执行存放于目标公司专户的投资款时，投资方以相关款项属于专款专用的借贷资金为由提出异议［河北石家庄中院（2018）冀01执异422号］；如果因募集失败，目标公司需向投资方返还专户资金，目标公司债权人也可能主张目标公司与投资方之间是借贷关系，投资方要求目标公司返还投资款的债权不具有优先效力［江西高院（2019）赣民终677号］。四是，目标公司对外提供担保时，债权人以案涉交易属债权投资、投资方未实际取得股权为由，主张担保事项无须经投资方同意（典型案例6.13）。

商事主体在设计交易模式时为了同时享有股权高收益和债权低风险而追求模糊股债边界，在纠纷发生时为了规避于己不利的股权或债权责任而追求界限分明，① 此即名股实债性质争议产生的根源。综合梳理以上情形，性质认定可谓名股实债争议的根本性问题。在内部关系上，回购条款的效力分析、投资退出的履行方式均以名股实债交易的性质判断为前提；在外部关系上，投资方对目标公司享有的是股权还是债权，将直接对目标公司债权人的权利实现产生影响。

（二）司法实践对名股实债性质的认定

关于名股实债的性质问题，最高法院曾在民二庭法官会议纪要中指出，应根据当事人的投资目的、实际权利义务等因素进行综合认定：投资方目的在于取得目标公司股权，并享有参与公司经营管理权利的，应认定为股权投资；投资方目的仅系获取固定收益，且不享有参与公司经营管理权利的，应认定为债权投资。② 基于此，司法实践逐渐以探究当事人真意、尊重意思自治作为个案中认定名股实债性质的基础。具体而言，实践中存在三种处理方式：一是认为当事人之间构成公司法上的股权转让/增资法律关系；二是认为当事人之间构成合同法（《民法典》合同编）上的借款法律关系；三是不作定性，直接依协议约定进行裁判。

1. 认定为股权投资

因存在股权转让、增资扩股的外观形式，不少案件中法院均以此为基础，结合投资方参与目标公司经营、融资方和回购义务人不同、固定收益率较低、涉及外部第三人利益等因素，认定当事人之间构成股权转让/增资法律关系，案涉名股实债交易系属股权投资。在作出股权投资性质认定时，一些具体考量因素如下：

---

① 参见陈明：《股权融资亦或名股实债：公司融资合同的性质认定——以农发公司诉联通公司股权转让纠纷案为例》，载《法律适用》，2020（16）。
② 参见贺小荣主编：《最高人民法院民事审判第二庭法官会议纪要》，64页，北京，人民法院出版社，2018。

第一，投资方是否参与公司经营。在投资方参与公司经营管理的情况下，法院会将其作为论证案涉交易系股权投资的理由（典型案例6.2）；相反，投资方不参与公司经营管理，则可能被法院援引作为认定案涉交易系债权投资的理由之一（典型案例6.3）。但也有法院认为，投资方是否参与公司经营管理与投资性质之间不存在必然联系，即使查明投资方未参与管理，法院也可能在综合其他因素的基础上，将名股实债交易认定为股权投资（典型案例6.4）。

6.2 东富合伙企业与锦绣公司、欧亚公司等合同纠纷案［北京高院（2017）京民终419号］

东方公司（东富合伙企业的合伙人）与锦绣公司签订《合作协议》，约定双方投资设立欧亚公司，锦绣公司先行出资100万元，东方公司再通过东富合伙企业向欧亚公司增资9900万元；东富合伙企业向欧亚公司委派人员，介入欧亚公司设立登记全过程并掌管欧亚公司印章、监督欧亚公司运营；东富合伙企业将委托银行向欧亚公司提供2.1亿元委托贷款；东富合伙企业向欧亚公司提供财务顾问服务，包括资金和资产管理咨询等；东富合伙企业对欧亚公司的99%股权将转让给锦绣公司，股权转让价格＝9900万元×（1+实际出资天数×24%÷360）；欧亚公司董事会由3名董事组成，东富合伙企业委派2名、锦绣公司委派1名，财务负责人及其他财务人员由东富合伙企业委派和指定。后东富合伙企业与锦绣公司、欧亚公司签订了《增资协议》，并与锦绣公司签订了《股权转让协议》。基于前述协议，欧亚公司作出股东会决议，同意东富合伙企业加入公司股东会，董事会成员为3人，2名由东富合伙企业指定、1名由锦绣公司推荐；东富合伙企业委托兴业银行向欧亚公司发放了2.1亿元贷款。

法院认为，东富合伙企业依据相关合同约定，不仅履行了向欧亚公司的出资义务，还以帮助并落实发放银行委托贷款、委派高级管理人员、监督公司运营等形式参与欧亚公司的管理，故涉案合同关系不符合以货币流转为主要特征的借款关系。

6.3 国通公司与缤购城公司借款合同纠纷案［最高法院（2019）最高法民终 1532 号］

国通公司与缤购城公司签订《借款合同》，约定国通公司以信托资金中的 49% 向缤购城公司提供借款。国通公司与缤购城公司等签订《增资协议》《〈增资协议〉之补充协议》，约定国通公司以信托计划项下第 1 期至第 3 期信托资金的 51% 向缤购城公司增资，剩余资金用于向缤购城公司提供股东借款；缤购城公司承诺将按约定分期向国通公司分配股权收益，如国通公司未能按期足额收回任何一笔股权收益，国通公司有权要求将股权收益总额提高为"投资价款总额 + 投资价款 × 32%/ 年 × 信托计划天数 ÷ 360"。国通公司与缤购城公司、上善公司等签订《股权投资协议》，约定国通公司以信托计划第 4 期中的 150 万元受让上善公司持有的占缤购城公司 1.22% 股权。国通公司与缤购城公司签订《债权确认协议》，确认国通公司依据《增资协议》对缤购城公司享有金额至少 11408.25 万元的债权。

法院认为，涉案 11258.25 万元虽系基于《增资协议》《〈增资协议〉之补充协议》支付，但对于款项性质的认定，不能仅依据协议名称进行判断，应根据合同条款所反映的当事人真实意思，结合其签订合同真实目的及合同履行情况等因素，进行综合认定。首先，根据《增资协议》约定，国通公司的目的是通过向缤购城公司融通资金而收取相对固定的资金收益，这与为获取或然性的长期股权收益而实施的增资入股行为不同。其次，国通公司虽经工商变更登记为缤购城公司股东，但缤购城公司并未举证证明国通公司实际参与了后续经营管理。因本案系各方当事人之间的内部纠纷，相关权利义务需要依据协议约定进行确认，如存在善意第三人基于信赖缤购城公司对外公示的股权结构而利益受损的情形，其可以通过诉讼另案解决。再次，对于涉案款项的性质，缤购城公司不仅在《债权确认协议》中确认"国通公司依据《增资协议》对缤购城公司享有至少 11408.25 万元的债权"，且在另案庭审中也认可增资扩股争议标的额 11258.25 万元加上 150 万元已全部汇入缤购城公司。最后，涉案 11258.25 万元作为第 1 期至第 3 期信托计划项下款项，缤购城公司已经偿还完毕，现缤购城公司又提出该笔款项并非借款，并要求对借款本金及利息重新计算，缺乏依据。

6.4 农开基金与万利源公司、轩某等新增资本认购纠纷案[河南高院（2020）豫民终591号]

农开基金与万利源公司签订《投资协议》，约定农开基金向万利源公司增资3000万元，参股期限为3年，期限届满时农开基金以协议约定的方式退出。农开基金与万利源公司、轩某等签订《保障协议》，约定万利源公司、轩某承诺2016年公司净利润目标为人民币1亿元，如达不到此目标，差额部分由轩某对农开基金给予现金补偿；万利源公司、轩某承诺每年进行分红，红利标准不低于农开基金本次增资金额的7.5%；农开基金可以选择股东回购、兼并收购、公司回购、清算等方式实现投资退出，《投资协议》约定的投资期限届满时，轩某承诺在收到农开基金回购通知之日起30日内，对农开基金所持万利源公司股权完成回购；因投资期限届满而回购股权时，农开基金投资的原值与退出时农开基金所持股权的现值相比，价值较高者作为回购价格，不扣除农开基金退出之前获得的分红；其他情形下股权回购款价格＝农开基金本次增资总金额×[1+≥7.5%×（实际投资天数÷365）]－农开基金累计从万利源公司获得的分红]。

法院认为，农开基金作为股东，不参与万利源公司经营管理符合协议约定，且是否参与公司经营管理并非判断民事主体是否具有股东身份的标准。农开基金与轩某、万利源公司约定按照固定标准分配利润，但能否实际履行还须符合法定条件，与借贷利息不具有同一性质，该约定也不违反法律规定。农开基金与轩某根据不同回购事由约定了两种股权回购款的计算标准，农开基金在符合约定条件的情况下按照约定的回购事由及标准请求支付股权回购款，亦非对借贷利息的请求。原审法院以农开基金未参与公司的经营管理、承担亏损，取得以固定标准计算的收益，不承担风险，从而认定相关协议名为投资入股，实为借贷，没有事实和法律依据。本案的法律关系应当定性为股权投资关系，本案的处理也应当按照协议的约定，遵循股权投资保障的裁判规则。

第二，融资方与回购义务人是否同一。在款项接收方即融资方与回购义务主体不同的情况下，因不符合借款法律关系特征，法院可能更倾向于认定相关名股实债交易系股权投资（典型案例6.5）。借款合同的当事人为出借人与借款人两方,因此要将实践中一项具体交易定性为借款法律关系,需先识别出"出借人"及"借款人"。在增资型名股实债交易模式下,投资方通过认购目标公司新增资本将投资款直接支付给目标公司,而投资协议往往约定系由目标公司实控人或股东在投资期限届满后进行回购。此时交易主体涉及多方,投资款项收取对象与偿还义务主体也不同,交易安排难以嵌入借款合同关系中,认定各方当事人之间构成借款法律关系存在明显障碍。

典型案例

6.5 农发公司与通联公司、汉台区政府新增资本认购纠纷案[最高法院(2019)最高法民终355号]

农发公司与通联公司、汉台区政府、汉川公司签订《投资协议》,约定农发公司以现金1.87亿元对汉川公司进行增资,投资年收益率为1.2%,投资期限为10年,在投资期限内及投资期限到期后,农发公司有权要求汉台区政府或通联公司收购其持有的汉川公司股权。

一审法院认为,借款法律关系是指借款人向贷款人借款,到期返还借款并支付利息的法律关系。在借款法律关系中,涉及相对的两方当事人,即借款人与贷款人。农发公司依据《投资协议》向汉川公司出资1.87亿元,并享有股东权利,协议约定的权利义务内容已超出借款法律关系。此外,农发公司向汉川公司增资,但其请求的是通联公司回购股权、汉台区政府承担差额补足责任,涉及四方当事人,与借款法律关系显然不同。故本案不属于借款合同法律关系。

二审法院认为,结合协议签订背景、目的、条款内容及交易模式、履行情况综合判断,农发公司与汉川公司之间并非借款关系,而是股权投资关系。首先,基金通过增资入股、逐年退出及回购机制对目标公司进行投资符合商业惯例,不属于为规避监管所采取的"名股实债"借贷情形。其次,农发公司增资入股后,汉川公司修改了公司章程、农发公司取得了股东资格并享有表决权,农发公司虽然不直接参与汉川公司日常经营,但仍通过审查、审批、通知等方式在一定程度上参与管理。再次,虽然涉案协议有固定收益、逐年退出及股权回购等条款,但这仅是股东之间及股东与目标公司之间就投资收益和风险分担所作的内部约定,并不影响交易目的和投资模式,在投资期限内,农发公司作为实际股东对外仍承担相应责任和风险。最后,农发公司根据协议约定获得了固定收益,但该固定收益仅为年1.2%,远低于一般借款利息,明显不属于通过借贷获取利息收益的情形。其本质仍是农发公司以股权投资方式注入资金以帮助企业脱困,只有这样,汉川公司及其股东通联公司才能以极低的成本获取巨额资金。

第三,固定收益率的高低程度。通常而言,偏向于债权投资的名股实债交易会约定较高的固定溢价率,因此,固定溢价率的高或低与名股实债偏"债"或偏"股"之间存在一定的关联性。例如,在"农发公司与通联公司、汉台区政府新增资本认购纠纷案"中,固定收益率仅为年化1.2%,最高法院二审认为这远低于一般借款利息,明显不属于通过借贷获取利息的情形(典型案例6.5)。

第四,是否涉及第三人利益。在涉及目标公司债权人等外部第三人利益的情况下,基于股权工商登记的公示作用,名股实债交易可能被认定为股权投资(典型案例6.6、6.7)。名股实债性质认定涉及外部第三人主要包括两种情况:一是投资方对外转让其名义上持有的目标公司股权;二是目标公司债权人主张由未全面履行出资义务的投资方对目标公司债务承担连带责任,或在目标公司存在偿债困难时,以投资方系属股东为由要求对投资款本息劣后清偿。在前述情形下,一方面,投融资双方之间的真实交易目的无从为第三人知晓,按照股权权属外观作出认定,有利于保护第三人的信赖利益;另一方面,即使名股实债交易实为债权投资,因通谋虚伪表示(即股权投资合意)的无效不得对抗善意第三人,①在第三人不知晓投融资双方之间交易安排的情况下,应当依其主张将名股实债交易认定为股权投资。

---

① 虽然我国现行立法未作出明确规定,但为保护交易安全,学理及其他立法例多对通谋虚伪表示采相对无效说,即认为通谋虚伪表示的无效不得对抗善意第三人。参见王泽鉴:《民法总则》,286页,北京,北京大学出版社,2009。此外,最高法院在〔2014〕民二终字第271号〕、〔(2017)最高法民再164号〕案中也曾指出:"根据民法基本原理,双方当事人通谋所为的虚伪意思表示,在当事人之间发生绝对无效的法律后果。但在虚伪表示的当事人与第三人之间,则应视该第三人是否知道或应当知道该虚伪意思表示而发生不同的法律后果:当第三人知道该当事人之间的虚伪意思表示时,虚伪表示的无效可以对抗该第三人;当第三人不知道当事人之间的虚伪意思表示时,该虚伪意思表示的无效不得对抗善意第三人。"

需要补充说明的是，如果目标公司陷入破产，除了名股实债交易可能被认定为股权投资外，投资方通过公司回购实现"股转债"的权利亦会受到限制（典型案例6.7）。首先，如果投资方系在目标公司进入破产程序后申请股转债，破产中公司无法履行股东退出的减资程序，且管理人有权决定不再继续履行双方均未履行完毕的投资协议。其次，即使投资方申请股转债时目标公司尚未正式进入破产程序，只要转让定价不为零，即存在类推适用破产撤销权制度及衡平居次原则的空间。在此基础上，一方面，管理人可能请求撤销股转债行为；另一方面，投资方完成股转债后，其对目标公司享有的权利可能仍需劣后于普通债权人。①

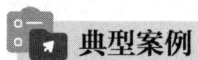 **典型案例**

6.6 洛基公司与奥森公司、孟州公司等民间借贷纠纷案[江苏常州中院（2020）苏04民终4034号]

洛基公司诉请奥森公司归还欠款11109175.93元及利息，孟州公司在4100万元认缴出资范围内对奥森公司的付款义务承担赔偿责任。洛基公司主张，孟州公司通过增资程序认缴奥森公司新增资本4100万元，并履行了工商变更登记手续，但孟州公司的出资至今未到位，其逾期未缴纳出资的行为客观上损害了奥森公司的资金实力和偿债能力，导致洛基公司债权长期未能受偿。孟州公司辩称，其与奥森公司属于名股实债，4100万元款项是农发基金对奥森公司的项目贷款，款项由农发基金以名股实债方式注入孟州公司，后孟州公司同样以名股实债方式注入奥森公司。

法院认为，工商登记资料反映孟州公司是奥森公司的股东，孟州公司自认尚欠1849万元出资未到位，无论孟州公司与奥森公司内部是投资关系还是借款关系，对外孟州公司均应承担股东责任。

6.7 泉汪公司与地毯纱公司破产债权确认纠纷案[青海高院（2019）青民终167号]

泉汪公司与地毯纱公司签订《投资协议书》，约定投资期限为3年，地毯纱公司不论盈亏，每年年终30天内须按泉汪公司投入资本金的7%缴纳国

---

① 参见蒋大兴、王首杰：《破产程序中的"股转债"——合同法、公司法及破产法的"一揽子竞争"》，载《当代法学》，2015（6）。

有资本经营收益，投资期限届满后地毯纱公司应当返还泉汪公司款项300万元。后协议履行中，泉汪公司依约出资成为地毯纱公司股东，并完成工商登记变更。

一审法院认为，《投资协议书》仅具有内部效力，对于外部第三人而言，股权登记具有公示作用。地毯纱公司目前处于破产清算过程中，在公示事项与投资事实不符时，地毯纱公司的其他债权人有合理信赖，管理人在破产程序中履行管理职能，确认泉汪公司对破产企业不享有300万元破产债权是正确的。

二审法院认为，当地毯纱公司被法院裁定受理破产清算后，泉汪公司不能按《投资协议书》约定以转让或企业回购及清算方式实现"股转债"。虽然《投资协议书》的本质是融资协议，即以先股后债的方式实现融资，但双方约定实现先股后债的程序是先由投资人通过投资成为股东，经过一定的投资期限后以股权转让、公司回购、公司清算方式退出公司，实现"股转债"的目的，并不是在出资期限届满后直接将投资款确定为债权债务关系。根据协议约定，投资人在退出公司前享有股权，退出公司后享有债权，此种股债并存的形式体现了双方当事人真实意思表示，并不违反法律禁止性规定。地毯纱公司依法进入破产清算程序，致使投资人泉汪公司失去依《投资协议书》实现"股转债"的基础。

2. 认定为债权投资

法院在突破表面关系认定当事人之间成立债权投资时，往往会比较慎重。如果股权转让未完成公司认可及工商变更登记、投融资主体均认为相关交易实为借贷，或存在其他证据证明双方存在借贷合意的，法院可能认定当事人之间构成借款法律关系，案涉名股实债交易系属债权投资。在作出债权投资性质认定时，一些具体考量因素如下。

第一，目标公司是否完成公司认可及工商变更登记。在目标公司未实际进行章程、股东名册、工商变更登记的情况下，名股实债交易可能被认定为债权投资（典型案例6.8、6.9）。究其原因，一方面，怠于进行章程、股东名册及工商登记变更的行为，证明投资方并不关心是否实际取得目标公司股权，双方当事人的真实交易目的可能在于借贷。另一方面，根据《公司法》

第三十二条、《九民会议纪要》第八条的规定，有限责任公司的股权变动实质以记载于股东名册（或作其他形式的认可）为生效要件，以工商变更登记为对抗要件。在目标公司未将投资方记载于股东名册（或作其他形式的认可），亦未进行工商变更的情况下，将案涉交易认定为借款法律关系不会影响第三人对股权归属的信赖利益。

典型案例

6.8 山丰公司与鑫普公司企业借贷纠纷案[辽宁高院(2020)辽民终214号]

山丰公司与鑫普公司、姜某、代某签订《投资合同》，约定山丰公司出资6700万元对鑫普公司进行增资，增资后山丰公司持股77.01%，姜某持股13.79%，代某持股9.2%；投资期限内山丰公司每年通过现金分红、受让溢价等方式取得的投资收益应按1.2%/年计算。《投资合同》签订后，国家开发银行将6700万元拨到山丰公司专用投资账户，后山丰公司转账6700万元到鑫普公司在国家开发银行的专用账户。2017年5月9日，鑫普公司向山丰公司和鞍山发改委申请使用资金1033万元，得到批准后，鑫普公司从账户支用资金770万元；2018年7月16日，鑫普公司向山丰公司和鞍山发改委申请使用资金792万元，但未获批准。当事人各方均认可，资金到达鑫普公司账户后，其不能完全自行使用。

法院认为，从合同的履行情况看，涉案6700万元的性质符合借贷法律特征。首先，山丰公司将6700万元的投资款转入鑫普公司账户后，并无证据证明鑫普公司章程、股东名册及工商行政机关将其记载或登记为股东，亦无证据证明山丰公司实际享有资产收益、参与重大决策和选择管理者等股东权利，因此山丰公司没有取得鑫普公司的股东资格。其次，虽然山丰公司将6700万元的投资款转入鑫普公司的账户，但鑫普公司对该款项并不具有自由支配权，每笔资金的使用必须经过山丰公司批准。最后，没有证据证明山丰公司参与了鑫普公司的经营管理，但山丰公司收取了固定利息。

6.9 经建公司与卓里公司增资纠纷案[山西太原中院（2019）晋01民终6388号]

2003年，经建公司与卓里公司等签订《增资扩股协议书》，约定经建公司向卓里公司增资400万元。2014年，经建公司与卓里公司签订《股权固定回报协议书》，约定卓里公司继续使用该笔资金，并参照"优先股固定收益"的管理模式，每年按7%向经建公司支付固定回报共计28万元；双方约定期限为5年，到期后再协商本金的回购事项；卓里公司未按约定期限足额付清固定收益时，经建公司有权要求卓里公司按约定利率上浮50%支付所欠固定收益部分的金额。另查，经建公司一直未在工商部门登记为卓里公司的股东。

法院认为，经建公司并不参与卓里公司的实际经营。不论卓里公司经营状况如何，经建公司均可按约定的时间、金额收回有关款项。此外，卓里公司在收到400万元资金后，既未向经建公司签发出资证明及置备股东名册，也未向工商部门登记股权，故卓里公司与经建公司构成借贷法律关系。

需要注意的是，在增资型名股实债交易模式下，即使投资方被登记为目标公司股东，若其实缴资本为零，法院可能认定股权投资未完成，已汇入款项客观上形成投资方与目标公司在股权投资之外的债权债务关系（典型案例6.10）。

典型案例

6.10 顾某与华宸公司等民间借贷纠纷案［上海二中院（2019）沪02民初96号］

金海棠公司管理的海棠光正一号基金系用于认购润杰合伙企业的有限合伙份额，最终以增资扩股的方式投资到光正公司。海棠光正一号基金于2017年7月至9月，向润杰合伙企业转账14780.1万元，转账摘要为投资；前述款项于同日或次日由润杰合伙企业转给光正公司，转账摘要为增资。光正公司原注册资本为3000万元，于2019年7月25日增资至2.9亿元。润杰合伙企业于该日以增资方式经工商登记变更为光正公司股东，认缴出资额为2.6亿元，实缴资本为零。

法院认为，润杰合伙企业的相关资金虽以增资名义汇入光正公司，但并未实际作为股东增资，前述款项的汇入客观上形成润杰合伙企业与光正公司之间在投资之外的债权债务关系。

第二，当事人就法律关系性质是否达成一致。在诉讼当事人就是投融资主体，且双方一致认为构成借款法律关系的情况下，名股实债交易可能被认定为债权投资（典型案例6.11、6.12）。原因在于，基于意思自治原则，当事人真实交易目的系法院作出性质认定的主要依据，如果投融资双方就案涉交易的法律性质已达成一致意见，法院应予尊重。

典型案例

6.11 循源公司等与蓝德公司等金融借款合同纠纷案[上海高院（2020）沪民终46号]

循源公司与蓝德公司、李某签订《贷款合同》，约定贷款金额1亿元，款项来源于蓝德集团基金，总利率为9.52%/年；本次贷款的发放方式为循源公司受让李某合法持有的蓝德公司5%的股份，循源公司和蓝德公司、李某另行签订《股份转让合同》以明确各自有关股权转让的权利义务；在蓝德公司结清本合同项下所有付款义务后，循源公司应将所受让的蓝德公司股份无偿转让给李某。循源公司与蓝德公司、李某签订《股份转让合同》，约定将李某持有的蓝德公司5%股份转让给循源公司，转让价款预计1亿元，转让期限为12个月。同日，循源公司、李某签订《股份转让合同之补充协议》，对李某回购上述蓝德公司股份的条件等作出明确的约定。双方并未办理股份转让工商变更登记手续。

法院认为，从涉案《贷款合同》可以看出，循源公司虽然约定受让蓝德公司的股权，但并不追求对系争股权实现真正支配的目的，各签约方的真实目的并不在于标的物的所有权移转，应名为股权投资，实为借贷关系。蓝德公司亦向法院明确其系出于生产经营需要借款，故各方对贷款形成合意并完成支付。循源公司与蓝德公司之间发生的实质是为生产经营需要所进行的临时性资金拆借行为，该行为不违反国家金融管制的强制性规定。

6.12 中诚公司与中泽农公司等合同纠纷案[北京二中院（2019）京02民初583号]

诚盈投资中心与中泽农公司签订《股权转让合同》，约定中泽农公司将其持有的顺华公司80%股权转让给诚盈投资中心，转让价款为10亿元。同日，诚盈投资中心与中泽农公司签订《股权收购合同》，约定中泽农公司向诚盈投资中心购买其持有的顺华公司 80% 的股权，收购价款本金为 10 亿元；中泽农公司应于每个股权收购溢价款支付日向诚盈投资中心支付股权收购溢价款，应付股权收购溢价款金额＝收购价款余额 ×13%× 前一个股权收购溢价款支付日至该股权收购溢价款支付日的实际天数 ÷360。后中诚公司、中泽农公司、诚盈投资中心等签订《债权债务确认协议》，约定诚盈投资中心对中泽农公司享有的涉案股权转让款付款请求权转让给中诚公司。

法院认为，鉴于诚盈投资中心系以获取固定收益为目的，故其投资性质应认定为债权投资，且本案审理过程中，诚盈投资中心与中泽农公司就双方之间实际为借贷合同关系亦予认可，故《股权转让合同》《股权收购合同》名为股权转让、股权收购，实为借贷。

需要注意的是，如果在具体个案中就相关交易实为借贷达成一致的系投融资一方及第三人，法院仍会结合投资交易文件及实际履行情况作出判断。例如，在典型案例 6.13 中，虽然目标公司债权人与目标公司均认为投资方与目标公司之间的名股实债交易为债权投资、目标公司股权结构未发生变动，但法院在综合相关事实的基础上，最终认为案外人（投资方）实际取得股权，目标公司担保因未经投资方同意无效。在前述情况下，因并不存在投融资双方就名股实债交易目的的真实合意，且交易性质的认定涉及未参加诉讼的投资方利益，法院结合客观情况进行审慎判断应属当然。

典型案例

6.13 资管公司与金控公司、矿业公司、宏大公司等金融借款合同纠纷案[北京四中院（2020）京 04 民初 342 号]

资管公司起诉请求金控公司偿付贷款本金 5 亿元及利息、罚息、复利等，宏大公司对金控公司应负的部分债务承担连带保证责任。宏大公司工商登记信息显示，宏大公司的股东由矿业公司变更为矿业公司、赛诺中心，矿业公司出资 5000 万元，赛诺中心出资 5 亿元，同时该公司章程中对上述股东情况及出资比例亦进行了记载。宏大公司在庭审中认可矿业公司为其唯一股东，并提交矿业公司的董事会决议、《信托贷款合同》及情况说明，称赛诺中心是以名股实债的形式持有宏大公司的股权，矿业公司持有宏大公司的股权应按照100%确认。

法院认为，宏大公司虽在庭审中认可矿业公司为其唯一股东，但在整个诉讼过程中法院从未收到赛诺中心对上述事实的确认，宏大公司所作陈述及其提交的证据均不足以推翻工商登记及公司章程中记载的宏大公司股东为矿业公司、赛诺中心的事实。宏大公司章程明确规定股东会对公司提供担保的事项作出决议，现宏大公司、矿业公司及资管公司均无法提交宏大公司股东会决议，赛诺中心亦未在本案审理过程中对是否同意宏大公司提供担保作出任何意思表示，目前无直接证据表明宏大公司提供担保的行为经过该公司全部股东的同意，并按照公司章程的规定作出股东会决议，故宏大公司出具《担保函》违反《公司法》第十六条的规定，属于无效。

第三，除前述情形外，如果当事人提出充分证据证明投融资主体间真实合意系为借贷，名股实债交易也有可能被认定为债权投资。例如，投资款、固定收益支付凭证上备注有"借款""借款利息"字样（典型案例6.14），当事人之前就所涉投资款存在类似借款合同、贷款确认书的文件（典型案例6.15），或融资方对投资款的使用须经投资方批准（典型案例6.8）等。前述情形可以在一定程度上证明，投融资主体之间具有借款的意思合致，促使法院更加倾向于将名股实债交易认定为债权投资。

典型案例

6.14 农开基金与金山公司、王某借款合同纠纷案[河南郑州中院（2020）豫01民初273号]

农开基金与金山公司及其控股股东王某等签订《投资协议》《投资人保障协议》，约定农开基金向金山公司增资2500万元。农开基金、金山公司、王某签订《退出协议》，约定以金山公司退还农开基金增资款的方式实现农开基金从金山公司的投资退出；截至2019年6月30日，金山公司应付未付的资金占用费共计2106702.19元，自2019年7月1日起按月向农开基金支付资金占用费，日资金占用费＝未归还本金总金额×8.5%÷360，未能足额支付部分由王某承担连带责任。2017年5月10日，农开基金以企业网银转账的方式向金山公司转款2500万元，转账摘要为"私募股权投资"；2017年11月9日，金山公司向农开基金付款945205.48元，转账摘要为"借款利息"。

法院认为：合同的名称与合同约定的权利义务内容不一致的，应当以合同约定的权利义务内容确定合同的性质。农开基金与金山公司、王某等签订了投资协议、退出协议，但协议内容则约定了增资款收回的时间、资本占用费及逾期罚息，2017年11月9日转款凭证亦备注为借款利息。综合本案证据及庭审情况，上述协议显然系名为增资入股，实为借款性质。

6.15 金桥基金与中行邯郸分行、王派公司合同纠纷案[河北高院（2018）冀民终392号]

中行邯郸分行出具《承诺书》《贷款确认书》，承诺对王派公司续贷2000万元。投资方金桥基金与王派公司签订《股权投资协议书》，约定金桥基金以2000万元认购蒋某持有的王派公司95%股权；股权投资期限为2016年4月19日至2016年4月29日；股权投资认购期限到期后，王派公司如未能完成股权变更手续，金桥基金有权解除股权投资认购，要求退还股权投资认购款、股权投资服务费和违约金。

一审法院认为，根据《股权投资协议书》，如王派公司在约定的期限内不能完成股权变更手续，金桥基金有权要求退还投资认购款等费用，而在实际履行过程中，王派公司确实未能完成协议约定的义务，因此从合同条款及双方履行情况综合评判，双方并非真正意义的股权投资关系。结合《承诺书》《贷款确认书》等证据，也可认定金桥基金与王派公司更符合借款合同关系的客观要件。

二审法院认为，《贷款确认书》是中行邯郸分行向金桥基金作出其将向王派公司发放新贷款、王派公司用于偿还对金桥基金借款的意思表示，以达到由金桥基金向王派公司出借款项用于清偿王派公司在中行邯郸分行到期贷款的目的。金桥基金基于对中行邯郸分行信赖向王派公司出借了2000万元，中行邯郸分行和金桥基金的行为符合要约和承诺的法律特征，即已形成合同关系。中行邯郸分行在利用金桥基金提供的过桥资金收回旧贷后，以王派公司不符合贷款条件为由，不按约定向王派公司发放新贷，导致金桥基金不能按期收回出借款项。中行邯郸分行将旧贷不能收回的风险不当转嫁给金桥基金，对金桥基金构成违约。

交易被定性为债权投资后，有的法院可能会进一步将相关股权转让行为解释为"以投资入股的方式为借款设定担保"（典型案例6.16），实践中亦不乏将股权转让交易认定为让与担保的案件[最高法院（2018）最高法民申4165号]、[（2019）最高法民申6422号]。本书认为，并非所有债权投资性质的名股实债交易均包含股权让与担保关系。股权让与担保系从属于主债权债务关系的从法律关系，其成立的前提是，投融资双方当事人之间兼具借款及以股权担保的双重合意，虽然具象化的单一股权转让及回购合同可承载两个以上的法律关系，但在当事人没有以股权转让担保债权实现之意思的情况下，不宜将案涉股权转让当然解释为实质借款法律关系下的担保设立行为。

典型案例

6.16 农开基金与万利源公司、轩某新增资本认购纠纷案[河南郑州中院（2019）豫01民初2284号]

农开基金与万利源公司签订《投资协议》，约定农开基金以3000万元对万利源公司增资，农开基金对万利源公司参股的期限为3年，期限届满时农开基金以协议约定的方式退出。农开基金与万利源公司、轩某等签订《保障协议》，约定万利源公司、轩某承诺2016年公司净利润目标为人民币1亿元，如达不到此目标，差额部分由轩某对农开基金给予现金补偿；万利源公司、轩某承诺每年进行分红，红利标准不低于农开基金本次增资金额的7.5%；农开基金可以选择股东回购、兼并收购、公司回购、清算等方式实现投资退出，《投资协议》约定的投资期限届满时，轩某承诺在收到农开基金回购通知之日起30日内，对农开基金所持万利源公司股权完成回购；因投资期限届满而回购股权时，农开基金投资的原值与退出时根据万利源公司经审计后的净资产确定的农开基金所持股权的现值相比，价值较高者作为回购价格，不扣除农开基金退出之前获得的分红；其他情形下股权回购款价格＝农开基金本次增资总金额×[1＋≥7.5%×（实际投资天数÷365）]－农开基金累计从万利源公司获得的分红。

法院认为，《投资协议》《保障协议》中关于农开基金每年收取分红的约定，不符合公司法中的分红规定；协议中关于农开基金不参与万利源公司经营管理、取得固定收益的约定，不具有投资的基本特征。农开产业基金与万利源公司之间的法律关系，名为投资入股，实为借贷。万利源公司、轩某承诺每年分红，并保证分红金额，该分红条款为保底分红条款，系双方对利息的约定。故综合本案的证据及合同的履行，各方的真实意思表示实际为借贷关系，农开基金以投资入股的方式为借款设定质押。

3. 不对性质作出认定

还有部分法院会越过定性问题，直接根据具体约定，对合同的效力及可履行性进行判断。如果投资协议无一般效力障碍事由，且股债性质认定不涉及第三人利益，法院将直接按照合同约定作出处理（典型案例6.17、6.18）。亦有学者指出，"在公司未陷入困境时，股与债的界分并不构成突出的问题。如果公司有充足的资源兑现其对各类投资人的承诺，关于权利定性的讨论充其量只是未雨绸缪"[①]，反而可能导致对当事人意思的错误解释。

典型案例

6.17 富立公司与中弘公司等合同纠纷案[北京高院（2018）京民初23号]

富立公司和中弘公司签订《股权转让合同》，约定富立公司以5亿元受让中弘公司持有的标的公司100%股权。同日，富立公司和中弘公司签订《股权回购合同》，约定富立公司向中弘公司转让其受让的标的公司100%股权，回购价款＝回购本金＋回购溢价款；回购本金为富立公司实际支付的股权转让总价款5亿元，回购日指富立公司支付股权转让价款之日起满60个自然日的当日。

法院认为，富立公司和中弘公司之间签订的《股权转让合同》《股权回购合同》为当事人真实意思表示，且内容不违反我国法律、行政法规的强制性规定，各方当事人应受其约束，且企业之间以股权转让及回购的形式进行短期融资的行为，并非以长期牟利为目的，其合法性应予承认。

---

① 许德风：《公司融资语境下股与债的界分》，载《法学研究》，2019（2）。

6.18 文投基金与锦绣集团、产业公司等股权转让纠纷案［宁夏银川中院（2019）宁 01 民初 301 号］

文投基金与锦绣集团等签订《增资协议》，约定文投基金向锦泰公司新增资本 3000 万元，占增资后注册资本的 25.8%。文投基金与锦绣集团签订《股权转让协议》，约定文投基金将其所持锦泰公司股权转让给锦绣集团；股权转让价款为出资额 3000 万元及按年化收益 11% 计算的金额。

法院认为，《增资协议》《股权转让协议》等系当事人的真实意思表示，未违反法律、行政法规的禁止性规定，各方均应按约履行。上述约定的股权转让到期后，锦绣集团未按约支付 3000 万元股权转让款，应承担相应的责任。

（三）名股实债的性质分析

虽然基于当事人商事交易安排的复杂性，不宜强行对投资方式作股债区分，但从实务角度而言，名股实债的性质认定不仅是判断效力与履行方式的前提，也是投资方与第三人发生权利冲突时判断权利顺位的关键。就此而言，在尊重当事人真实意思的基础上分析其投资性质仍有必要。

结合《公司法》第三十二条、《九民会议纪要》第八条的规定，有限责任公司的股权变动以公司认可（主要表现形式为记载于股东名册）为生效要件，以工商登记为对抗要件。具体到名股实债交易模式下，股权转让/增资在进程上主要分为股权转让/增资协议生效、目标公司认可、工商变更登记三个阶段；与此相对应，投资方的股权持有状态也可分为未经目标公司认可、目标公司认可但未作工商登记、完成工商变更登记三种类型。在此基础上，本书按照投资方对股权的不同持有状态，以当事人意思自治原则与第三人信赖保护为分析工具，探究名股实债的性质认定规则。

▶ 法规链接

《公司法》

第三十二条 有限责任公司应当置备股东名册，记载下列事项：

（一）股东的姓名或者名称及住所；

（二）股东的出资额；

（三）出资证明书编号。

记载于股东名册的股东，可以依股东名册主张行使股东权利。

公司应当将股东的姓名或者名称向公司登记机关登记；登记事项发生变更的，应当办理变更登记。未经登记或者变更登记的，不得对抗第三人。

《九民会议纪要》

第八条【有限责任公司的股权变动】 当事人之间转让有限责任公司股权，受让人以其姓名或者名称已记载于股东名册为由主张其已经取得股权的，人民法院依法予以支持，但法律、行政法规规定应当办理批准手续生效的股权转让除外。未向公司登记机关办理股权变更登记的，不得对抗善意相对人。

1. 内部关系：尊重意思自治

第一，如果投资协议签订后一直未进行股东名册、章程等文件的变更，即股权转让或增资行为未得到目标公司的形式认可，投资方尚未实际取得目标公司股权，在投融资主体之间就投资款返还发生争议时，将已付投资款认定为债权投资可能更为妥当。一方面，既然目标公司股权尚未实质变动，将系争投资款认定为股权投资，并按照公司法有关程序对投资方退出行为进行约束的意义有限；另一方面，如果直至回购条件触发时，目标公司仍未完成对股权变动的认可，除非存在其他客观障碍事由或目标公司恶意拒绝办理认可手续，说明投资方对实际持有目标公司股权并不在意，难谓当事人之间的真实交易目的是进行股权投资。但需注意的是，该等情形下，不排除法院会在认定已付投资款构成债权投资的同时，认为投资协议约定的股权投资尚未实际履行（典型案例6.10）。

第二，如果公司认可、工商变更登记均已完成，应根据投资协议内容及实际履行情况探究当事人之间达成的真实合意。通常考量因素包括投资目的、股权转让价格、固定收益率、经营管理权安排、资金使用方式等。在投资方取得股权已经公司认可、工商变更登记业已完成的情况下，除有充分证据证明当事人实质交易目的系发放贷款外，宜将名股实债交易认定为股权投资。此外，在将名股实债交易认定为债权投资的情况下，如果当事人之间具有以标的股权作为债权实现担保的意思，尤其是在股权转让及回购协议外存在独立的债权确认书或借款合同,相关股权转让行为可能被认定为股权让与担保。

第三,如果仅完成公司认可,尚未完成工商变更登记,亦应根据投资协议内容及实际履行情况探究当事人之间达成的真实合意。工商登记并非股权变动生效要件,是否完成工商登记不影响股权归属的判断,亦不当然影响名股实债交易性质的判断。但因工商登记的完成在一定程度上可以反映投资方取得股权的交易目的,在其他因素相同的情况下,未办理工商变更登记的名股实债交易被认定为债权投资的可能性相对更大。

2. 外部关系:注重第三人信赖保护

在名股实债涉及第三人的场合中,要处理的核心问题是,对于第三人而言,投资方究竟是目标公司的股东还是债权人。对此,应当按照信赖保护原则予以判断。一方面,根据《公司法》第三十二条第三款、《民法典》第六十五条的规定,如果名股实债交易已完成工商登记,与登记外观不符的真实交易合意不得对抗善意第三人(通常包括标的股权受让方及目标公司债权人[1]);另一方面,如果名股实债涉及通谋虚伪意思表示,根据司法实践及学理通说,该通谋虚伪表示的无效亦不得对抗善意第三人(包括当事人及其概括继承人以外的全部第三人[2])。

法规链接

《民法典》

第六十五条 法人的实际情况与登记的事项不一致的,不得对抗善意相对人。

名股实债交易涉及第三人的场合主要包括两种类型:一是第三人直接对目标公司或其登记股东(即投资方)提出权利主张;二是目标公司陷入破产时,投资方主张作为债权人参与破产财产分配。对于后者,由于破产清算涉及众多债权人利益,法院可能倾向于认定投资方的身份是目标公司股东,不得基于债权人身份申请参与破产清算(典型案例6.19)。

---

[1] 参见李建伟、罗锦荣:《有限公司股权登记的对抗力研究》,载《法学家》,2019(4)。
[2] 参见王泽鉴:《民法总则》,286页,北京,北京大学出版社,2009。

> **典型案例**

6.19 新华信托公司与港城公司破产债权确认纠纷案［浙江湖州吴兴法院（2016）浙 0502 民初 1671 号］

　　新华信托公司与港城公司、纪某、丁某签订《合作协议》，约定由新华信托公司募集资金，其中 14400 万元用于受让纪某和丁某的股份，其余计为港城公司资本公积金，股份转让后，新华信托公司将持有港城公司 80% 股份。新华信托公司与纪某、丁某按照《合作协议》的约定，分别签订股权转让合同，纪某向新华信托公司有偿转让的股权占股本总数的 56%，转让价格为 10080 万元；丁某向新华信托公司有偿转让的股权占股本总数的 24%，转让价格为 4320 万元。后湖州中院裁定受理港城公司破产清算一案，指定湖州吴兴法院进行审理。新华信托公司向管理人申报债权，但被管理人通知不予确认，新华信托公司遂向法院提起诉讼请求确认其对港城公司的债权。

　　法院认为，在名实股东的问题上要区分内部关系和外部关系，对内部关系产生的股权权益争议纠纷，可以当事人之间的约定为依据；而在外部关系上，按照《公司法》第三十二条第三款规定，第三人不受当事人之间的内部约定约束。本案是港城公司破产清算案中衍生的诉讼，处理结果涉及港城公司所有债权人的利益，应适用公司的外观主义原则。即港城公司所有债权人实际均系第三人，对港城公司的股东名册记载、管理机关登记所公示的内容，有合理信赖。新华信托公司提出的"名股实债""让与担保"等主张，与本案事实不符，其要求在破产程序中获得债权人资格并行使相关优先权利并无现行法上的依据。

　　在第三人向目标公司或投资方提出权利主张的情形下，名股实债交易对第三人发生何种效力，取决于第三人的主观状态及其具体主张。非善意第三人无论基于何种投资关系提出权利主张，均应按照投融资主体之间的真实合意判断标的股权归属及所涉名股实债交易的性质；而在第三人善意（即不知道且不应当知道投融资主体间真实交易目的）的情况下，基于信赖保护的价值考量，其有权根据工商登记外观或目标公司认可情况（投资方被记载于目标公司股东名册、章程等内部文件时，投融资主体间在表面上构成股权转让／

增资关系），主张案涉交易系属股权投资，亦可以突破外观形式或表面关系、要求依真实情况发生效力，此时仍需探究投融资主体之间的真实投资合意。

第一，如果名股实债交易已完成工商变更登记，善意第三人有权主张按照股权投资的外观形式对其发生法律效力。首先，若善意第三人基于投资方享有股权提出权利主张（如标的股权受让方诉请作为转让方的投资方交付股权，或者目标公司债权人要求未履行出资义务的投资方对目标公司债务承担连带责任等），无论投融资主体之间的真实合意为何，宜认定所涉名股实债交易对其发生股权投资的效力。其次，在登记外观与真实交易性质不一致的情况下，若善意第三人获知投融资主体实际达成的是债权投资合意，亦有权主张所涉名股实债交易对其发生债权投资的效力。例如，债权人以案涉交易属债权投资、投资方未实际取得股权为由，主张目标公司对外担保无须经投资方同意。

第二，如果名股实债交易仅完成公司认可、尚未完成工商变更登记，善意第三人有权主张按照股权投资的表面关系对其发生法律效力。首先，在名股实债交易实为股权投资的情况下，当事人真实合意与表现形式一致，投资方已取得目标公司股权，除善意第三人因不知晓目标公司内部股权变动情况而依工商登记作出相反主张外，名股实债交易自应对其发生股权投资的法律效力；其次，在名股实债交易实为债权投资的情况下，存在当事人的真实合意与通谋虚伪表示，因通谋虚伪表示无效不得对抗善意第三人，善意第三人有权按照表面关系主张投资方系目标公司股东，亦有权在知晓真实交易情况后，按照隐藏关系主张投资方系目标公司债权人。

实务提示

因存在股权转让、增资扩股的外观形式，实践中法院往往倾向于认定当事人之间构成股权转让／增资法律关系，案涉名股实债交易系属股权投资；但若有较为充分的证据证明双方存在借贷合意时，法院可能突破表面关系认定当事人之间构成借款关系。当涉及外部第三人时，公示外观状态对于法院认定交易性质具有更为重要的影响。

三、名股实债的效力

（一）关于名股实债的规范性文件

目前，私募基金领域关于名股实债的规范性文件主要是金融监管部门发布的部门规章及基金业协会发布的自律规则（见表6-1）。

表6-1 关于名股实债的主要规则

文件名称	发布时间	发布主体	内容
政府出资产业投资基金管理暂行办法	2016.12.30	发改委	第二十六条 政府出资产业投资基金对单个企业的投资额不得超过基金资产总值的20%，且不得从事下列业务： （一）名股实债等变相增加政府债务的行为； （二）公开交易类股票投资，但以并购重组为目的的除外； （三）直接或间接从事期货等衍生品交易； （四）为企业提供担保，但为被投资企业提供担保的除外； （五）承担无限责任的投资
关于加强私募投资基金监管的若干规定	2020.12.30	证监会	第八条 私募基金管理人不得直接或者间接将私募基金财产用于下列投资活动： （一）借（存）贷、担保、明股实债等非私募基金投资活动，但是私募基金以股权投资为目的，按照合同约定为被投企业提供1年期限以内借款、担保除外； （二）投向保理资产、融资租赁资产、典当资产等类信贷资产、股权或其收（受）益权； （三）从事承担无限责任的投资； （四）法律、行政法规和中国证监会禁止的其他投资活动。 私募基金有前款第（一）项规定行为的，借款或者担保到期日不得晚于股权投资退出日，且借款或者担保余额不得超过该私募基金实缴金额的20%；中国证监会另有规定的除外
证券期货经营机构私募资产管理计划备案管理规范第4号	2017.02.13	基金业协会	一、证券期货经营机构设立私募资产管理计划，投资于房地产价格上涨过快热点城市普通住宅地产项目的，暂不予备案，包括但不限于以下方式： …… （四）以名股实债的方式受让房地产开发企业股权……

续表

文件名称	发布时间	发布主体	内容
私募基金登记备案相关问题解答（十三）	2017.03.31	基金业协会	……私募基金管理人只可备案与本机构已登记业务类型相符的私募基金，不可管理与本机构已登记业务类型不符的私募基金；同一私募基金管理人不可兼营多种类型的私募基金管理业务
私募投资基金备案须知（2019）	2019.12.23	基金业协会	一、私募投资基金备案总体性要求 （二）【不属于私募投资基金备案范围】私募投资基金不应是借（存）贷活动。下列不符合"基金"本质的募集、投资活动不属于私募投资基金备案范围： 1. 变相从事金融机构信（存）贷业务的，或直接投向金融机构信贷资产； 2. 从事经常性、经营性民间借贷活动，包括但不限于通过委托贷款、信托贷款等方式从事上述活动； 3. 私募投资基金通过设置无条件刚性回购安排变相从事借（存）贷活动，基金收益不与投资标的的经营业绩或收益挂钩； 4. 投向保理资产、融资租赁资产、典当资产等《私募基金登记备案相关问题解答（七）》所提及的与私募投资基金相冲突业务的资产、股权或其收（受）益权； 5. 通过投资合伙企业、公司、资产管理产品（含私募投资基金，下同）等方式间接或变相从事上述活动

（二）名股实债的效力分析

名股实债的效力分析以性质认定为基础：（1）如果案涉交易被认定为债权投资，名义上的股权转让或增资扩股协议因构成通谋虚伪表示而无效，隐藏的借款法律关系如不存在其他无效事由，应为有效。实践中，当事人常以违反金融监管规定为由，主张实质借款合同（下称"名股实债协议"）无效。（2）如果案涉交易被认定为股权投资，股权转让或增资扩股协议因属当事人真实合意而原则上有效，但也有当事人以违反法定资本制度为由主张其中的股权回购及固定收益条款（下称"名股实债条款"）无效。纵观司法实践，除少量案例以从事放贷业务"超越经营范围"为由认定名股实债协议无效外（典型案例6.20），目前鲜有法院对私募基金名股实债的投资模式作出无效认定的案例比较少见。但在金融监管不断加强的背景下，司法机关是否会继续保持对名股实债协议/条款效力的肯定态度，仍有待进一步观察。

> **典型案例**
>
> 6.20 金赛银合伙企业与福星公司等合同纠纷案［湖南衡阳中院（2017）湘 04 民初 123 号］
>
> 融信公司与福星公司签订《基金投资合作协议书》，约定融信公司将金赛银合伙企业中的普通合伙人变更为融信公司和金赛银公司，并以金赛银合伙企业为平台，通过私募方式招募有限合伙人入伙，所募资金投向福星公司的实业项目。融信公司与福星公司签订《融资合同书》，约定金赛银合伙企业对福星公司项目的投资方式为债权融资，即金赛银合伙企业作为福星公司股东对其进行融资，借款给予福星公司。
>
> 法院认为，根据《商业银行法》第十一条第二款、《银行业监督管理法》第十九条、《合同法解释（一）》第十条规定，金赛银合伙企业未经国家银监机关批准，擅自从事吸收公众存款及放贷等金融类特许业务，导致双方所签《基金投资合作协议书》及《融资合同书》无效。

当事人可能援引的名股实债无效事由包括超越经营范围、违反民间借贷的有关规定、目标公司回购违反法定资本制度、名股实债的投资活动违反私募基金领域监管规定等，对于前述事由，本书分别作如下分析。

1. 名股实债交易被认定为债权投资：除构成非法转贷或职业放贷外，名股实债协议不应因私募基金管理人或合伙型/公司型基金本身无放贷资质而无效

第一，超越经营范围不构成独立的无效事由。前述认定名股实债协议无效的典型案例 6.20 系以《合同法解释（一）》第十条为裁判依据，但鉴于《合同法解释（一）》现已失效，且《民法典》在第五百零五条明确规定"不得仅以超越经营范围确认合同无效"，投资方不具备贷款业务资质原则上不能成为否定名股实债协议效力的直接事由。事实上，即使在《民法典》出台前，在对某一违反特许经营的具体行为进行效力判断时，仍应综合主体适格、法益衡量等多重因素，不能将违反特许经营的合同一概认定为无效。①

▶ **法规链接**

《民法典》

第五百零五条　当事人超越经营范围订立的合同的效力，应当依照本法第一编第六章第三节和本编的有关规定确定，不得仅以超越经营范围确认合同无效。

第二，特定情形下的企业间借贷可能被认定无效。因私募基金管理人及其管理的私募基金并非经金融监管部门批准设立的金融机构，私募基金作为投资方与其他企业之间进行的资金融通行为属于民间借贷。除具备一般合同无效事由外，民间借贷合同只有在出借人构成非法转贷②（先吸收资金再放贷，即实质从事银行业务）、职业放贷（以放贷为经营活动，直接违反《银行业监督管理法》第十九条规定③）等特定情形下才应被认定无效。具体而言：一方面，为生产经营需要进行的临时性资金拆借行为不违反国家金融监管强制性规定，应为有效（典型案例 6.11）；另一方面，主张民间借贷无效者需举证证明投资方以发放贷款、收取利润为常业，或投资款来源于"非自有资金"（典型案例 6.21）。

▶ **法规链接**

《银行业监督管理法》

第十九条　未经国务院银行业监督管理机构批准，任何单位或者个人不得设立银行业金融机构或者从事银行业金融机构的业务活动。

---

① 参见最高人民法院民事审判第二庭编著：《〈全国法院民商事审判工作会议纪要〉理解与适用》，248 页，北京，人民法院出版社，2019。
② 相较于 2015 年《民间借贷规定》，2020 年修正后的《民间借贷规定》加大对借贷行为的管控和规制力度、放宽民间借贷合同无效的认定标准，对于套取金融机构贷款、集资后转贷的行为，删除"借款人事先知道或应当知道"及"出借人牟利"的无效要件。
③ 该条属于效力性强制性规范，参见最高人民法院民事审判第二庭编著：《〈全国法院民商事审判工作会议纪要〉理解与适用》，339 页，北京，人民法院出版社，2019。

📂 典型案例

6.21 中泽农公司等与中诚信托公司合同纠纷案[北京高院（2020）京民终151号]

道诚一期与中泽农公司签订《股权转让合同》，约定道诚一期以6亿元受让中泽农公司持有的顺华公司19%的股权。后道诚一期与中泽农公司签订《股权收购合同》，约定中泽农公司从道诚一期购回标的股权；中泽农公司应于每年6月20日、12月20日及交易到期日向中泽农公司支付股权收购溢价款，股权收购溢价率为每年13%。

法院认为，中泽农公司主张道诚一期为职业放贷人，需证明其向社会不特定对象提供资金以赚取高额利息，且需证明其出借行为具有反复性、经常性。中泽农公司提交的证据均不能证明道诚一期及其关联公司存在以营利为目的向社会不特定对象提供借款的情形，亦不能证明道诚一期向中泽农公司出借的款项来自于套取的金融机构资金，故中泽农公司关于借款合同无效的意见无证据支持。

职业放贷及套取金融机构贷款转贷的判断标准已较为明晰，本章不再展开讨论，实践中可能存在争议的是《民间借贷规定》（2020年第二次修正）第十三条第（二）项的适用情形。根据该项规定，"以向其他营利法人借贷、向本单位职工集资，或者以向公众非法吸收存款等方式取得的资金转贷的"，民间借贷合同无效。由此引发的问题是：如果私募基金因约定保底条款构成明基实贷，私募基金对外进行名股实债投资是否成立非法转贷。

📂 法规链接

《民间借贷规定》（2020年第二次修正）

第十三条 具有下列情形之一的，人民法院应当认定民间借贷合同无效：

（一）套取金融机构贷款转贷的；

（二）以向其他营利法人借贷、向本单位职工集资，或者以向公众非法吸收存款等方式取得的资金转贷的；

（三）未依法取得放贷资格的出借人，以营利为目的向社会不特定对象提供借款的；

（四）出借人事先知道或者应当知道借款人借款用于违法犯罪活动仍然提供借款的；

（五）违反法律、行政法规强制性规定的；

（六）违背公序良俗的。

本书认为，管理人通过发行私募基金产品汇集投资者资金并对外进行投资活动，虽然通常是由管理人以自己名义代表私募基金签订投资协议，但因资金提供方实质系私募基金整体，不构成所谓"利用非自有资金转贷"。一方面，在合规经营的前提下，资金募集不属于借贷或非法吸收公众存款行为；另一方面，即使私募基金在募集环节因约定保底条款成立借款关系，其借款人（私募基金管理人）与投资环节的出借人（私募基金）也并非同一主体。

2. 名股实债交易被认定为股权投资：目标公司作出的回购承诺或固定收益承诺不应因违反资本维持原则而无效，但名股实债条款的履行需符合《公司法》有关规定

与对赌模式相同，名股实债交易在被认定为股权投资时，也曾存在目标公司股权回购条款及固定收益条款的效力争议。根据《公司法》第七十四条、第一百四十二条的规定，股东只有在法定情形下才能要求公司回购其持有的股权；另根据《公司法》第一百六十六条、《公司法解释（四）》（2020年修正）第十五条等规定，利润分配的前提是股东会已作出载明具体分配方案的决议。在目标公司不具备收购本公司股权条件、无利润可供分配的情况下，要求目标公司履行股权回购或固定分红义务可能损害目标公司及其债权人利益，因此该类约定此前曾被法院以构成滥用股东权利为由认定无效［最高法院（2012）民提字第11号］。但《九民会议纪要》第五条已明确，除非具有法定无效事由，"对赌协议"不因存在股权回购或金钱补偿约定而无效；投资方请求目标公司回购股权或者承担金钱补偿义务的，应符合《公司法》关于股权回购、利润分配的强制性规定。① 本书认为，在名股实债交易被认定为股权投资的情况下，目标公司股权回购承诺及固定收益承诺的实现同样涉及资本退出、利润分配问题，应与目标公司对赌作相同处理。

---

① 参见本书第五章"私募基金对外投资涉及的对赌协议争议"。

法规链接

《公司法》

第七十四条 有下列情形之一的,对股东会该项决议投反对票的股东可以请求公司按照合理的价格收购其股权:

(一)公司连续五年不向股东分配利润,而公司该五年连续盈利,并且符合本法规定的分配利润条件的;

(二)公司合并、分立、转让主要财产的;

(三)公司章程规定的营业期限届满或者章程规定的其他解散事由出现,股东会会议通过决议修改章程使公司存续的。

自股东会会议决议通过之日起六十日内,股东与公司不能达成股权收购协议的,股东可以自股东会会议决议通过之日起九十日内向人民法院提起诉讼。

第一百四十二条 公司不得收购本公司股份。但是,有下列情形之一的除外:

(一)减少公司注册资本;

(二)与持有本公司股份的其他公司合并;

(三)将股份用于员工持股计划或者股权激励;

(四)股东因对股东大会作出的公司合并、分立决议持异议,要求公司收购其股份;

(五)将股份用于转换上市公司发行的可转换为股票的公司债券;

(六)上市公司为维护公司价值及股东权益所必需。

公司因前款第(一)项、第(二)项规定的情形收购本公司股份的,应当经股东大会决议;公司因前款第(三)项、第(五)项、第(六)项规定的情形收购本公司股份的,可以依照公司章程的规定或者股东大会的授权,经三分之二以上董事出席的董事会会议决议。

公司依照本条第一款规定收购本公司股份后,属于第(一)项情形的,应当自收购之日起十日内注销;属于第(二)项、第(四)项情形的,应当在六个月内转让或者注销;属于第(三)项、第(五)项、第(六)项情形的,公司合计持有的本公司股份数不得超过本公司已发行股份总额的百分之十,并应当在三年内转让或者注销。

上市公司收购本公司股份的，应当依照《中华人民共和国证券法》的规定履行信息披露义务。上市公司因本条第一款第（三）项、第（五）项、第（六）项规定的情形收购本公司股份的，应当通过公开的集中交易方式进行。

公司不得接受本公司的股票作为质押权的标的。

第一百六十六条　公司分配当年税后利润时，应当提取利润的百分之十列入公司法定公积金。公司法定公积金累计额为公司注册资本的百分之五十以上的，可以不再提取。

公司的法定公积金不足以弥补以前年度亏损的，在依照前款规定提取法定公积金之前，应当先用当年利润弥补亏损。

公司从税后利润中提取法定公积金后，经股东会或者股东大会决议，还可以从税后利润中提取任意公积金。

公司弥补亏损和提取公积金后所余税后利润，有限责任公司依照本法第三十四条的规定分配；股份有限公司按照股东持有的股份比例分配，但股份有限公司章程规定不按持股比例分配的除外。

股东会、股东大会或者董事会违反前款规定，在公司弥补亏损和提取法定公积金之前向股东分配利润的，股东必须将违反规定分配的利润退还公司。

公司持有的本公司股份不得分配利润。

《公司法解释（四）》（2020年修正）

第十五条　股东未提交载明具体分配方案的股东会或者股东大会决议，请求公司分配利润的，人民法院应当驳回其诉讼请求，但违反法律规定滥用股东权利导致公司不分配利润，给其他股东造成损失的除外。

《九民会议纪要》

第五条【与目标公司"对赌"】　投资方与目标公司订立的"对赌协议"在不存在法定无效事由的情况下，目标公司仅以存在股权回购或者金钱补偿约定为由，主张"对赌协议"无效的，人民法院不予支持，但投资方主张实际履行的，人民法院应当审查是否符合公司法关于"股东不得抽逃出资"及股份回购的强制性规定，判决是否支持其诉讼请求。

投资方请求目标公司回购股权的，人民法院应当依据《公司法》第三十五条关于"股东不得抽逃出资"或者第一百四十二条关于股份回购的强制性规定进行审查。经审查，目标公司未完成减资程序的，人民法院应当驳回其诉讼请求。

投资方请求目标公司承担金钱补偿义务的，人民法院应当依据《公司法》第三十五条关于"股东不得抽逃出资"和第一百六十六条关于利润分配的强制性规定进行审查。经审查，目标公司没有利润或者虽有利润但不足以补偿投资方的，人民法院应当驳回或者部分支持其诉讼请求。今后目标公司有利润时，投资方还可以依据该事实另行提起诉讼。

首先，如无其他影响合同效力的事由，投资方与目标公司达成的名股实债条款应为有效。其次，投资方要求目标公司回购股权、支付固定收益需符合《公司法》规定的程序，否则可能构成抽逃出资。如典型案例6.22中，因目标公司未履行减资程序、投资方未举证证明目标公司存在足额利润支付投资协议约定的固定收益，法院最终驳回投资方关于目标公司回购股权、还本付息的诉讼请求。但在名股实债交易被认定为债权投资的情况下，投资方未经减资程序、自行转出注册资本的行为不构成《公司法》上的抽逃出资（典型案例6.23）。

典型案例

6.22 国盛公司与龙华公司等借款合同纠纷案[江苏徐州中院（2020）苏03民终6449号]

国盛公司与龙华公司等签订《增资协议》，约定国盛公司向龙华公司投资500万元，投资期限3年；国盛公司不直接参与公司的日常经营管理，不向公司派驻董事、监事；增资协议生效后，实际控制人、龙华公司应于2014年至2016年每年12月31日前按年化6%向国盛公司支付固定股权收益；实际控制人应在2016年12月31日前回购国盛公司持有的股权。

法院认为，《增资协议》虽合法有效，但国盛公司认缴新增资本后已成为龙华公司股东，在龙华公司未依法完成减资程序的情况下，国盛公司要求龙华公司回购股权构成抽逃出资，其诉请不能成立。因国盛公司未举证证明龙华公司存在利润且利润足以支付《增资协议》约定的固定股权收益及违约金，故国盛公司要求龙华公司支付利息及违约金的主张，亦不能成立。

6.23 农发公司与董某民间借贷纠纷案［辽宁铁岭中院（2020）辽12执异37号］

2018年3月16日，铁岭公司股东增加农发公司，农发公司认缴资本5000万元。2020年1月21日，农发公司将其注册资本部分转出，未履行减资程序。在董某与铁岭公司执行案中，因铁岭公司不能履行生效仲裁裁决书确定的义务，董某申请追加农发公司为被执行人。农发公司答辩，其以股权投资的方式向铁岭公司注入专项建设基金，但不参与企业经营，实际上属于"名股实债"，平均年化投资收益率为1.2%，不同于《公司法》上的股权投资。

法院认为，农发公司的投资行为具有政策性质，其虽以股权投资方式将资金注入企业，但除收取固定投资收益外，并不参与企业经营管理，不享有实际股东权利和义务。故农发公司根据建设工程项目进度撤回投资资金的行为，不构成公司法意义上的抽逃资金行为。

3. 私募基金监管规定不会直接导致名股实债协议无效，名股实债协议的效力判断仍需落脚于对是否违背公序良俗的分析

私募基金领域关于名股实债的规范性文件可以划分为两种类型：一是规定对变相从事借贷业务的私募基金不予备案。根据《私募备案须知（2019）》，基金收益不与投资标的经营业绩或收益挂钩的投资活动不属于私募基金备案范围；另根据《私募基金登记备案相关问题解答（十三）》，私募证券投资基金管理人、私募股权投资基金管理人均无法备案从事债权投资的私募基金。二是直接规定禁止私募基金从事名股实债投资活动。例如，《加强私募监管规定》第八条规定，除以股权投资为目的进行1年期以内借贷外，私募基金财产不得用于名股实债投资活动。与此相对应，私募基金监管规定对名股实债协议的影响可从如下两个方面进行分析。

第一，私募基金未备案对名股实债协议效力的影响。根据《证券投资基金法》《私募监管暂行办法》等相关规定，私募基金管理人开展业务活动应当在基金业协会完成登记，私募基金募集完毕应当在基金业协会办理备案手续。私募基金未备案直接影响的主要是私募基金合同的效力，司法实践存在多种处理方式，具体内容参见本书第二章"私募基金募集阶段的法律争议"。

本书认为，即使私募基金因从事名股实债投资，无法在基金业协会完成

备案手续，相关名股实债协议也不应因此被否定效力。首先，有关私募基金登记、备案的规定仅是对私募基金管理人的合规要求，私募基金备案与否与名股实债协议效力无必然关系，为保护外部投资相对方的信赖利益，私募基金自身的合规缺陷不应影响名股实债协议的效力。其次，即使因未完成备案手续，基金合同被认定为委托理财合同、被认定无效或被投资者解除，在管理人以募集资金对外投资时，仍可认为投资者与管理人之间在实质上构成信托法律关系①［山西高院（2018）晋民初508号］、［四川高院（2019）川民初36号］。信托财产对外开展投资活动与经备案的私募基金并无本质差别，不应以投资主体非私募基金而否定协议效力。

第二，违反禁止性监管规定对名股实债协议效力的影响。一方面，根据《民法典》第一百五十三条第一款，能够导致民事法律行为无效的强制性规定须为法律、行政法规，目前对名股实债投资作出禁止性规定的文件主要系由证监会、发改委印发的部门规章，效力层级较低，相关监管规定不构成否定名股实债协议效力的直接依据。另一方面，根据《九民会议纪要》第三十一条的规定，在规章内容涉及公序良俗的情况下，违反规章的法律行为可能因构成对公序良俗的违背而无效。

法规链接

《民法典》

第一百五十三条 违反法律、行政法规的强制性规定的民事法律行为无效。但是，该强制性规定不导致该民事法律行为无效的除外。

违背公序良俗的民事法律行为无效。

《九民会议纪要》

第三十一条【违反规章的合同效力】 违反规章一般情况下不影响合同效力，但该规章的内容涉及金融安全、市场秩序、国家宏观政策等公序良俗的，应当认定合同无效。人民法院在认定规章是否涉及公序良俗时，要在考察规范对象基础上，兼顾监管强度、交易安全保护以及社会影响等方面进行慎重考量，并在裁判文书中进行充分说理。

---

① 在基金合同无效、被解除的情况下，投资者与管理人之间构成默示信托法律关系。参见赵廉慧：《信托法解释论》，159～167页，北京，中国法制出版社，2015。

《加强私募监管规定》等部门规章中有关禁止名股实债投资的规定是否构成公序良俗，应从规范对象、交易安全保护、监管强度、社会影响等多个方面进行考察。①最高法院曾指出，在认定合同是否因违反法律、行政法规强制性规定而无效时，要作个案判断，很难说违反某一个规范就是有效或者无效。②本书认为，关于规章对合同效力的影响也应作相同理解。基于此，即使认定前述有关规范内容涉及公序良俗，个案中的名股实债协议是否有效，也应结合案件具体情况进行综合判断。另需注意的是，《加强私募监管规定》第十四条规定，"不符合本规定第八条、第十条的，不得新增此类投资，不得新增募集规模，不得新增投资者，不得展期，合同到期后予以清算"。据此，《加强私募监管规定》原则上对出台前已经开展的名股实债投资活动没有溯及力，不应影响相关投资协议的效力。

法规链接

《加强私募监管规定》

第十四条　本规定自发布之日起施行。

证券公司、基金管理公司、期货公司及其子公司从事私募基金业务，不适用本规定。

本规定施行前已登记私募基金管理人不符合本规定，按下列要求执行：

（一）不符合本规定第四条、第五条、第六条第一款第（九）项、第十一条的，应当自本规定施行之日起一年内完成整改；

（二）不符合本规定第六条第三款的，应当自本规定施行之日六个月内完成整改，整改期内暂停新增私募基金募集和备案；

（三）不符合本规定第六条第一款第（一）项至第（八）项、第六条第一款第（十）项、第七条、第九条、第十二条的，中国证监会及其派出机构可以依照本规定第十三条进行处理，基金业协会可以依法依规进行处理；

（四）不符合本规定第八条、第十条的，不得新增此类投资，不得新增募集规模，不得新增投资者，不得展期，合同到期后予以清算。

---

① 参见最高人民法院民事审判第二庭编著：《〈全国法院民商事审判工作会议纪要〉理解与适用》，256～257页，北京，人民法院出版社，2019。
② 参见最高人民法院民事审判第二庭编著：《〈全国法院民商事审判工作会议纪要〉理解与适用》，242页，北京，人民法院出版社，2019。

> **实务提示**

在名股实债交易构成债权投资的情况下,相关协议不因私募基金管理人或基金本身无放贷资质而无效,但可能因属于非法转贷或职业放贷被认定无效;在名股实债交易构成股权投资的情况下,目标公司作出的回购承诺或固定收益承诺不因违反资本维持原则而无效,但相关条款的履行须符合《公司法》有关规定。私募基金监管规定不会直接导致名股实债协议无效,名股实债协议的效力仍取决于其是否违背公序良俗。

四、与名股实债有关的其他问题

(一)股权收益权转让及回购交易的性质认定

名股实债交易系通过股权转让实现投资款的发放与收回,交易标的即目标公司股权,但出于保障公司控制权稳定、避免股权转让烦琐程序等方面的需求,私募基金商业实践逐渐衍生出以股权收益权为标的的交易模式,而相关股权一般会质押给投资方作为担保。关于股权收益权转让及回购交易的性质,因案件所涉具体情况不同,有的法院将其认定为借款法律关系(典型案例6.24),也有法院认为当事人关于交易实为借贷的答辩与合同约定不符(典型案例6.25),股权收益权转让及回购应属新类型股权交易法律关系(典型案例6.26)。

> **典型案例**

6.24 恒天公司与星河公司等合同纠纷案[北京三中院(2020)京03民终8791号]

星河公司与恒天公司签订《股权收益权转让及回购合同》,约定星河公司将其合法持有的星河集团12%的股权收益权转让给恒天公司,恒天公司同意以基金财产受让此部分股权收益权;自转让日起,基于标的股权所产生的所有现金收益归属于恒天公司,由星河公司代为管理;星河公司以转让价加每日 0.03% 的计算标准向恒天公司支付固定价格回购款。

法院认为，双方签订《股权收益权转让及回购合同》真实交易目的在于以价金名义通融金钱，星河公司并非要进行股权收益权转让，恒天公司亦非最终谋求其持有股权收益权期间的相应利益。双方实际目的系通过签订该合同使星河公司获得短期借贷资金，恒天公司以出借资金获得固定利息回报，股权收益权转让仅作为双方借款行为的担保。《股权收益权转让及回购合同》名为股权收益权转让及回购，实为资金拆借的借贷行为。

6.25 金诚公司与中弘公司等合同纠纷案[北京高院(2018)京民初174号]

金诚公司与中弘公司签订《股权收益权转让及回购合同》，约定中弘公司以出让并到期回购弘庆公司全部股权收益权的方式进行融资，金诚公司以基金募集的资金受让中弘公司持有的上述股权收益权；中弘公司应在金诚公司支付第一期转让价款之日起满二年时一次性回购金诚公司享有的标的股权收益权。

法院认为，《股权收益权转让及回购合同》明确约定了标的股权收益权及其转让方式，转让价款数额、付款时间、方式及条件，股权收益权回购的方式等，系当事人真实意思表示，各方均应依约行使合同权利、履行合同义务。中弘公司关于本案融资方式名为股权收益权回购，实为借贷的答辩理由不能成立。

6.26 易迪公司与众应公司等合同纠纷案[北京三中院(2018)京03民初504号、505号]

众应公司与易迪公司签订《股权收益权转让及回购合同》，约定众应公司将其持有的标的公司60%股权收益权转让给易迪公司，易迪公司以基金财产受让该等股权收益权；众应公司在回购日回购其转让的股权收益权，回购价款 = 转让价款 × (1+9.00%×D÷365)，D = 自转让日至回购价款支付完毕之日的实际天数。

法院认为，各方当事人系通过股权收益权转让及回购交易来实现资金融通，不能确定为单纯的借贷关系，应属于新类型股权交易法律关系。《股权收益权转让及回购合同》等系当事人真实意思表示，依法成立；目前尚无法律法规对该类交易予以明文禁止，故对于本案诉争合同整体性效力应予确认。虽然诉争合同有效，但本案交易实质仍是一种投融资信用行为，易迪公司依合同主张的回购收益及违约金总体超出了当前资本市场投融资的收益水平,更远超金融机构执行利率的普遍水平,故综合资本市场投融资收益和资金拆借利率水平,以及双方当事人主体性质等因素,对于迟延付款违约金予以适当调整。

本书认为,在股权收益权转让及回购的交易安排中,由于投资方不取得目标公司的股东身份,协议的履行亦不涉及公司组织法规则,将此类交易的性质界定为股权收益权交易、新类型股权交易还是借贷,对当事人的利益影响并不显著。实践中,即使在认定股权收益权转让及回购交易不构成借款法律关系的案件中,有的法院也会参照民间借贷有关规定对投资本金及收益率进行调整(典型案例6.27)。但值得注意的是,《九民会议纪要》在"关于营业信托纠纷案件的审理"部分提出,回购承诺以其实际构成的法律关系确定效力及各方权利义务。参照相关精神,此后法院在处理私募基金开展的非股权类资产转让及回购交易时,亦可能偏于从整体上对当事人实际成立的法律关系作出认定。

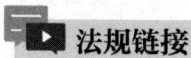 **法规链接**

《九民会议纪要》

七、关于营业信托纠纷案件的审理

会议认为,从审判实践看,营业信托纠纷主要表现为事务管理信托纠纷和主动管理信托纠纷两种类型。在事务管理信托纠纷案件中,对信托公司开展和参与的多层嵌套、通道业务、回购承诺等融资活动,要以其实际构成的法律关系确定其效力,并在此基础上依法确定各方的权利义务。在主动管理信托纠纷案件中,应当重点审查受托人在"受人之托,忠人之事"的财产管理过程中,是否恪尽职守,履行了谨慎、有效管理等法定或者约定义务。

典型案例

6.27 一村公司与建恒企业、康瀚中心等质押式证券回购纠纷[上海金融法院(2019)沪74民初592号]

一村公司代表金牛六号基金与建恒企业签订《股票收益权转让协议》,

约定建恒企业将其持有的股票收益权转让给金牛六号基金。同日，一村公司代表金牛六号基金与建恒企业签订《股票收益权回购协议》，约定建恒企业按照一定的时间和金额向金牛六号基金回购上述股票收益权；回购价款由"到期回购款一"和"到期回购款二"组成并扣除首期回购预付款，到期回购款一＝转让价款×12%×（标的股票变现完成日—第六期回购预付款起始日）÷360；到期回购款二＝转让价款＋（卖出全部股票所取得的收入—转让价款—前期已付的所有回购预付款—到期回购款一＋首期回购预付款）×20%。一村公司代表金牛六号基金与康瀚中心等签订《担保协议》，约定康瀚中心等为上述《股票收益权回购协议》项下建恒合伙的全部债务提供连带保证责任担保。

法院认为，一村公司代表金牛六号基金与建恒企业签订的《股票收益权转让协议》《股票收益权回购协议》系当事人真实意思表示，双方均应恪守，康瀚中心等辩称双方属借贷关系，与合同约定不符。一村公司与建恒企业之间的法律关系性质虽非借款，但通过股票收益权的转让和回购，实际达到的经济效果是建恒企业从金牛六号基金处获得融资，该基金获得相应的融资收益，融资收益根据建恒企业占用资金的金额和期间按一定比率予以计算。一村公司既主张按年利率12%计算的回购款，又主张按每日万分之五计算的违约金，两者叠加明显过高，综合各项因素考虑，将违约金计算标准调整为每日万分之二。

（二）名股实债的性质认定不影响仲裁条款的适用

在投资协议约定纠纷提交仲裁解决的情况下，可能引发仲裁条款能否适用于债权投资争议的问题，具体体现在两个方面：一是当事人因对名股实债交易的性质存在不同认知，进而就借款法律关系是否属于投资协议约定的仲裁事项产生争议，一方当事人以"仲裁协议对仲裁事项约定不明确且无法达成补充协议"为由，申请确认仲裁协议无效（典型案例6.28）；二是在仲裁庭将名股实债交易认定为债权投资并据此作出裁决的情况下，当事人以"裁决的事项不属于仲裁协议的范围"为由，向法院申请撤销或不予执行仲裁裁决。

📁 典型案例

6.28 坤瑞公司与协同公司申请确认仲裁协议效力案[北京二中院（2017）京02民特376号]

涉案《增资协议》第13.2条约定，本协议各方当事人因本协议发生的任何争议，协商不成，任一方可将争议提交中国国际经济贸易仲裁委员会，按照申请仲裁时该会现行有效的仲裁规则进行仲裁。坤瑞公司主张，《增资协议》中的仲裁条款对仲裁事项约定不明确，该案在性质上名为增资纠纷实为借款纠纷，而借款纠纷不属于《增资协议》中约定的仲裁事项。

法院认为，《增资协议》仲裁条款中载明"本协议各方当事人因本协议发生的任何争议"均可提交仲裁，根据《仲裁法解释》第二条规定，涉案仲裁条款约定的仲裁事项应属明确，坤瑞公司的主张缺乏法律依据。

本书认为，应根据仲裁条款的具体约定解读当事人的争议解决方式安排。如果仲裁条款未明确将仲裁事项限定于股权转让/增资纠纷，或者能将仲裁条款中的"股权转让/增资纠纷"解读为投资协议所涉交易引发的纠纷，原则上名股实债的性质认定不影响投资协议中仲裁条款的适用。即使案涉交易"名为股权投资，实为债权投资"，只要当事人之间未就实质借款关系另行约定争议解决条款，相关借款纠纷仍应提交仲裁解决。一方面，合同中的仲裁条款如果仅作概括性约定，将仲裁事项描述为"与本合同有关的争议"/"本合同履行过程中发生的一切争议"而未明确纠纷性质，无论当事人之间的法律关系如何认定，只要争议的权利义务内容源自仲裁条款所在的投资协议，仲裁庭均有权处理；另一方面，仲裁庭对法律关系性质的判断是其行使自由裁量权的行为，仲裁庭对纠纷的最终裁决仍然以当事人之间的具体约定为依据，不存在所谓的超裁。

（三）法院可能按照民间借贷利率上限调整股权投资违约金

在名股实债交易模式下，无论法律关系的性质如何认定，当事人实质均系通过股权转让/增资扩股及回购的方式实际达到资金融通的目的。因此，虽然《九民会议纪要》第五十条规定除借款合同外,不能以民间借贷利率上限作为判断违约金是否过高的标准,但实践中仍有法院在将名股实债交易认定为股权投资的前提下,根据《民间借贷规定》规定的司法保护利率上限,对投资协议中约定的固定收益及违约金进行调整(典型案例6.29)。如果投资方按照投资协议约定主张的回购收益及违约金过高,法院可能以其总体超出资本市场投融资收益水平为由,综合一般资金拆借利率及双方当事人主体性质等因素,对有关计算标准予以调整(典型案例6.26)。

法规链接

《九民会议纪要》

第五十条【违约金过高标准及举证责任】 认定约定违约金是否过高,一般应当以《合同法》第一百一十三条规定的损失为基础进行判断,这里的损失包括合同履行后可以获得的利益。除借款合同外的双务合同,作为对价的价款或者报酬给付之债,并非借款合同项下的还款义务,不能以受法律保护的民间借贷利率上限作为判断违约金是否过高的标准,而应当兼顾合同履行情况、当事人过错程度以及预期利益等因素综合确定。主张违约金过高的违约方应当对违约金是否过高承担举证责任。

《民间借贷规定》(2020年第二次修正)

第二十五条 出借人请求借款人按照合同约定利率支付利息的,人民法院应予支持,但是双方约定的利率超过合同成立时一年期贷款市场报价利率四倍的除外。

前款所称"一年期贷款市场报价利率",是指中国人民银行授权全国银行间同业拆借中心自2019年8月20日起每月发布的一年期贷款市场报价利率。

典型案例

6.29 盛创公司与京奥港公司合同纠纷案[北京高院(2019)京民终251号、(2019)京民终254号]

京奥港公司、郭某某、嘉禾公司、目标公司与盛创公司签订《股权转让合同》,约定盛创公司以基金财产受让京奥港公司、郭某某、嘉禾公司持有的目标公司100%股权，股权转让价款为8000万元。当日，京奥港公司与盛创公司签订《股权回购合同》，约定京奥港公司回购盛创公司持有的目标公司股权，回购价格为盛创公司股权转让对价和股权溢价款总和，股权转让价款年溢价率为10%。

法院认为，《股权转让合同》《股权回购合同》等均系当事人的真实意思表示，亦并不违反法律、行政法规的强制性规定，故应属合法有效。本着违约金数额与违约损失大体一致的原则，本案合同中约定的股权溢价款已经构成对盛创公司的补偿，如果完全按照违约金条款执行，对于京奥港公司的惩罚无疑过重，即盛创公司主张的违约金数额确实过分高于其实际损失，将股权溢价款和违约金之和的标准调整为年息24%。

（四）法院可能基于监管要求对债权投资的借贷利率进行调整

虽然规制名股实债交易的文件因效力层级较低无法直接对相关投资协议的效力产生影响，但在金融监管、自律规则明确禁止私募基金放贷的背景下，法院可能对投资协议中约定的收益率予以调整。实践中，在认定案涉名股实债交易性属债权投资的基础上，即使私募基金作为投资方主张的逾期利率并未超过民间借贷利率上限，有的法院也会将相关利率调低至私募基金合同约定的预期收益率。例如，在典型案例6.30中，对于私募基金管理人主张的逾期付款违约金（与借款利率合计不超过年利率24%），法院认为，"结合《私募备案须知（2019）》对于此类基金财产投资模式不符合私募基金本质的价值判断，考虑到对金融秩序的维护及价值标准的统一，亦不能适用民间借贷相应法律规定支持过高的逾期利息损失"，最终酌定逾期还款利息计算标准延续基金存续期间内实际执行的年利率。

📎 典型案例

6.30 凤奥公司与亚丰公司等合同纠纷案［江苏苏州中院（2018）苏05民初1645号］

凤奥公司与投资人签订《私募投资基金合同》，约定募集的资金用于受让亚丰公司享有的永城政府4.5亿元应收账款；A类业绩比较基准9.5%，B

类业绩比较基准9.8%，实际收利率以运作情况为准。亚丰公司、凤奥公司以及永城政府签订《应收账款转让及回购合同》，约定亚丰公司对永城政府享有4.5亿元应收账款，凤奥公司以基金受让亚丰公司持有的标的债权；亚丰公司承诺按约定向凤奥公司回购标的债权，支付回购基本价款及回购溢价款，回购溢价率为《私募投资基金合同》中A、B类业绩比较基准；亚丰公司未支付到期回购价款的，则每日按未付款项的千分之一支付违约金。

法院认为：《应收账款转让及回购合同》实质系凤奥公司提供借款并由亚丰公司提供应收账款让与担保的交易模式，故关于应收账款无条件刚性回购的约定应视为对借款还本付息的约定。关于逾期利息损失的计算标准（实质按年利率24%计算）能否成立。首先，在计算基金存续期间内的利息时已足额考虑投资者预期年化收益，且《私募投资基金合同》项下的管理费等主要费用也已经支付完毕，仅存在年0.05%的托管费、年0.05%的服务商服务费未结算，即使基金展期，投资者能够获得的收益不会超过上述预期收益标准，若因融资方违约而支持过分高于预期收益的违约金，缺乏正当性。其次，结合《私募备案须知（2019）》对于此类基金投资模式不符合私募基金本质的价值判断，以基金财产进行借款在备案时虽不能认定为无效，但考虑到金融秩序的维护及价值标准的统一，本案亦不能适用民间借贷的规定来处理，故凤奥公司主张过高的逾期利息损失，缺乏依据。再次，综合考量投资者能够收回投资本金及实现合理收益，结合《私募备案须知（2019）》所规定的不符合新版备案登记要求的存量基金应当按期清算的规定，酌定逾期还款利息计算标准延续基金存续期间内实际执行的年利率9.92%。

（五）关于资本公积金的返还问题

实践中，在增资型名股实债交易模式下，可能存在目标公司仅将部分投资款作为注册资本、其余款项计入资本公积金的情况，由此引发的问题是：在投资期限届满后，就计入资本公积金的投资款，投资方能否要求目标公司返还。关于该项问题，司法实践中曾经存在不同观点。例如，在典型案例6.31中，法院在认定目标公司股权回购条款无效的同时，认为投资方有权要求目标公司偿还已计入资本公积金部分的投资款及其利息损失；而典型案例6.32

中,法院认为,资本公积金系公司永久性资本,只有在公司进行清算并清偿完毕负债后,才能将剩余部分返还给投资方,如果计入资本公积金的投资款未经法定程序转为注册资本,投资方无权主张该部分对应的股权回购款。

典型案例

6.31 硅谷企业与曹某、瀚霖公司合伙协议纠纷案[山东高院(2014)鲁商初字第25号]

硅谷企业与瀚霖公司及其实际控制人曹某等签订《增资协议》,约定硅谷企业向瀚霖公司溢价增资4900万元,700万元作为注册资本,其余4200万元进入资本公积;瀚霖公司在2013年年底没有公开发行A股股票或瀚霖公司2011年实现的净利润低于16000万元时,硅谷企业有权要求瀚霖公司或曹某回购其持有的股权;回购对价为拟转让股权对应的瀚霖公司上一年度经审计净资产与投资额加年资金成本8%计算高者为准。

法院认为:依照《公司法》规定,有限责任公司注册资本确定后,未经法定程序,不得随意减少和抽回。《增资协议》是当事人真实意思表示,但协议中关于瀚霖公司回购股份的约定因违反《公司法》强制性规定无效。因协议约定曹某购买股权的条件已经成就,硅谷企业诉请曹某购买其股权并承担相应赔偿责任符合合同约定;硅谷企业诉请瀚霖公司回购其1.41%股权违反《公司法》规定,不予支持,但主张瀚霖公司与曹某共同偿还公积金部分的4200万元及其利息损失,应予支持。

6.32 天使企业与陈某等合同纠纷案[湖北武汉中院(2019)鄂01民终490号]

天使企业与正光公司、陈某等签订《增资协议》及《补充协议》,约定天使企业以300万元向正光公司增资,50万元计入公司注册资本,250万元计入公司资本公积;发生应使增资方股权得以回购/收购的7种情形时,天使企业有权要求正光公司回购其持有的股权,或要求陈某等原股东受让全部股权;回购价格以天使企业持有股权对应的经审计净资产和转让时点按年10%计算的本利和二者高者确定。

法院认为,资本公积金系公司因资本投入而带来的增值收入,属于公司

的后备资金，股东可以按出资比例向公司主张所有者权益，但股东出资后不能抽回，也不得转变为公司的债务计算利息，变相抽逃。在通常情况下，资本公积金被企业视为永久性资本，只有当企业清算并清偿了负债后才能将剩余部分返还给投资者。在天使企业未提交证据证明计入资本公积金的250万元已依法定程序转化为注册资本情况下，天使企业主张该部分对应的股权回购款，于法无据。

　　本书认为，在名股实债交易构成股权投资的情况下，被计入资本公积金的溢价增资已成为目标公司财产。在此基础上，一方面，投资方未经法定程序不能转出资本公积金，否则属于抽逃出资［最高法院（2014）民提字第00054号］；另一方面，即使增资扩股协议被解除，目标公司也不能直接向投资方返还资本公积金［最高法院（2013）民申字第326号］。基于此，如果投资方要通过目标公司回购收回被计入资本公积金部分的投资款，需要目标公司先将资本公积金转为注册资本，再履行减资程序。因资本公积金转增资本亦属于股东会特别决议事项，投资方收回相应投资款的程序将更为烦琐、难度可能更大。

第七章
投资者退出私募基金的法律争议

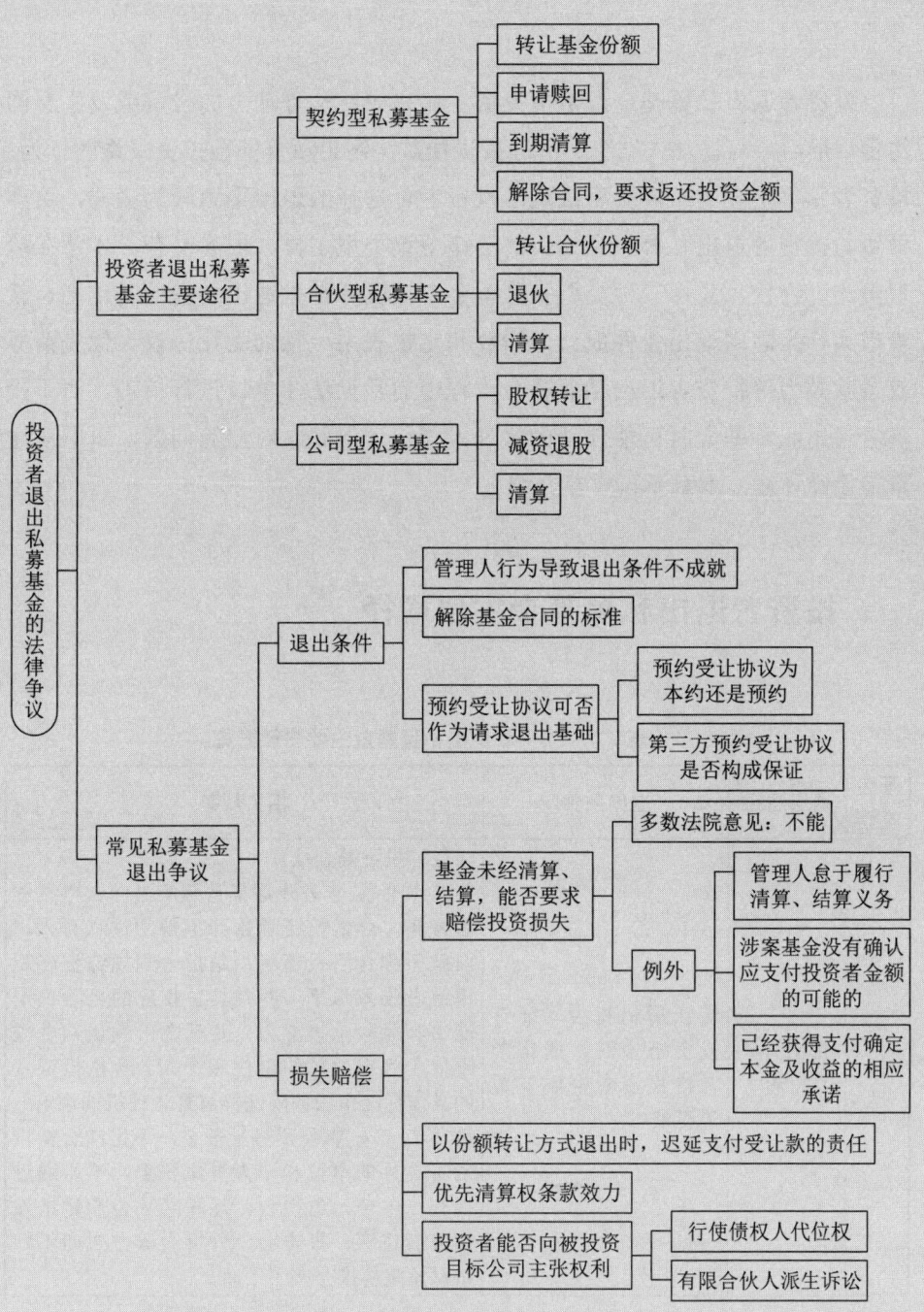

投资者退出私募基金，是指投资者在完成对私募基金的投资或发生合同约定情形后，与管理人结算、清理投资损益，终止私募基金投资关系的行为。投资者私募基金的不同类型决定了投资者可选择的退出渠道较为多样，这亦导致与投资者退出私募基金相关的法律争议类型多样、内容复杂。本章在梳理契约、合伙、公司三种类型私募基金中投资者常见退出路径的基础上，就管理人行为阻碍退出条件成就、清算和定损关系、预约受让协议、优先清算权条款效力等投资者退出私募基金过程中的常见法律争议进行梳理。对于投资者退出私募基金时可能涉及的管理人责任、保底、对赌等问题，本书前述章节已经详述，本章不再重复介绍。

一、投资者退出私募基金主要途径

表 7-1　投资者退出私募基金主要途径概览

基金类型	退出途径	退出条件	相关规范
契约型	转让基金份额	转让后仍符合《证券投资基金法》规定的合格投资者资质及数量要求	《证券投资基金法》 第八十七条　非公开募集基金应当向合格投资者募集，合格投资者累计不得超过二百人。前款所称合格投资者，是指达到规定资产规模或者收入水平，并且具备相应的风险识别能力和风险承担能力，其基金份额认购金额不低于规定限额的单位和个人。合格投资者的具体标准由国务院证券监督管理机构规定 第九十一条　非公开募集基金，不得向合格投资者之外的单位和个人募集资金，不得通过报刊、电台、电视台、互联网等公众传播媒体或者讲座、报告会、分析会等方式向不特定对象宣传推介

续表

基金类型	退出途径	退出条件	相关规范
契约型	申请赎回	适用于开放式基金，按照基金合同约定条件，在开放日申请	/
	到期清算	适用于封闭式基金： （1）基金存续期满（包括约定存续期满、展期后期满、当事人协商一致提前终止）； （2）基金存续期间，所有投资者全部赎回； （3）触发基金合同约定清算条件（例如止损机制等）； （4）管理人解散、被撤销、被宣告破产，或被取消私募基金管理人相关资质； （5）托管人解散、被撤销、被宣告破产，或被取消基金托管资格	参见基金业协会资产管理业务综合报送平台（AMBERS系统）中列明的可选基金清算原因： （1）本基金存续期满且决定不展期； （2）本基金展期协议期满，结束运作； （3）本基金存续期间，所有投资者全部赎回； （4）本基金触发合同约定清算条件（包括止损机制等），导致本基金提前终止； （5）依基金合同约定，基金合同当事人协商一致决定终止； （6）份额持有人大会/股东大会/合伙人会议决议通过，决定终止； （7）基金管理人依法解散、被依法撤销或依法宣告破产； （8）基金管理人被依法取消私募基金管理人相关资质； （9）托管人依法解散、被依法撤销或被依法宣告破产的； （10）托管人被依法取消基金托管资格； （11）其他
	解除合同，要求返还投资金额	满足当事人约定的私募基金合同解除情形，或满足一般法定合同解除情形	《民法典》 第五百六十二条 当事人协商一致，可以解除合同。当事人可以约定一方解除合同的事由。解除合同的事由发生时，解除权人可以解除合同 第五百六十三条 有下列情形之一的，当事人可以解除合同： （一）因不可抗力致使不能实现合同目的； （二）在履行期限届满前，当事人一方明确表示或者以自己的行为表明不履行主要债务； （三）当事人一方迟延履行主要债务，经催告后在合理期限内仍未履行； （四）当事人一方迟延履行债务或者有其他违约行为致使不能实现合同目的； （五）法律规定的其他情形 以持续履行的债务为内容的不定期合同，当事人可以随时解除合同，但是应当在合理期限之前通知对方

续表

基金类型	退出途径	退出条件	相关规范
合伙型	转让合伙份额	1. 对内转让：通知其他合伙人； 2. 对外转让：按照合伙协议的约定转让，并应提前三十日通知其他合伙人	《合伙企业法》 第二十二条第二款 合伙人之间转让在合伙企业中的全部或者部分财产份额时，应当通知其他合伙人 第七十三条 有限合伙人可以按照合伙协议的约定向合伙人以外的人转让其在有限合伙企业中的财产份额，但应当提前三十日通知其他合伙人
合伙型	退伙	（1）合伙协议约定的退伙事由出现； （2）全体合伙人一致同意相关投资者退伙； （3）发生投资者难以继续参加合伙的事由； （4）其他合伙人严重违反合伙协议约定义务； （5）未约定合伙期限的，提前三十日通知其他合伙人退伙	《合伙企业法》 第四十五条 合伙协议约定合伙期限的，在合伙企业存续期间，有下列情形之一，合伙人可以退伙： （一）合伙协议约定的退伙事由出现； （二）经全体合伙人一致同意； （三）发生合伙人难以继续参加合伙的事由； （四）其他合伙人严重违反合伙协议约定的义务 第四十六条 合伙协议未约定合伙期限的，合伙人在不给合伙企业事务执行造成不利影响的情况下，可以退伙，但应当提前三十日通知其他合伙人
合伙型	清算	1. 解散清算： （1）合伙期限届满； （2）合伙协议约定的解散事由出现； （3）全体合伙人决定解散； （4）合伙人已不具备法定人数满三十天； （5）合伙目的已实现或无法实现； （6）合伙企业被吊销营业执照、责令关闭或被撤销 2. 破产清算：不能清偿到期债务，且资产不足以清偿全部债务或明显缺乏清偿能力	《合伙企业法》 第八十五条 合伙企业有下列情形之一的，应当解散： （一）合伙期限届满，合伙人决定不再经营； （二）合伙协议约定的解散事由出现； （三）全体合伙人决定解散； （四）合伙人已不具备法定人数满三十天； （五）合伙协议约定的合伙目的已经实现或者无法实现； （六）依法被吊销营业执照、责令关闭或者被撤销； （七）法律、行政法规规定的其他原因 第九十二条第一款 合伙企业不能清偿到期债务的，债权人可以依法向人民法院提出破产清算申请，也可以要求普通合伙人清偿 《企业破产法》 第二条第一款 企业法人不能清偿到期债务，并且资产不足以清偿全部债务或者明显缺乏清偿能力的，依照本法规定清理债务

续表

基金类型	退出途径	退出条件	相关规范
公司型	股权转让	1. 对内转让：无特别法定限制条件； 2. 对外转让：通知其他股东征求同意	《公司法》 第七十一条 有限责任公司的股东之间可以相互转让其全部或者部分股权。 股东向股东以外的人转让股权，应当经其他股东过半数同意。股东应就其股权转让事项书面通知其他股东征求同意，其他股东自接到书面通知之日起满三十日未答复的，视为同意转让。其他股东半数以上不同意转让的，不同意的股东应当购买该转让的股权；不购买的，视为同意转让 经股东同意转让的股权，在同等条件下，其他股东有优先购买权。两个以上股东主张行使优先购买权的，协商确定各自的购买比例；协商不成的，按照转让时各自的出资比例行使优先购买权 公司章程对股权转让另有规定的，从其规定
公司型	减资退股	须遵守减资程序	《公司法》 第四十三条 股东会会议作出修改公司章程、增加或者减少注册资本的决议，以及公司合并、分立、解散或者变更公司形式的决议，必须经代表三分之二以上表决权的股东通过 第一百七十七条 公司需要减少注册资本时，必须编制资产负债表及财产清单。公司应当自作出减少注册资本决议之日起十日内通知债权人，并于三十日内在报纸上公告。债权人自接到通知书之日起三十日内，未接到通知书的自公告之日起四十五日内，有权要求公司清偿债务或者提供相应的担保
公司型	清算	1. 解散清算： （1）章程规定的营业期限届满或章程规定的其他解散事由出现； （2）股东会或者股东大会决议解散； （3）因公司合并或者分立需要解散；	《公司法》 第一百八十条 公司因下列原因解散： （一）公司章程规定的营业期限届满或者公司章程规定的其他解散事由出现； （二）股东会或者股东大会决议解散； （三）因公司合并或者分立需要解散； （四）依法被吊销营业执照、责令关闭或者被撤销

续表

基金类型	退出途径	退出条件	相关规范
公司型	清算	（4）依法被吊销营业执照、责令关闭或者被撤销； （5）公司经营管理发生严重困难，继续存续会使股东利益受到重大损失，通过其他途径不能解决，经持有公司全部股东表决权百分之十以上的股东向法院请求解散。 2. 破产清算：不能清偿到期债务，且资产不足以清偿全部债务或明显缺乏清偿能力	（五）人民法院依照本法第一百八十二条的规定予以解散 第一百八十二条 公司经营管理发生严重困难，继续存续会使股东利益受到重大损失，通过其他途径不能解决的，持有公司全部股东表决权百分之十以上的股东，可以请求人民法院解散公司 《企业破产法》 第二条第一款 企业法人不能清偿到期债务，并且资产不足以清偿全部债务或者明显缺乏清偿能力的，依照本法规定清理债务

由于私募基金具有契约、合伙、公司的类型之分，故不同类型的私募基金退出条件和流程须结合一般的合同、合伙企业及公司法律规则理解。由表7-1可知，转让基金份额、合伙份额或股权，以及申请赎回和到期清算的退出途径，因其法定限制前提条件较少，操作流程相对简单而较常被采用。此外四种退出途径则因法定前提严苛或落实流程复杂而被较少采用，具体而言有以下原因。

第一，就解除合同而言，司法实践中虽有一定数量的投资者选择以此途径退出，但因解除基金合同本身须满足约定或法定的解除条件，且《九民会议纪要》第四十七条已明确规定约定解除权的行使亦以合同目的不能实现为前提，故实践中法院对解除基金合同标准的把握相对严格，投资者以此途径退出的难度相对较大。

▶ 法规链接

《九民会议纪要》

第四十七条【约定解除条件】 合同约定的解除条件成就时，守约方以此为由请求解除合同的，人民法院应当审查违约方的违约程度是否显著轻微，是否影响守约方合同目的实现,根据诚实信用原则,确定合同应否解除。违约方的违约程度显著轻微,不影响守约方合同目的实现,守约方请求解除合同的,人民法院不予支持;反之,则依法予以支持。

第二,就退伙而言,投资者选择以此途径退出主要存在以下三方面困难。其一,《合伙企业法》规定的退伙条件较为严格,在合伙协议无特殊约定的情况下,满足法定退伙条件难度较大;其二,退伙后财产份额退还办法须依据合伙协议约定确定,在合伙协议对此约定不明时,当事人容易就财产份额退还产生争议;其三,《合伙企业法》第八十一条规定:"有限合伙人退伙后,对基于其退伙前的原因发生的有限合伙企业债务,以其退伙时从有限合伙企业中取回的财产承担责任。"故投资者存在退出后继续担责的风险。

第三,就减资退股而言,我国当前立法虽未对公司减资设置实体性限制前提,但减资须经过股东会表决通过、编制资产负债表及财产清单、通知债权人、公告等,操作流程复杂,耗时较长,在同一时期有多个投资者要求退出的情况下更不便于操作,故较少被采用。

第四,就清算而言,合伙企业和公司的解散、破产均有较为严格的法定条件,且即便满足清算条件,也要经历组成清算组、通知和公告债权人、编制和实施清算方案、制作清算报告、注销私募基金财产账户等环节,其流程复杂、耗时极长,退出过程不够便捷。

由此可见,实践中投资者高效退出私募基金的途径其实相对有限,尤其在管理人因存在违约行为或基金客观上兑付困难而不愿配合退出的情况下,投资者更难以顺利实现退出。为应对日渐凸显的投资者退出困境,相关行业组织也在尝试从行业自律角度推动私募基金的有序退出。例如,深圳市私募基金协会即在2019年9月发布了《深圳市问题私募投资基金退出操作参考(试行)》,作为全国第一个问题私募基金退出指引,为不能正常实现清算或退出、管理人与投资者无法有效化解纠纷,存在涉众风险的私募基金,从退出过程中的决策、执行、监督主体,表决程序,退出方案制定,资产清收、处置及分配等方面,提供了较为详细的清算退出流程指引。但该等行业自律规则本质上并未突破前述常见退出途径,故其虽在一定程度上有利于私募基金退出流程的有序化,但难以根本性改变私募基金退出难的现状。

二、司法实践中常见的私募基金退出争议

（一）关于退出条件是否成就的相关争议

1. 管理人行为导致退出条件不成就时的处理

私募基金实践中，管理人行为导致投资者退出条件未充分满足，管理人在诉讼中又以该等退出条件未满足对投资者退出请求进行抗辩的情况时有发生。就此，多数法院根据《民法典》第一百五十九条（原为《民法总则》第一百五十九条）的规定，在认定管理人行为属于"为自己的利益不正当阻止条件成就"的基础上，认定约定退出条件已成就，并判令当事人依约履行相关退出义务（典型案例7.1）。

> **法规链接**
>
> 《民法典》
>
> 第一百五十九条　附条件的民事法律行为，当事人为自己的利益不正当地阻止条件成就的，视为条件已经成就；不正当地促成条件成就的，视为条件不成就。

> **典型案例**
>
> 7.1 邓某与澜潡公司、方某债权转让合同纠纷案［江西南昌东湖法院（2020）赣0102民初697号］
>
> 投资者邓某与管理人澜潡公司、受让人方某预先签订基金份额转让协议，约定协议生效条件为邓某与方某签字后报请澜潡公司批准和盖章，然后由托管人变更登记手续。
>
> 法院认为，澜潡公司作为该协议相对方，在协议中已同意邓某与方某的转让行为，却未积极主动去托管人处办理基金变更登记手续，其行为属于"当事人为自己的利益不正当阻止条件成就"，应视为协议生效条件已成就。

在基金合同约定以亏损程度作为退出条件的情况下，亦有法院从举证责

任角度出发，认为基金账簿、财务报表等系由管理人保管，根据《最高人民法院关于民事诉讼证据的若干规定》第四十七条的规定，管理人应提交该等账簿、记账原始凭证，证明基金是否达到约定的亏损标准，其若未能举证证明，则应承担举证不能后果，并认定退出条件已成就（典型案例7.2）。

法规链接

《最高人民法院关于民事诉讼证据的若干规定》（2019年修改）

第四十七条　下列情形，控制书证的当事人应当提交书证：

（一）控制书证的当事人在诉讼中曾经引用过的书证；

（二）为对方当事人的利益制作的书证；

（三）对方当事人依照法律规定有权查阅、获取的书证；

（四）账簿、记账原始凭证；

（五）人民法院认为应当提交书证的其他情形。

前款所列书证，涉及国家秘密、商业秘密、当事人或第三人的隐私，或者存在法律规定应当保密的情形的，提交后不得公开质证。

典型案例

7.2 惠民公司与新奥公司合伙企业财产份额转让纠纷案［山东济宁兖州法院（2019）鲁0812民初3424号］

管理人新奥公司与投资者惠民公司签订合伙协议，约定新奥公司须定期向惠民公司提供被投资目标公司财务报表，如合伙企业（基金）累计亏损达到惠民公司已出资金额的20%，则惠民公司有权选择退伙或转让其合伙份额给新奥公司或第三方。后惠民公司以合伙企业亏损为由起诉请求新奥公司、第三方支付转让合伙份额价款。

法院认为，依据涉案协议约定，惠民公司转让合伙份额的条件为合伙企业累计亏损达到其投资金额的20%。从新奥公司履约过程看，被投资目标公司从未向合伙企业支付投资收益，且已经营异常，无法联系，其对外投资的企业更已被列为失信被执行人；从新奥公司举证责任上看，根据合同约定和《最高人民法院关于民事诉讼证据的若干规定》第四十七条，账簿、记账原始凭证应由控制该书证的当事人提交，故基金是否已累计亏损达到惠民公司投资金额20%的举证责任应由新奥公司承担，在新奥公司未能提供有效证据证明合伙企业亏损未达惠民公司投资金额20%的情况下，其应承担举证不能的责任。法院最终认定惠民公司退出条件已成就。

实务提示

基金合同应合理约定退出条件。在退出条件确未成就的情况下，管理人应注意保留证明退出条件尚未成就，以及自身已尽约定义务推进退出条件成就的证据，避免被认定为"为自己的利益不正当地阻止条件成就"的风险。

2. 解除基金合同的标准

在契约型、合伙型基金中，投资者常以管理人过错导致基金合同目的不能实现为由，主张解除基金合同（合伙协议），退出基金关系。就此，实践中多数法院均认为，基金合同的目的是投资者委托管理人通过基金将其资金投向特定事项，故只有在管理人未履行投资义务（典型案例7.3），资金投向约定外其他事项（典型案例7.4），或基金因募集失败、未备案等原因未成立（典型案例7.5、7.6、7.7）等情况下，才能认定合同目的不能实现，判决解除基金合同，并判令管理人返还投资本金和支付利息。若投资者资金确已被投向约定事项，其仅以未能获取所投资金增值收益为由主张合同目的不能实现的，法院一般认为此属于固有投资风险，不予支持其解除合同请求（典型案例7.8）。

典型案例

7.3 胡某与乾涌公司合同纠纷案［湖北武汉江汉法院（2019）鄂0103民初6629号］

投资者胡某与管理人乾涌公司签订《跟投协议》，约定基金认购金额全额投入英雄公司项目。

法院认为，乾涌公司应提供证据证明其已将胡某所投资金用于购买该项目股份。但乾涌公司证据材料均达不到证明胡某跟投资金已用于购买该项目股份的证明标准，故其已构成根本性违约，胡某有权要求乾涌公司返还投资款和支付利息。

7.4 陈某与新富公司合伙协议纠纷案[广东深圳中院（2017）粤03民终22174号]

投资者陈某与管理人新富公司、合伙企业签订合伙协议，约定合伙企业通过募集资金认购平安信托计划。陈某支付投资款项后，新富公司发出《告知函》，载明因平安信托计划受托方原因，致使该基金资金无法及时、按约投入信托计划，现合伙企业募集资金将全部认购云南信托计划。

法院认为，依据涉案合伙协议等约定，陈某愿意通过投资方式加入合伙企业的目的，是通过合伙企业向平安信托计划投资的方式获得投资收益，此目的是专属、特定、唯一的，是陈某愿意投资于合伙企业的信赖利益基础。然而新富公司在收到投资款后，未将投资款投资于平安信托计划，而是投资于其他项目，该行为改变了陈某的信赖基础和可期待利益，属于对合伙协议的实质性、根本性变更，构成根本违约。

7.5 王某与美嘉佳中心合伙协议纠纷案[内蒙古高院（2020）内民申2975号]

美嘉佳中心合伙人为杨某1、杨某2、杨某3。投资者王某与美嘉佳中心签订合伙协议和《投资决定书》，载明王某知悉美嘉佳中心基金专项投资于东方公司。王某实际支付投资款200万元，后美嘉佳中心向东方公司投资378.34万元。

法院认为，王某虽签订合伙协议，但该协议未经全体合伙人签字确认，不能证明其入伙经过全体合伙人一致同意，同时结合涉案协议订立后美嘉佳中心未在登记机关办理变更登记等事实，应认定王某未加入合伙关系，其请求解除《合伙协议》、返还投资款及支付利息，应予支持。

7.6 励琛公司与沈某证券投资基金交易纠纷案[上海金融法院（2019）沪74民终123号]

法院认为，投资者沈某已履行出资义务，但其投资基金产品因管理人励琛公司未履行办理基金备案的义务而未成立备案，基金合同的订立目的不能实现，故沈某依法享有合同解除权，可在行使解除权后主张励琛公司返还投资款并赔偿该段期间因资金占用所产生的利息损失。

7.7 万达公司与代某合同纠纷案[北京三中院(2018)京03民终15195号]

投资者代某与管理人万达公司签订《合作书》，约定万达公司正在设立项目企业，投资者有意成为项目企业有限合伙人。

法院认为，万达公司未按合同约定设立合伙企业，且在庭审中亦表示不会再设立合伙企业，在此情形下，合同目的已无法实现，代某要求解除合同的诉讼请求应予支持，万达公司应返还代某支付的投资款，并按照双方约定的收益率赔偿投资者预期收益损失。

7.8 白某与昊宸公司合伙企业纠纷案[四川成都高新法院(2018)川0191民初14969号]

投资者白某签署了由管理人昊宸公司提供的《合伙协议》《风险提示书》等签约协议书。其中，《风险提示书》载明，投资既存在盈利的可能，也存在损失的风险；签署了本提示书则表明已了解合伙人运用财产可能带来的风险和可能造成的损失。诉讼中，白某主张其签约目的在于进行投资，以实现资金增值。

法院认为，从涉案协议约定来看，白某主要通过投资涉案基金，再由涉案基金对外投资目标公司的股权，而在案证据显示昊宸公司已履行了其在涉案协议书中的主要义务，即完成了对目标公司股权的投资。在风险提示书中，昊宸公司已明确告知白某投资存在风险，故无法收回投资款和获得收益应系白某应当预见的商业风险，而非其合同目的不能实现。故对白某提出的其无法实现合同目的而要求解除协议的主张，不予采纳。

应当看到的是，司法实践中对解除基金合同的认定标准基本较为统一且相对严格，由于解除基金合同的后果通常表现为返还投资款本金和支付资金占用费用，其效果上类似于保底，故对于投资者资金已实际被投入约定事项的，法院一般不轻易判决解除。

实务提示

投资者在退出私募基金受阻时应正确分辨退出受阻原因，若私募基金不存在基金未成立、所投资金未被投向约定事项等根本违约情况，投资者选择以解除基金合同方式退出，可能面临障碍。

3. 预约受让协议可否作为请求退出基础

投资者以份额转让方式退出基金时，所采取的具体形式包括提前在基金合同中签订转让条款、提前单独签订预约受让协议以及在基金亏损产生后再行签订转让协议三种。其中，预约受让协议因其性质及违反后果存在特殊性，其可否真正作为投资者请求退出的基础，实践中颇有争议。对此问题常见分歧有二，一是预约受让协议为本约还是预约；二是在基金合同外第三方为受让人的情况下，预约受让协议是否构成基金合同的保证合同。

第一，本约和预约之争。预约是指当事人约定为将来一定期限订立合同而达成的协议，而该将来订立的合同即为本约，司法实践中争议预约受让协议系预约还是本约的主要原因，在于违反二者的后果存在差异。

实践中，部分法院在投资者依据预约受让协议请求退出时，对预约受让协议的性质未进行针对性分析，直接依据预约受让协议约定，认定受让条件是否成就，以及受让人是否应支付相应受让价款。但亦有法院关注到，就该等预约受让协议须先鉴别其系预约还是本约，如为本约，则法院可依据预约受让协议内容判断受让人是否应履行受让义务，即其可成为投资者请求退出的直接基础；但如为预约，则预约合同的履行标的是签订本约合同的行为，而非金钱或财产的给付，当事人违反预约合同的，只能请求对方继续履行签订本约的义务，或支付违约金、损害赔偿，而不能直接请求对方履行属于本约合同的权利义务内容，无法以此直接请求退出。例如典型案例7.9中，法院即遵循以上思路，以涉案预约转让协议明确约定双方应在投资者提出转让后限期签署转让协议，以及约定了可选择的转让时间和价格为由，认为涉案预约受让协议属于预约合同，并驳回了投资者要求受让人受让其合伙份额并支付转让款的请求。诚然，关于预约与本约的区分标准，以及违反预约合同的责任承担，理论及实务争议已久，但该种对预约受让协议性质先行考察，以免判决结果变相构成强制缔约、干预当事人意思自治的做法仍值得注意。

📁 典型案例

7.9 宁某与彭某合同纠纷案[上海高院（2021）沪民申487号]

投资者宁某在投资过程中与彭某签订备忘录，约定宁某有权在特定期间内请求向彭某转让合伙份额。后宁某依据该备忘录起诉请求彭某支付合伙份额转让款。

法院认为，该案主要争议是系争备忘录为预约合同还是本约合同，根据合同法原理，预约合同是当事人约定在将来一定期限内订立合同的约定。本案中，双方虽通过备忘录的形式就份额转让事宜达成一致，但是双方对转让时间、价格等合同内容未最终确定，相反还特别约定"应在甲方书面提出转让之日起10个工作日内签署转让协议"，故系争备忘录性质应为预约合同。对于违反预约合同的法律后果，宁某有权要求彭某继续履行签订本约的义务，也可要求其承担损害赔偿责任，但其直接要求彭某履行属于本约合同下的权利义务内容，没有法律依据，不予支持。

第二，第三方预约受让协议是否构成保证。该问题实质是对预约受让协议性质的争议，其实务影响在于，在预约受让协议构成保证的情况下，投资者可否请求受让人履行受让义务以及具体受让价款等均以主债务（即基金合同项下相关主体到期支付投资本金和收益债务）之确定为前提，这对投资者来说无疑为退出设置了一定障碍，令预约受让协议实质上难以单独成为投资者请求退出的基础。对此，有法院在未进行特别说理的情况下，即认定预约受让协议属于保证，进而以主债务范围未确定为由驳回投资者对受让人要求支付受让价款的诉请（典型案例7.10）。亦有法院以涉案预约受让协议没有关于保证的明确书面表述等为由，认定其不构成保证，继而直接依据预约受让协议约定判断支付受让价款条件是否已成就（典型案例7.11）。

典型案例

7.10 马某与智派公司合同纠纷案［广东深圳中院（2019）粤03民终33456号］

投资者马某与管理人签订《基金合同》后，又与智派公司签订《预约受让协议》，约定自马某投资款项由托管账户转出之日起一年，未按业绩比较基准向马某分配投资收益的，智派公司自愿受让马某持有的基金份额。

法院认为，马某与智派公司签订的《预约受让协议》是为了确保马某在《基金合同》中的实体权利得以实现的从合同。根据相关担保法律规定，连带责任保证的债务人在主合同规定的债务履行期限届满没有履行债务的，债权人可以直接要求保证人在其保证范围内承担保证责任。本案中，智派公司承担受让义务的前提是马某确定享有《基金合同》中的实体权利且未得到实现，而马某是否享有实体权利、有无得到实现，均应以基金合同纠纷得到实体处理为前提，故原则上应当先由当事人协商一致或经另案对主债务的范围作出确认，在此基础上再对马某与保证人智派公司之间的从合同纠纷进行处理。

7.11 朱某与和智公司合同纠纷案［广东深圳福田法院（2019）粤0304民初54523号］

投资者朱某与和智公司签订《预约受让协议》，约定为保护朱某的投资权益，和智公司自愿在基金存续限期届满后未按基金合同约定向朱某分配本金及投资收益的情况下，受让朱某基金份额。该协议同时对预约受让价款计算作出约定。诉讼中，和智公司主张《预约受让协议》系双方针对基金合同签订的保证合同。

法院认为，一方面，保证合同系要式合同，鉴于保证合同中保证人因合同需承担较大债务风险且权利人需在法定或约定期间内行使债权，因此保证合同的要式除书面外还具体指双方就"保证责任"本身作出明确书面表述，而非依合同内容进行解释后认定。涉案《预约受让协议》无论标题、内容、条款约定，均未见保证字样，对于和智公司所应承担的责任也并未以保证责任表述，不符合保证合同的法定要式。另一方面，保证合同为单方义务合同，保证人在约定保证范围内承担保证责任，与债权人间不存在对价交易，而《预约受让协议》约定和智公司受让朱某基金份额并支付对价，故不属于保证合同。

本书认为，参照《九民会议纪要》第九十一条、《担保制度解释》第三十六条等规定，私募基金中第三方预约受让协议的性质存在保证、债务加入及独立合同三种可能，分述如下。

首先，预约受让协议内容符合法律关于保证的规定的，构成保证合同；符合债务加入规定的，构成债务加入。二者区分标准包括协议文义、第三人承担的债务与原债务具有从属性还是同一性（承担债务是债务人不履行的差额部分，还是承担时的全部既有债务；承担债务范围是否包括债务人的违约责任）、第三人承担债务与原债务是否有履行顺位等。

其次，当事人存在保证或债务加入意思表示，但无法判断具体是保证还是债务加入的，根据《担保制度解释》第三十六条第三款的规定，应认定为保证。

最后，当事人既无保证意思表示，又无债务加入意思表示的，则该预约受让协议为独立合同，应依据其具体内容确定当事人权利义务关系和民事责任。

📽 法规链接

《担保制度解释》

第三十六条　第三人向债权人提供差额补足、流动性支持等类似承诺文件作为增信措施，具有提供担保的意思表示，债权人请求第三人承担保证责任的，人民法院应当依照保证的有关规定处理。

第三人向债权人提供的承诺文件，具有加入债务或者与债务人共同承担债务等意思表示的，人民法院应当认定为《民法典》第五百五十二条规定的债务加入。

前两款中第三人提供的承诺文件难以确定是保证还是债务加入的，人民法院应当将其认定为保证。

第三人向债权人提供的承诺文件不符合前三款规定的情形，债权人请求第三人承担保证责任或者连带责任的，人民法院不予支持，但是不影响其依据承诺文件请求第三人履行约定的义务或者承担相应的民事责任。

《九民会议纪要》

第九十一条【增信文件的性质】　信托合同之外的当事人提供第三方差额补足、代为履行到期回购义务、流动性支持等类似承诺文件作为增信措施，其内容符合法律关于保证的规定的，人民法院应当认定当事人之间成立保证合同关系。其内容不符合法律关于保证的规定的，依据承诺文件的具体内容确定相应的权利义务关系，并根据案件事实情况确定相应的民事责任。

⭐ 实务提示

预约受让协议性质根据其具体约定内容不同，存在本约、预约，以及保证、债务加入、独立合同之别，性质的不同将较大程度影响违反预约受让协议后当事人的责任承担内容和条件，投资者、管理人、受让人在事先签订预约受让协议时，应在协议中明确约定该协议的性质、各方权利义务及违反该协议的责任，避免退出条件成就后因各方对预约受让协议的性质理解不一致而产生纠纷。

（二）关于损失赔偿的相关争议

1. 基金未经清算、结算，能否要求赔偿投资损失

《九民会议纪要》第七十五条规定，"金融消费者应当对购买产品（或者接受服务）、遭受的损失等事实承担举证责任"，故原则上，投资者在请求退出并要求损失赔偿时，应对其损失承担举证责任。司法实践中，多数法院也认为对投资者的赔偿以其存在实际损失且损失金额能够确定为前提，若涉案基金未完成清算、结算工作，则不能确定投资者实际遭受损失的金额，不能支持其赔偿请求，投资者应在损失确定后再行起诉（典型案例7.12、7.13、7.14）。尤其在基金存续期限尚未届满（典型案例7.15），或管理人仍在向被投资目标公司积极主张权益（典型案例7.16），或基金已在清算中的情况下，法院更倾向于作出该等判断并驳回投资者损失赔偿的诉请。

> **典型案例**

7.12 百利公司与吾思十八期合伙协议纠纷案［最高法院（2018）最高法民终539号］

投资者百利公司主张《合伙协议》系另一合伙人吾思基金欺诈其订立，并请求撤销其与吾思基金签署的《合伙协议》，判令合伙企业吾思十八期、吾思基金共同返还其出资款和赔偿损失。

法院在认定吾思基金并无欺诈行为的基础上，认为吾思十八期作为百利公司出资对象，在符合法定条件的情况下，百利公司可以要求吾思十八期向其返还出资款，但本案中，百利公司并未提供证据证明吾思十八期存在法定解散事由，在吾思十八期未解散且未完成清算的情况下，百利公司无权直接要求吾思十八期返还出资。

7.13 某亮与创投公司、文达合伙企业等物权保护纠纷案［广东广州中院（2018）粤01民终13011号］

投资者某亮与管理人创投公司签订《基金认购协议书》，认购文达合伙企业的合伙（基金）份额，预期年化收益率12%。后因文达合伙企业未能依约向某亮等多个投资人返还本金及收益，某亮认为，创投公司、文达合伙企业存在故意隐瞒相关情况、虚假陈述等侵权行为，造成其投资后本息无法归

还，故起诉要求赔偿。

法院认为，虽然某亮未能依约定期限收到投资收益，但其今后是否能够收取到款项难以确定。某亮既没有主张解除涉案合伙协议、解散合伙企业或要求退伙，也没有要求对合伙企业进行清算等，其就涉案投资是否还能收回款项及收回的款项金额，均处于不明确状态，其在出现合伙投资风险时直接诉请赔偿，欠缺依据。

7.14 青枫公司与中汇金公司、扬子公司等退伙纠纷案［江苏常州中院（2019）苏04民终2605号］

投资者青枫公司认为，其他合伙人存在未履行投资义务等严重违约行为，遂请求依约退伙，要求其他合伙人及合伙企业返还其出资款和利息。

法院认为，青枫公司经全体合伙人一致同意已退出涉案合伙企业（基金），依照《合伙企业法》相关规定，退伙人退伙时应得的财产份额应首先按照合伙企业财产状况先行结算，并按照合伙协议约定的财产份额退还办法或全体合伙人的决定执行。而青枫公司在本案中径行要求退还投资额，其请求与前述法律规定相悖，不应支持。

7.15 邱某与腾云公司财产损害赔偿纠纷案［福建厦门中院（2019）闽02民终6159号］

涉案基金募集资金通过专项信托委托贷款给亿阳集团，存续期至2019年5月，亿阳集团因不能清偿到期债务已进入破产重整，其破产案件尚在审理过程中。投资者邱某因未收到基金收益，起诉管理人腾云公司索赔。

法院认为，本案诉讼过程中，涉案基金尚在存续期间，基金资金按照约定尚在投资、运作之中，邱某于所投资基金的存续期内主张投资损失并请求赔偿缺乏依据，其诉讼请求应予驳回。邱某可待损失确定后再行提起损害赔偿诉讼。

7.16 长征公司与天堂公司金融委托理财合同纠纷案［浙江杭州江干法院（2019）浙0104民初8882号］

投资者长征公司投资于管理人天堂公司管理的涉案基金，募集资金用于向五洲公司发放委托贷款；若预计存续期限届满时基金财产未全部变现，则存续期限自动延期至财产全部变现之日。五洲公司出现债务违约风险后，天堂公司与五洲公司及五洲公司实际控制人、项目公司等就债务转移至项目公司事宜签订补充协议。后天堂公司对项目公司及相关担保方发起诉讼，查封保全项目公司土地及在建工程、相关资产。诉讼过程中，双方达成调解协议，项目公司在此后一年内分9期归还本金及利息。天堂公司亦分9次向长征公司支付本金和收益。

法院认为，涉案基金存续期限尚未届满、基金合同尚在履行过程之中，且天堂已采取包括诉讼在内的措施向项目公司及担保人实现债权，并陆续向长征公司进行分配，故本案长征公司的实际损失尚处于不确定状态，其诉请天堂公司返还投资款本金、支付收益等，欠缺依据，不予支持。如涉案基金清算分配后，因天堂公司在合同履行中的过错致使长征公司权益受损的，其可另行主张。

但出现以下例外情形，法院则可能认定基金虽未经清算、结算，但已可确定损失，并支持投资者要求赔偿的诉请。

第一，若系因管理人怠于履行清算、结算义务导致损失金额无法确定，则部分法院会按照前文所述思路，认定管理人行为属于"为自己的利益不正当阻止条件成就"，故确定损失的退出条件已成就，并按照推定金额判决赔偿（典型案例7.17、7.18）。亦有部分法院对管理人承担责任的依据不再做特别说理，通过结合其他管理人履职失当行为，综合认定管理人应承担违约责任，并判决赔偿投资本金及收益损失（典型案例7.19、7.20）。

典型案例

7.17 谭某与南方公司合同纠纷案［重庆渝中法院（2018）渝0103民初41号］

涉案基金封闭期限至2017年11月，投资者谭某于2018年1月起诉管理人南方公司，请求支付基金投资款和收益，并在开庭时当庭向南方公司提交赎回申请。

法院认为，谭某完成基金赎回后应当获得的款项金额，本应通过对涉案基金清算予以确定，但南方公司并未举证证明涉案基金已进行清算，以及清算后是否仍有剩余资产可供分配，其作为基金管理人，怠于行使清算义务，导致谭某基金赎回金额无法确定，应视为谭某申请赎回基金的条件已成就，南方公司应向谭某支付相应投资款及收益。

7.18 财经公司与王某合同纠纷案［贵州黔东南中院（2019）黔26民终1146号］

管理人财经公司与投资者王某签订基金合同，约定预期化年收益12%。

法院认为，涉案基金已到期，王某请求赎回后，本应按照基金合同约定，由财经公司确认赎回申请，对基金报批终止、清算、分配财产，但财经公司并未举证证明涉案基金已完成前述任何处置，其怠于履行确认、终止和清算义务，导致王某基金赎回金额无法确定，应视为王某请求赎回基金的条件已成就，财经公司应向王某支付相应投资款本金，以及以投资本金为基数，按照合同约定的年化收益率，自实际投资日计算至本金清偿之日的收益。

7.19 周某与世行公司委托理财合同纠纷案[江西南昌东湖法院（2020）赣0102民初494号]

2018年11月，投资者周某投资于世行公司管理的涉案基金，基金锁定期为6个月。后世行公司通知因票据市场波动，基金产品资金流动性压力增大，决定延期兑付基金收益，暂停基金赎回。2019年11月，世行公司通知决定清退基金，由于资产尚未处置完成，清退比例无法核实，具体清退方案将后续公告说明。

法院认为，涉案基金因流动性困难等原因导致延期或预亏，属于投资风险，由此可能产生的损失本应由周某承担，但世行公司在单独作出清退基金决定后，未及时出具基金清算报告，亦未召开基金份额持有人大会，与基金份额持有人商议解决方案，造成资产至今尚未处置完成，清退比例无法核实，导致周某未能及时获取基金款项，已构成违约，应在返还投资款及利息范围内承担责任。

7.20 张某与锋达中心委托理财合同纠纷案[北京朝阳法院（2018）京0105民初75011号]

投资者张某投资于管理人锋达中心管理的涉案基金，基金期限3年，募集资金主要用于二级市场股票和期货投资。后张某以无法联系上锋达中心申请赎回，合同到期后锋达中心未对基金清算为由起诉索赔。法院查明，锋达中心在登记备案存续期间未依法在基金业协会备案任何私募基金，未以涉案基金名义开立基金专户，其目前已被注销管理人登记。

法院认为，涉案基金已期满，锋达中心应于基金期限届满后及时清算，并编制清算报告以告知张某，但锋达中心未及时履行清算义务，亦未证明因市场价格波动、国家政策变化、锋达中心决策失误等原因实际造成合伙财产蒙受损失以致应当由张某承担投资风险，故对张某要求锋达中心返还投资款的诉讼请求，应予支持。

第二，若基金虽未清算、结算，但有证据证明涉案基金因管理人或其实际控制人停业、被刑事立案调查、被注销私募基金管理人资格等原因，没有通过结算、清算确认应支付投资者金额的可能的，则亦有法院认为，尽管投资者尚未穷尽救济途径向管理人主张权利以挽回损失，严格意义上损失金额尚未确定，但为避免当事人诉累，可推定损失金额并判赔（典型案例 7.21、7.22）。

典型案例

7.21 冯某与重庆某银行侵权责任纠纷案〔重庆一中院（2020）渝 01 民终 4058 号〕

2014 年 7 月，投资者冯某投资于涉案基金，投资期限一年。投资期限届满后，管理人未依约回购冯某基金份额。2016 年 2 月，管理人实际控制人因涉嫌犯非法吸收公众存款罪被公安机关上网追逃。

法院认为，涉案基金投资期限已届满五年，而管理人实际控制人已涉嫌刑事犯罪并被公安机关上网追逃，故管理人显然已无法依约履行回购股份、支付投资款及相应收益的义务，冯某已基本丧失向管理人及其相关责任人追回投资款的可能，故本案冯某已产生实际损失，损失金额为其实际投资款本金及相应资金占用损失。

7.22 曹某与嘉信公司合同纠纷案〔广东深圳前海法院（2019）粤 0391 民初 2856 号〕

管理人嘉信公司与投资者曹某签订基金合同，约定基金预期年化收益率为 13%，基金合同存续期间届满，由嘉信公司负责对基金财产进行清理、确认、评估和变现等事宜。后嘉信公司被注销私募基金管理人资格。

法院认为，嘉信公司已被注销私募基金管理人资格，且未按照合同约定的清算程序对涉案基金予以清算，存在明显的违约行为，应承担违约责任，向曹某返还投资本金、按照约定基金收益率计算的收益，以及基金合同到期后未返还投资本金产生的利息。另曹某要求嘉信公司支付以应付收益为基数计算的占用资金利息，因该笔收益属于曹某获益财产，不属于占用其自有财产，且双方合同对此也未有约定，因此对该诉请不予支持。

第三，若基金虽未清算、结算，但管理人或基金合同关系外第三人已作出向投资者支付确定金额本金及收益的承诺，有法院直接依据该承诺判令相关主体向投资者支付本金和收益（典型案例 7.23）。但须注意的是，该种情形可能构成"基金损失发生后形成的金钱给付安排"，该等安排是否属于私募基金内部保底、其效力如何，在司法实践中仍是存在争议的问题（参见本书第四章第一部分），在该等安排被认定为无效保底的情况下，投资者或无法依据该等安排受偿。

典型案例

7.23 佳辰公司与蓝洋公司、祺兴合伙企业等合伙协议纠纷案［重庆江北法院（2017）渝 0105 民初 25762 号］

投资者佳辰公司投资于管理人蓝洋公司管理的合伙型基金（祺兴合伙企业）。后蓝洋公司以祺兴合伙企业执行事务合伙人名义向佳辰公司出具《退伙确认书》，载明同意佳辰公司退出祺兴合伙企业。祺兴合伙企业又向佳辰公司出具《还款通知书》，载明应退还佳辰公司的金额以及偿付方案。

法院认为，佳辰公司投资期限届满后，祺兴合伙企业向佳辰公司出具《还款通知书》，承诺退还投资本金并支付逾期收益，而根据已查明的事实，祺兴合伙企业公章由蓝洋公司保管，故该《还款通知书》应当是蓝洋公司以祺兴合伙企业名义对佳辰公司所作的承诺，该《还款通知书》合法有效，祺兴合伙企业未清算并不影响《还款通知书》的成立及效力，故祺兴合伙企业应依约给付投资本金和逾期收益，蓝洋公司作为普通合伙人应承担连带清偿责任。

另须说明的是，在前述第一、第二种例外情形下，法院会推定投资者损失金额并进行判决，但标准不一，认定的损失金额范围包括以下不同情形：（1）未收回本金和以未收回本金为基数、按照中国人民银行同期贷款利率/LPR 计算的投资日起至本金付清日止的资金占用利息（典型案例 7.21）；（2）未收回本金和以未收回本金为基数、按照预期年化收益率计算的投资日起至本金付清日止的收益（典型案例 7.18）；（3）未收回本金、以未收回本金为基数按照预期年化收益率计算的基金存续期内应得收益，和以未收回本金为基数按照中国人民银行同期贷款利率/LPR 计算的逾期兑付期间资金占用利息（典型案例 7.22）等。

⭐ 实务提示

在私募基金退出条件成就,但因尚未完成清理结算等原因导致应付给投资者金额未能确定的情况下,投资者应待该金额确定后再行通过诉讼或仲裁方式主张赔偿。但在因管理人原因导致应付给投资者金额不能确定,或私募基金客观上没有通过结算、清算确认该金额的可能的情况下,投资者也可径行起诉或申请仲裁,请求直接认定其应收回金额。

2. 以份额转让方式退出时,迟延支付受让款的责任

在当事人对迟延支付受让款责任无特别约定的情况下,法院一般认为受让人应赔偿迟延支付期间的资金占用利息损失,计算标准以中国人民银行同期银行贷款利率/LPR较为常见。但典型案例7.24的处理较为特殊,该案中,法院认为,受让人履行受让协议后将取得基金份额之财产权益,基金清算时其将依基金合同取得其迟延支付受让款期间基金产品的收益,故其应以迟延支付受让款为本金,以基金产品预期收益率为标准,支付迟延付款期间的利息。该种酌定利息标准在弥补投资者资金占用损失的同时,一并考量了占用资金方因资金占用可能获得的利益,值得注意。

📂 典型案例

7.24 朱某与和智公司合同纠纷案[深圳福田法院(2019)粤0304民初54523号]

投资者朱某投资于涉案基金后,与和智公司签订《预约受让协议》,约定和智公司以基金存续限期届满后未按基金合同约定向朱某分配本金及收益为条件,受让朱某所持基金份额,预约受让价款部分载明基准收益率为10%。

法院认为,朱某与和智公司约定的预约受让基金份额条件成就,和智公司未依约支付受让价款,应承担违约责任。鉴于和智公司履行预约受让协议后将取得朱某持有基金份额之财产权益,基金产品清算时其将依基金合同之约定取得本案其怠于履行合同义务期间之基金产品收益,故其违约责任应按照基金产品之收益比例确定,因其未提交证据证明此期间涉案基金的收益比例,且预约受让协议载明业绩比较基准利率为10%,故法院确认和智公司依该比例支付迟延履行期间的逾期付款利息至其付清价款之日止。

3. 优先清算权条款效力

优先清算权，一般指公司中部分股东优先于其他股东取得清算收益并退出公司的权利。私募基金实务中，优先清算权安排亦是公司型基金中常见的保障投资者收益、吸引投资的手段，但实践与理论对优先清算权条款效力一直存在分歧。主张其无效的主要理由为《公司法》第一百八十六条明确规定清算后剩余财产由股东按照出资比例或股份比例分配，未规定股东可自由约定分配比例和顺序；主张其有效的理由为《民法总则》及《民法典》规定法人清算后剩余财产可根据章程规定或权力机构决议处理，《公司法》第三十四条亦规定股东可约定不按出资比例分红，《国务院关于开展优先股试点的指导意见》（国发〔2013〕46号）也体现出认可部分股东优先分配剩余财产之安排效力的态度。故该等优先清算权安排在公司型私募基金退出实践中能否真正落实兑付，不无疑问。

> **法规链接**

《公司法》

第三十四条　股东按照实缴的出资比例分取红利；公司新增资本时，股东有权优先按照实缴的出资比例认缴出资。但是，全体股东约定不按照出资比例分取红利或者不按照出资比例优先认缴出资的除外。

第一百八十六条第二款　公司财产在分别支付清算费用、职工的工资、社会保险费用和法定补偿金，缴纳所欠税款，清偿公司债务后的剩余财产，有限责任公司按照股东的出资比例分配，股份有限公司按照股东持有的股份比例分配。

《民法总则》（已失效）

第七十二条第二款　法人清算后的剩余财产，根据法人章程的规定或者法人权力机构的决议处理。法律另有规定的，依照其规定。

《民法典》

第七十二条第二款　法人清算后的剩余财产，根据法人章程的规定或者法人权力机构的决议处理。法律另有规定的，依照其规定。

《国务院关于开展优先股试点的指导意见》（国发〔2013〕46号）

第一条第三款　优先分配剩余财产。公司因解散、破产等原因进行清算时，公司财产在按照公司法和破产法有关规定进行清偿后的剩余财产，应当优先向优先股股东支付未派发的股息和公司章程约定的清算金额，不足以支付的按照优先股股东持股比例分配。

对于上述问题，有法院认为，优先清算权条款仅对股东内部分配顺序进行约定，不违反《公司法》第一百八十六条关于清算费用、职工的工资、社会保险费用和法定补偿金、所欠税款、公司债务优先于股东分配的规定的，其效力不因优先清算之安排而受到影响。（典型案例7.25）。中法院判决较为明确地回应了优先清算权条款效力问题，在此之后，司法实践中亦有案例开始明确认可优先清算权条款效力[四川成都中院（2020）川01民终9209号]、[浙江嘉兴中院（2020）浙04民终2163号]。

典型案例

7.25 林某与北科中心股权转让纠纷案[北京三中院（2019）京03民终6335号]

北科中心、林某、院线公司等签订《增资协议》，约定北科中心认购院线公司新增105万元注册资本，第十五条"优先清算权"约定，院线公司如因破产或其他原因实施清算，则在分别支付清算费用、职工的工资、社会保险费用和法定补偿金，缴纳所欠税款，清偿公司债务后，分配剩余财产时，林某等院线公司原股东应保证北科中心优先获得其对院线公司本次全部实际投资加上该投资对应的已公布分配方案但还未执行的红利。诉讼中，北科中心主张《增资协议》因包含优先清算权条款而无效。

法院认为，根据《公司法》第一百八十六条，公司清算时，清算费用、职工的工资、社会保险费用和法定补偿金、所欠税款、公司债务优先于股东分配。涉案《增资协议》中第十五条"优先清算权"条款约定在支付了法定优于股东之间分配的款项后，股东内部对于分配顺序进行约定，并不违反《公司法》第一百八十六条。北科中心主张涉案《增资协议》因包含优先清算权条款而无效，缺乏法律依据，不予支持。

本书认为，前述北京三中院案例虽系属私募基金对外投资中股权回购争议，但该裁判思路亦可为论证公司型私募基金内部退出中优先清算权条款效力提供一定借鉴。但该裁判思路并未回应的是，《公司法》相较《民法典》属特别法，在此前提下，《民法典》第七十二条对所有类型法人的一般性规定与《公司法》第一百八十六条是否存在实质冲突？二者应如何适用？此或会成为该裁判思路被挑战的突破口。另需注意的是，私募基金内部优先清算权条款还可能因构成保底、明股实债而影响其本身效力，故对其效力的判断不能简单依据是否违反《公司法》第一百八十六条确定。

4. 投资者能否通过向被投资目标公司主张权利，从而弥补投资损失

实践中，在基金投资不利，收益无望的情况下，部分投资者可能选择直接向基金投资的目标公司主张权利，以期尽量弥补自身亏损，该类案件在合伙型基金中产生较多。从司法实践情况来看，投资者向目标公司主张权利时主要存在两种选择。

第一，部分投资者通过行使债权人代位权向目标公司主张权益。就此，有法院指出，债权人代位权成立的要件之一是债权人对债务人享有合法、确定且权属清晰的到期债权，在合伙型私募基金中，投资者在未经利润分配、清算等程序形成对合伙企业的确定债权之前，不得行使代位权（典型案例7.26）。更有法院认为，有限合伙人与合伙企业的关系，不属于适用债权人代位权规定的情形（典型案例7.27）；投资者仅是基金份额持有人之一，无权代表合伙企业对外主张到期债权，不具备提起代位权诉讼的前提（典型案例7.28）。可见，投资者欲以此途径弥补损失，同时存在投资者对合伙企业有无到期债权、合伙企业对其投资的目标公司有无到期债权两重障碍，难度较高。

法规链接

《民法典》

第五百三十五条 因债务人怠于行使其债权或者与该债权有关的从权利，影响债权人的到期债权实现的，债权人可以向人民法院请求以自己的名义代位行使债务人对相对人的权利，但是该权利专属于债务人自身的除外。代位权的行使范围以债权人的到期债权为限。债权人行使代位权的必要费用，由债务人负担。相对人对债务人的抗辩，可以向债权人主张。

典型案例

7.26 顾某与兴弘公司等债权人代位权纠纷案[北京三中院（2021）京03民终554号]

投资者顾某起诉请求判令其所投基金的投资目标公司圣旺达公司向其支付投资本金和收益。

一审法院认为，投资者顾某与管理人兴弘公司就涉案基金产生的债权债务尚在仲裁期间，尚未确定，故对顾某于本案中主张的债权人代位诉讼缺乏依据，不予支持。一审判决之后，顾某上诉，并在二审期间提交其与兴弘公司就涉案基金所生争议的仲裁裁决。

二审法院认为，生效仲裁裁决作出后，顾某对兴弘公司已享有合法有效的债权，鉴于兴弘公司已失联，且仲裁裁决已确认了顾某债权，应当认定顾某向圣旺达公司行使代位权符合法律规定。

7.27 徐某、沈某等与青田公司盈余分配纠纷案[浙江丽水中院（2020）浙11民终250号]

投资者以其对合伙企业（基金）享有债权，且合伙企业怠于行使对被投资目标公司的到期债权为由提起代位权诉讼。法院认为，债权人代位权成立的要件之一为债权人对债务人享有合法且权属清晰的到期债权，而投资者与合伙企业的关系，并非债权人与债务人的关系，而是有限合伙人与合伙企业的关系，不属于适用代位权法律规定的情形。

7.28 尹某与南郊公司等债权人代位权纠纷案[山东济南中院（2021）鲁01民终3099号]

投资者尹某投资于管理人中开金公司管理的涉案契约型基金。汉富公司系秦滨合伙企业的合伙人，对秦滨合伙企业享有收益优先分配权。中开金公司与汉富公司签订《收益权转让协议》，约定中开金公司代表涉案基金，受让汉富公司所持秦滨合伙企业的优先级有限份额对应收益权。后尹某起诉，请求秦滨合伙企业企业向其支付投资本金和收益。

法院认为，在涉案基金清算前，尹某不享有债权，且尹某仅是该基金众多基金份额持有人之一，无权代表基金对外主张到期债权，不具备提起代位权诉讼的前提，其不是与本案有利害关系的主体，应予驳回起诉。

第二，有的投资者依据《合伙企业法》第六十八条第二款第（七）项的规定，以管理人怠于向目标公司主张权益为由直接起诉目标公司。实践中，法院是否支持有限合伙人提出的派生诉讼，主要取决于管理人是否确有怠于行使权利的行为。在典型案例7.29中，法院认为，管理人就合伙企业到期债权未提起诉讼或仲裁，仅就纠纷签订不具有任何履行保障的补充性协议，构成怠于行使权利，认可有限合伙人可以自己的名义向债务人提出诉讼。在典型案例7.30中，管理人明确表示因其和合伙企业的共同实际控制人涉嫌犯罪已被逮捕，管理人和合伙企业的公章及账户等也已被扣押冻结，其无法就与目标公司争议履行起诉职责，在此情况下，法院亦支持了投资者请求目标公司向合伙企业付款的诉请。但是，如果管理人已经以起诉、磋商、调解等途径向目标公司行使权利，投资者单独就其所占合伙份额、为自身利益、以自己名义向目标公司起诉，法院则可能认为该起诉行为不属于维护合伙企业的利益，且可能损害其他合伙人权益，不属于《合伙企业法》第六十八条第二款第（七）项规定的除外情形（典型案例7.31）。

▶ 法规链接

《合伙企业法》

第六十八条　有限合伙人不执行合伙事务，不得对外代表有限合伙企业。

有限合伙人的下列行为，不视为执行合伙事务：

……

（七）执行事务合伙人怠于行使权利时，督促其行使权利或者为了本企业的利益以自己的名义提起诉讼；

……

▶ 典型案例

7.29 焦某、刘某等与瑞智公司金融借款合同纠纷案[最高法院（2016）最高法民终756号]

涉案合伙型基金通过委托银行贷款向目标公司瑞智公司出借款项，瑞智公司到期未能还款后，管理人仅针对上述部分贷款起诉要求瑞智公司清偿，而放任其他贷款到期无人催讨。投资者遂起诉请求判令瑞智公司向合伙企业归还贷款本息。

法院认为，本案管理人怠于行使权利，投资者作为有限合伙人，有权按照《合伙企业法》第六十八条第二款第（七）项规定代表合伙企业对瑞智公司提起诉讼。首先，案涉两笔委托贷款到期后管理人不提起诉讼或仲裁，即为怠于行使权利。其次，管理人加盖印章的《确认书》不能作为其积极督促还款的证明。从《确认书》内容看，管理人同意瑞智公司直接向投资人以房屋折抵的方式兑付本金，并视为偿还合伙企业的债务。按照涉案合伙协议约定，该事项属于需要有限合伙人全体一致同意的重大事项。管理人未经有限合伙人全体一致同意即轻率地应瑞智公司的要求而进行盖章确认，并未对全体有限合伙人进行告知，系违背合伙协议约定的行为，不能作为其积极督促还款的证明。最后，管理人与瑞智公司签订《协议书》，约定瑞智公司应限期全额结清所欠四笔借款。但瑞智公司实际未履行该《协议书》约定，而管理人在瑞智公司再次违约的情况下，依然未主动参加一审诉讼或以另行提起诉讼或仲裁的方式向瑞智公司主张权利，而是被动地应瑞智公司的请求出具相关书面文件，同意有步骤地解除对瑞智公司抵押物的抵押权，放任瑞智公司一再拖延到期债务，即是其怠于行使权利的证明。

7.30 百利公司与丰华公司、吾思十八期等金融借款合同纠纷案［广东高院（2015）粤高法民二初字第 11 号］

吾思十八期作为合伙型基金向目标公司丰华公司出借款项，丰华公司到期未能还款。投资者百利公司认为，吾思十八期贷款利益遭到侵害，并就相关问题向管理人发出通知函，要求吾思十八期及时采取措施向丰华公司追讨借款本息。管理人回函表示，因吾思十八期及管理人的共同实际控制人涉嫌刑事犯罪被公安机关逮捕，吾思十八期及管理人的公章及账户被公安机关扣押冻结，吾思十八期无法支付诉讼费用，声明无法履行提起诉讼职责。百利公司遂作为有限合伙人起诉，请求丰华公司向吾思十八期偿还借款本息。

法院认为，在管理人已声明无法提起诉讼的情况下，百利公司按照《合伙企业法》第六十八条第二款第七项规定提起本案诉讼，符合法律规定。

7.31 刘某、吉信公司与王某合同纠纷案［湖南长沙中院（2018）湘 01 民终 6537 号］

投资者王某出资 50 万元认购涉案合伙型基金份额，该基金募集资金用于参股吉信公司。投资期满后，管理人兆华合伙企业与吉信公司签订多份协议，约定各方核对账目，明确还款金额和还款安排。后王某起诉请求吉信公司、兆华合伙企业等向其返还借款本金50万元和相应利息。

法院认为，适用《合伙企业法》第六十八条第二款第七项要满足以合伙企业的利益为目的这一要求，在兆华合伙企业作为执行事务合伙人行使权利时，王某作为有限合伙人单独就其所占合伙份额为了自身利益以自己的名义向吉信公司起诉，该行为不属于维护合伙企业的利益为目标，且可能损害其他合伙人利益，故其不可以以自己的名义代表兆华合伙企业起诉，对其起诉应予驳回。

值得注意的是，在有限合伙人派生诉讼的场合中，即使有限合伙人胜诉，诉讼利益也应归于合伙企业而非直接归属其个人，但该途径仍不失为在特定情况下投资者挽回损失的可能选择。

实务提示

在管理人怠于向被投资目标公司行使权利的情况下，投资者作为有限合伙人可通过提起有限合伙人派生诉讼的方式避免产生投资损失，但该胜诉利益应归于合伙企业。

附录

私募投资基金重要规范性文件目录

（截至 2021 年 12 月 26 日）

一、法律

名　　称	公　布　日　期	施　行　日　期
中华人民共和国民法典	2020 年 5 月 28 日	2021 年 1 月 1 日
中华人民共和国信托法	2001 年 4 月 28 日	2001 年 10 月 1 日
中华人民共和国合伙企业法	2006 年 8 月 27 日	2007 年 6 月 1 日
中华人民共和国证券投资基金法（2015年修正）	2015 年 4 月 24 日	2015 年 4 月 24 日
中华人民共和国公司法（2018 年修正）	2018 年 10 月 26 日	2018 年 10 月 26 日
中华人民共和国证券法（2019 年修订）	2019 年 12 月 28 日	2020 年 3 月 1 日

二、行政法规

名　　称	公　布　日　期	施　行　日　期
社会团体登记管理条例（2016 年修订）	2016 年 2 月 6 日	2016 年 2 月 6 日
中华人民共和国公司登记管理条例（2016 年修订）	2016 年 2 月 6 日	2016 年 2 月 6 日
中华人民共和国合伙企业登记管理办法（2019 年修订）	2019 年 3 月 2 日	2019 年 3 月 2 日

三、法规性文件[①]

名 称	文 号	施行日期
国务院关于进一步促进资本市场健康发展的若干意见	国发〔2014〕17号	2014年5月8日
国务院关于促进创业投资持续健康发展的若干意见	国发〔2016〕53号	2016年9月16日

四、部门规章

名 称	制定主体	文 号	施行日期
私募投资基金监督管理暂行办法	证监会	证监会令第105号	2014年8月21日
证券期货经营机构私募资产管理业务管理办法	证监会	证监会令第151号	2018年10月22日
证券投资基金托管业务管理办法	证监会	证监会令第172号	2020年7月10日
证券期货投资者适当性管理办法	证监会	证监会令第130号公布，证监会令第177号修正	2020年10月30日
关于加强私募投资基金监管的若干规定	证监会	证监会公告〔2020〕71号	2020年12月30日
创业投资企业管理暂行办法	发改委等十部委	国家发展改革委等十部委令第39号	2006年3月1日
外商投资创业投资企业管理规定	对外贸易经济合作部等五部委	对外贸易经济合作部等五部委令〔2003〕年第2号公布，商务部令2015年第2号修订	2015年10月28日
政府投资基金暂行管理办法	财政部	财预〔2015〕210号	2015年11月12日

---

① 此处法规性文件名称为基金业协会官网上的分类，文件效力为国务院颁布的除行政法规外的规范性文件。

五、规范性文件

（一）综合类

名　　称	制定主体	文　号	施 行 日 期
关于规范金融机构资产管理业务的指导意见	中国人民银行等四部委	银发〔2018〕106号	2018年4月27日
关于加强非金融企业投资金融机构监管的指导意见	中国人民银行等三部委	银发〔2018〕107号	2018年4月27日
关于进一步明确规范金融机构资产管理业务指导意见有关事项的通知	中国人民银行	/	2018年7月20日
关于做好有关私募产品备案管理及风险监测工作的通知	证监会	/	2014年6月10日
关于《私募投资基金监督管理暂行办法》相关规定的解释一	证监会	/	2014年9月12日
关于《私募投资基金监督管理暂行办法》相关规定的解释二	证监会	/	2014年9月19日
证券期货经营机构私募资产管理业务运作管理暂行规定	证监会	证监会公告〔2016〕13号	2016年7月18日
基金管理公司子公司管理规定	证监会	证监会公告〔2016〕29号	2016年12月15日
证券期货经营机构私募资产管理计划运作管理规定	证监会	证监会公告〔2018〕31号	2018年10月22日
政府出资产业投资基金管理暂行办法	发改委	发改财金规〔2016〕2800号	2017年4月1日

（二）登记备案

名　　称	制定主体	施 行 日 期
发行监管问答——关于与发行监管工作相关的私募投资基金备案问题的解答	证监会	2015年1月23日
关于与并购重组行政许可审核相关的私募投资基金备案的问题与解答	证监会	2015年3月6日

（三）会计税收

名　称	制定主体	文　号	施行日期
关于合伙企业合伙人所得税问题的通知	财政部、国家税务总局	财税〔2008〕第159号	2008年1月1日
关于调整个体工商户个人独资企业和合伙企业个人所得税前扣除标准有关问题的通知（2011年废止部分）	财政部、国家税务总局	财税〔2008〕65号，财税〔2011〕62号废止第一条	2011年9月1日
关于创业投资企业和天使投资个人有关税收政策的通知	财政部、国家税务总局	财税〔2018〕55号	2018年1月1日
关于创业投资企业个人合伙人所得税政策问题的通知	财政部等四部委	财税〔2019〕8号	2019年1月1日
关于《关于个人独资企业和合伙企业投资者征收个人所得税的规定》执行口径的通知	国家税务总局	国税函〔2001〕84号	2001年1月17日
关于个人终止投资经营收回款项征收个人所得税问题的公告	国家税务总局	国家税务总局公告2011年第41号	2011年7月25日
关于创业投资企业和天使投资个人税收政策有关问题的公告	国家税务总局	国家税务总局公告2018年第43号	2018年1月1日

（四）其他

名　称	制定主体	文　号	施行日期
国务院办公厅转发关于创业投资引导基金规范设立与运作指导意见的通知	国务院办公厅	国办发〔2008〕116号	2008年10月18日
关于加强创业投资企业备案管理严格规范创业投资企业募资行为的通知	发改委	发改财金〔2009〕1827号	2009年7月10日
证券期货业非公开募集产品编码及管理规范	证监会	证监会公告〔2014〕7号	2014年2月10日
证券期货经营机构管理人中管理人（MOM）产品指引（试行）	证监会	证监会公告〔2019〕26号	2019年12月6日
上市公司创业投资基金股东减持股份的特别规定（2020）	证监会	证监会公告〔2020〕17号	2020年3月6日

续表

名　　称	制定主体	文　号	施 行 日 期
关于规范商业银行代理销售业务的通知	中国银行业监督管理委员会（已撤销）	银监发〔2016〕24号	2016年5月5日
关于设立保险私募基金有关事项的通知	中国保险监督管理委员会（已撤销）	保监发〔2015〕89号	2015年9月10日
关于财政资金注资政府投资基金支持产业发展的指导意见	财政部	财建〔2015〕1062号	2015年12月25日

六、自律规则

（一）综合类

名　　称	制定主体	文　号	施 行 日 期
私募投资基金管理人登记和基金备案办法（试行）	基金业协会	中基协发〔2014〕1号	2014年2月7日
关于发布私募基金登记备案相关常见问题解答的通知	基金业协会	中基协字〔2015〕103号	2015年6月4日
私募投资基金管理人内部控制指引	基金业协会	/	2016年2月1日
私募投资基金信息披露管理办法	基金业协会	/	2016年2月4日
私募投资基金募集行为管理办法	基金业协会	中基协发〔2016〕7号	2016年7月15日
关于发布《证券期货经营机构私募资产管理计划备案管理规范第1-3号》的通知	基金业协会	/	2016年10月21日
关于发布《私募投资基金信息披露内容与格式指引2号——适用于私募股权（含创业）投资基金》的通知	基金业协会	/	2016年11月14日
关于发布《证券期货经营机构私募资产管理计划备案管理规范第4号》的通知	基金业协会	/	2017年2月13日

续表

名　称	制定主体	文　号	施行日期
关于进一步加强私募基金行业自律管理的决定	基金业协会	/	2018年3月27日
关于发布《集合资产管理计划资产管理合同内容与格式指引（试行）》《单一资产管理计划资产管理合同内容与格式指引（试行）》及《资产管理计划风险揭示书内容与格式指引（试行）》的通知		中基协发〔2019〕3号	2019年5月1日
关于发布《证券期货经营机构私募资产管理计划备案管理办法（试行）》的通知		中基协发〔2019〕4号	2019年6月3日
关于发布《证券期货经营机构私募集合资产管理计划适用简易备案核查程序条件清单》的通知		/	2019年10月8日

（二）管理人登记及资质管理

名　称	制定主体	文　号	施行日期
私募基金登记备案相关问题解答（四）	基金业协会	/	2015年1月6日
私募基金登记备案相关问题解答（六）		/	2015年4月2日
关于进一步规范私募基金管理人登记若干事项的公告		中基协发〔2016〕4号	2016年2月5日
中国基金业协会负责人就落实《关于进一步规范私募基金管理人登记若干事项的公告》相关问题答记者问		/	2016年2月22日
私募基金登记备案相关问题解答（八）		/	2016年3月18日
私募基金登记备案相关问题解答（九）		/	2016年5月13日
私募基金登记备案相关问题解答（十）		/	2016年6月30日

续表

名　称	制定主体	文　号	施行日期
私募基金登记备案相关问题解答（十一）	基金业协会	/	2016年9月6日
私募基金登记备案相关问题解答（十二）		/	2016年11月23日
外商独资和合资私募证券投资基金管理人登记备案填报说明		/	2017年1月5日
私募基金登记备案相关问题解答（十三）		/	2017年3月31日
私募基金登记备案相关问题解答（十四）		/	2017年11月3日
关于合格境内有限合伙人（QDLP）在协会进行管理人登记的特别说明		/	2018年6月21日
私募基金管理人登记须知（2018年12月更新）		/	2018年12月7日
关于便利申请办理私募基金管理人登记相关事宜的通知		/	2020年2月28日

（三）产品备案

名　称	制定主体	文　号	施行日期
关于做好有关私募产品备案管理及风险监测衔接工作的通知	基金业协会	/	2014年6月26日
关于改进私募基金管理人登记备案相关工作的通知		/	2014年12月31日
关于进一步优化私募基金登记备案工作若干举措的通知		/	2015年7月3日
关于发布私募投资基金合同指引的通知		/	2016年7月15日
私募投资基金登记备案相关问题解答（十五）		/	2018年8月29日
私募投资基金命名指引		/	2019年1月1日
私募投资基金备案须知（2019版）		/	2019年12月23日

续表

名　　称	制定主体	文　号	施行日期
关于证券期货经营机构私募管理人中管理人（MOM）产品备案相关事项的通知	基金业协会	中基协发〔2019〕8号	2019年12月31日
关于公布私募投资基金备案申请材料清单的通知		/	2020年3月20日
关于进一步支持私募基金服务实体经济的若干备案便利措施		/	2020年4月14日

（四）证券、期货公司资管业务

名　　称	制定主体	文　号	施行日期
关于发布《证券公司客户资产管理业务规范》的通知	中国证券业协会	中证协发〔2012〕206号	2012年10月19日
关于规范证券公司聘用第三方机构为集合资产管理计划提供投资决策相关专业服务的通知		中证协发〔2013〕104号	2013年6月7日
关于规范证券公司与银行合作开展定向资产管理业务有关事项的通知		中证协发〔2013〕124号	2013年7月19日
关于发布《证券公司私募产品代码管理办法（试行）》的通知		中证协发〔2013〕194号	2013年9月6日
关于发布《证券公司私募投资基金子公司管理规范》及《证券公司另类投资子公司管理规范》的通知		中证协发〔2016〕253号	2016年12月30日
关于《期货公司资产管理合同指引》的补充规定	中国期货业协会	/	2013年2月26日
关于发布《期货公司资产管理业务管理规则（试行）》的通知		中期协字〔2014〕100号	2014年12月15日
关于发布《期货公司资产管理合同指引》和《期货公司资产管理业务投资者适当性评估程序（试行）》的通知（2017年废止部分）		无文号，中期协字〔2017〕60号废止附件二	2017年7月1日

续表

名　　称	制定主体	文　号	施行日期
关于发布《证券公司私募产品备案管理指引》有关事项的通知	中证资本市场发展监测中心有限责任公司	市场监测发〔2013〕19号	2013年8月9日
关于发布《证券公司客户资产管理业务备案管理工作指引1-8号》的通知		市场监测发〔2013〕028号	2013年10月22日
证券公司集合资产管理登记结算业务指南（2012年修订）	中国证券登记结算有限责任公司	/	2012年11月14日
证券公司定向资产管理登记结算业务指南（2012年修订）			2012年11月14日

（五）基金服务业务

名　　称	制定主体	文　号	施行日期
关于发布《短期理财基金产品业务运作规范》的通知	中国证券投资基金业协会	中基协发〔2013〕6号	2013年5月13日
关于发布《私募投资基金服务业务管理办法（试行）》的通知		/	2017年3月1日
关于发布《基金募集机构投资者适当性管理实施指引（试行）》的通知		中基协发〔2017〕4号	2017年7月1日
关于发布《证券经营机构投资者适当性管理实施指引（试行）》的通知	中国证券业协会	中证协发〔2017〕153号	2017年7月1日
关于发布实施《期货经营机构投资者适当性管理实施指引（试行）》的通知	中国期货业协会	中期协字〔2017〕60号	2017年7月1日

（六）会员管理

名　　称	制定主体	文　号	施行日期
关于发布《纪律处分实施办法（试行）》等四项自律规则的通知	中国证券投资基金业协会	/	2014年9月4日

续表

名　　称	制定主体	文　号	施行日期
中国证券投资基金业协会会员管理办法（2017年修订）	中国证券投资基金业协会	/	2017年1月1日
关于发布《中国证券投资基金业协会律师事务所入会指引》的公告	中国证券投资基金业协会	中基协发〔2020〕3号	2020年4月30日

（七）其他

名　　称	制定主体	文　号	施行日期
关于实行私募基金管理人分类公示制度的公告	中国证券投资基金业协会		2015年3月19日
关于落实《证券期货经营机构私募资产管理业务运作管理暂行规定》有关事项的通知			2016年7月15日
关于私募基金管理人注销相关事宜的公告			2016年8月1日
关于资产管理业务综合报送平台上线运行相关安排的说明		/	2016年9月8日
关于发布《私募证券投资基金管理人会员信用信息报告工作规则（试行）》的通知			2018年1月12日
关于加强私募基金信息披露自律管理相关事项的通知			2018年9月30日
关于增设已注销私募基金管理人信息公示的通知			2019年8月1日
关于发布《私募股权、创业投资基金管理人会员信用信息报告工作规则（试行）》的通知			2019年11月11日
关于私募投资基金开户和结算有关问题的通知	中国证券登记结算有限责任公司	/	2014年3月25日
私募投资基金开户和结算常见问题解答		/	2014年4月10日
关于发布《资产管理计划份额转让登记结算业务指引（暂行）》的通知		中国结算发字〔2015〕18号	2015年2月9日
关于加强私募投资基金等产品账户管理有关事项的通知		中国结算发字〔2018〕10号	2018年1月29日

续表

名　称	制定主体	文　号	施 行 日 期
关于发布《私募投资基金募集与转让业务指引(试行)》与《私募股权投资基金项目股权转让业务指引（试行）》的通知	中证资本市场发展监测中心有限责任公司	市场监测发〔2014〕17号	2014年10月16日
关于发布《上市公司与私募基金合作投资事项信息披露业务指引》的通知	上海证券交易所	上证发〔2015〕76号	2015年9月11日